戴智 ◉ 著

一名小学音乐名教师的写作心镜

旋律

笔尖上的

中国文联出版社

图书在版编目（CIP）数据

笔尖上的旋律：一名小学音乐名教师的写作心镜 /
戴智著. — 北京：中国文联出版社，2023.5
ISBN 978-7-5190-5184-6

Ⅰ.①笔… Ⅱ.①戴… Ⅲ.①音乐课—教学研究—小
学 Ⅳ.①G623.712

中国国家版本馆CIP数据核字（2023）第092206号

著　　者　戴　智
责任编辑　刘　旭
责任校对　秀点校对
装帧设计　刘贝贝　李　娜

出版发行　中国文联出版社有限公司
社　　址　北京市朝阳区农展馆南里10号　　邮编　100125
电　　话　010-85923025（发行部）　　010-85923091（总编室）
经　　销　全国新华书店等
印　　刷　北京四海锦诚印刷技术有限公司

开　　本　710毫米×1000毫米　　1/16
印　　张　15.25
字　　数　279千字
版　　次　2023年5月第1版第1次印刷
定　　价　58.00元

成功没有奇迹，只有轨迹

（他 序）

每个人的成长历程都不相同，每个人都有着不同的成长目标，成为怎样的"自己"没有固定的路径，但是"有梦·自觉·成功"的教师发展模式却越来越让我们清晰地认识到，自我觉醒是成长的必经之路，自觉成长是一种生命常态，它需要一个漫长的过程。

一、心中有梦

教师的成长首先在于"心中有梦"，是因为有梦的人生才是幸福且充实的人生，有梦的人生才是幸福且快乐的人生。我们的一生不一定要干成什么惊天动地的伟业，但它应当犹如百合，展开是一朵花，凝聚成一枚果；它应当犹如星辰，远望像一盏灯，近看是一团火。

有这样一种有梦人，他总是特别能吃苦，总是特别能耐劳，默默前行，每一天都在进步，每一年都在坚持，没有轰轰烈烈、没有惊天动地，时刻都在为他厚积薄发积蓄力量，一旦时机成熟，所有的努力就会瞬间物化成巨大的能量，并在别人未曾察觉的情况下，悄悄地崛起。我一直觉得，戴智老师就是这种人，戴智老师就是这种"心中有梦"的人，他在成就学生的过程中，同时也成就着自己。

二、工作有心

戴智老师是我教育科研专家工作室的成员，曾在深圳市承办的接近上万人观摩的全国第七届中小学现场课中，作为深圳教师团队"橙红军"里的重要大将，主要担任后勤服务工作。他连续一周守在仓库，每天发放、清点整理物品，保管着上万人的资料、饮食、住、行，直至大会结束，圆满完成任务。这么大的工作量，这么细致的工作，完成得这么圆满，从这一点可以看出，将来这种人应该会不一般。

三、成长有笔

特别值得一提的是他"敢提笔"。"敢提笔"是我主编的《中小学音乐教学三十六计攻略》中的第三计，"敢提笔"本意指教师要敢于提起"写作之笔"，此计策是基于音乐教师面对写作时普遍有畏难情绪而提出的，也是我们学科普遍存在的问题和短板。戴智老师经过多年的积累，已经撰写5本专著，主持国家、省、市、区级6项课题研究，参与市级课题研究3项，在省级以上刊物发表40多篇论文……他已成为我们跨学科的领军人物，这些成果就是一个从量变到质变的发展过程。中国有句古语："不积跬步，无以至千里"，说的就是这个道理。

四、手中有书

《笔尖上的旋律——一名小学音乐名教师的写作心镜》这本专著终于出版了，由衷地为作者感到高兴。富有诗意的书名充分展现了戴智老师的写作风格，他从科研、教学、育心三个篇章抒写了自己二十多年的教育故事，始终践行着他出发时的教育梦想，这值得我们中小学一线教师细品精读。这本书客观且有温度地记录着真实的教育故事、音乐故事、课堂故事，传递着戴智老师"以梦为马，追逐教育的诗和远方"的美好愿景，最终能潜移默化、润物细无声地滋养学生的人格，陶冶学生的情操，落实立德树人的根本任务。我想，这应该就是音乐教育的本质和真谛。

人生的高度虽与起点不无关系，但我们常说"未来藏在今天的努力里"。高度更多的是要看你努力积攒的厚度，厚度是一种内在的积累，通过努力积累丰富人生，并将成果转化成自身的厚度，站在越厚的地方，才能看到更远的风景。

如果说全书为读者构筑出了一幅立体生动的"教师成长地图"，那么作者的这种思想，则是照亮整张地图的一大"光源"。沿着这一光源，也似乎让读者看到了一种源源不断勃勃而发的力量，正在从生命深处涌起，回旋，激荡，生长。

再次祝贺戴智老师的著作《笔尖上的旋律——一名小学音乐名教师的写作心镜》顺利出版。

深圳市教育科学研究院音乐教研员　胡樱平

以梦为马，追逐教育的诗和远方

（自序）

作家丁立梅说："人生的每一次遇见，都是生命中巨大的欢喜。"以梦为马，追逐教育的诗和远方，便是我生命中最好的遇见。

28年前（1994年）的今天，在湖南省衡阳艺术学校，我从事着专业舞蹈学科的教学，带着一群追梦少年心随舞动，那是我教育之梦开始的地方。

22年前（2000年）的今天，我参加福田区面向全国招聘优秀教师考试，以第三名的成绩调入深圳市福田区皇岗小学，这是我从事基础教育工作的新起点。

8年前（2014年）的今天，我由一线教师向行政管理岗位转变，这是我直面课堂育人场的同时，试着用心去触摸自己背影的高度，这是我全面成长的方式。

"写下便是永恒"，葡萄牙作家佩索阿如是说。教师写作的过程就是一个认识自我、反思自我的过程，一个理解教育、升华思想的过程，也是展示成果、传递思想的过程。我们写下的每一个生动的故事，每一则刻骨铭心的启示，每一份视角独特、见解独到的感悟，都是在成长过程中每一次跌倒又倔强站起来的记忆，都是平凡生命旅程中的一个个难以忘怀的景点，都是在发现教育规律、寻求教育真谛过程中发自心灵深处的精神感悟。

教师的成长是多维度的，而我的成长来自可爱的孩子们，来自我的课堂，来自我工作室的小伙伴们，来自我的诗与远方。写下他们，就是写下一份美好，写下一份期待，写下一份成长。

一、雕刻生命，让每朵花都在阳光下绽放

我与孩子们的成长故事便是我教书育人中一首首动人的歌。赋予每个孩子独特的生命意义和成长方式，唯有雕刻在孩子内心深处的爱才会成为他们一生的财富。立德树人从来都不是对人单一的影响，而是一种熔炉式、360度全方位的教育、感染、引领。行走在教育第一线已有28年，在小学音乐教学与研究这一宽广领域中，积累了

一定的教学经验，也取得了丰硕的成果。如：编排的舞蹈《红树林的自由鸟》《白鹭园》《绿色生命》，课本剧《爸爸去哪儿了》等节目参加全国儿童舞蹈比赛、全国第五届校园春节联欢晚会节目评选、深圳市少儿花会比赛等均获得金奖以及教师指导特等奖，获奖达50多项。由于他们出色的表演，节目还被邀请到人民大会堂演出和参加全国第三届"四进社区"精品文艺节目展演、第六届中国儿童音乐颁奖晚会，以及省、市、区级大型公益晚会等演出，得到各级领导及专家们的一致好评。为学校艺术教育史添写了浓墨重彩的一笔。

皇岗小学作为福田区随班就读资源定点校之一，需要关注帮扶的学生有40多位，作为管理者和课堂授课者，我时刻赋予每个孩子独特的生命意义和成长方式，思考悠长，用爱陪伴，开设不同需求的特殊课程以及个别化教育计划，主编孩子们的画册。平凡的岗位，平凡的日子，有心酸，有难过，但更多的是感动和欢笑。

二、润泽生命，让课堂成为有温度的地方

课堂的故事，课堂的旋律，给予我写作中最美的画面。关注学生在学习过程中所表现出来的情感、兴趣，个性思维各方面的互动；留给学生广泛开放的思维空间，让学生真正成为情境演绎的经历者，情境意义的建构者；将学生推到学习的主体地位上，让学生成为情境展开过程中的主角，从而使课堂成为学生主体成长过程中的重要场所。

我始终以课堂为育人第一学习场，坚持学生立场，站在学生的角度深挖教材，站在学生的角度精心设计，站在学生的角度组织语言。所撰写的课本剧，所教的课例、教学设计多次荣获市、区级特等奖、一等奖等。如：创编课本剧《爸爸去哪儿了》获市编剧以及教师指导特等奖；参加学科微课比赛，课例"我做错了吗？"获市、区级特等奖……

撰写质量监测论文《基于教育质量监测结果的学校美育教学改革实践》荣获第八届全国数据驱动教育改进专题研讨会征文比赛三等奖；美育创新案例"基于核心素养视域下学校绿色艺术课程构建及评价体系的实践研究""基于国家艺术教育质量监测结果应用的探索与实践"获广东省第六届、第七届中小学美育改革优秀创新案例二等奖、深圳市一等奖；开发两门深圳市中小幼教师继续教育课程"中小学教师如何做课题研究""如何进行有效的听评课"在深圳市中小幼教师继续教育平台面向全市授课，参加面授学习的老师达千人；近70项教育教学成果获得国家、省、市、区级特等奖、一等奖奖励。

三、深度生长，让心触摸教育的诗与远方

教师专业成长是一个锲而不舍的探索过程，需要正确的路径，有力的支点。情倾杏坛，扎根皇小22年，从获得广东省首批"粤派名师"，"粤派名师"戴智音乐学科工作坊主持人，深圳市名教师，深圳市优秀教师，鹏城首届最美教师，深圳市戴智名教师工作室主持人，深圳市中小幼教师继续教育授课专家，深圳市义务教育质量监测督学团队成员，深圳市第三批教育科研专家团队成员，福田区中小学探究性小课题指导专家，区领航工程骨干教师，区十佳中层干部，福田区未来教育名师工作室主持人，等等，让我收获了一名教师的成长幸福。走进深圳市胡樱平音乐教育科研专家工作室，我找到了自己前进的方向，也成为我专业写作最成熟的时期，在工作室的摸爬滚打让我走向了一种新的高度。

教育科研是教师专业发展的最佳路径，是一种让老师们找回自己教育教学主动性的重要方式和途径，一种让我们能够思考自己的行为、调节和反省的方式方法。曾主持国家、省、市、区级9项课题研究夯实了我的课堂；发表40多篇专业论文和教育心得浸润了我的心灵；出版著作4本给予了自己前进的方向。这一路走来，我践行着，教育教学就是自己生命成长的一种状态，教育教学，就是自己生命存在的内涵。

四、名师引领，让成员向青草更青处漫溯

若有微光，必有远方！名师是一盏灯塔，既有教育的情怀，又有教育的智慧，在他们身上有着可信、可敬、可学的品质。作为高级教师、广东省"粤派名师"、深圳市名教师的我，有幸引领价值，2019年参加由深圳市教育科学研究院组织的赴河源开展深圳名师送教交流活动，2022年参加省培赴韶关音乐学院开展课题研究专题讲座，等等，受到当地教育部门及学校孩子们的热烈欢迎，我将丰富的课堂教学手段与音乐审美理念相互融合，相互渗透，为两地音乐学科架起沟通交流的桥梁，更是一种教育载体的尝试、教育形势的探索、教育理念的思索。这种精神，这种引领，在当年被深圳主流媒体评选为"鹏城首届最美教师"称号，深圳新闻"师说"专栏头版——"在行走中相遇，只为点亮你的心灯"进行宣传报道，相继深圳新闻网又推出了我的科研报道——"教育科研是教师专业发展的最佳路径"。

同心同力，同心同行；诗境的团队，诗意地成长。"粤派名师"戴智音乐学科工作坊，深圳市戴智名教师工作室于2022年4月成立。现有成员和学员32名，来自深圳市6个区，20所学校，涵盖小学、初中、高中三个学段。工作室以音乐学科教学为纽带，以现代培训理论为依托，以专业引领为抓手，本着"用情、用爱、用真"的教

学主张，把艺术兴趣的种子深植于孩子们心灵深处。通过SECG以"趣"赋能四个板块的课堂教学模块建构暨"激趣—探趣—创趣—成趣"为教学线轴，倡导开放的空间创造流动的课堂，释放的天性利于教学的熏陶。让孩子们在释放中生成，在感受中创造，在情境中"生活"，在合作中成长。用名片去组建一个团队，用团队去实现一个梦想！"笔尖上的旋律"——更是工作室一张闪亮的名片。这张名片以写好教育科研的旋律为主课题、素养导向的旋律为成长线、送教公益的旋律为爱的延伸。

　　只有改变是不变的，在不变中寻找突破，在改变中完美自己。一路耕耘，一路芬芳，与其说教育的过程就是一个美丽的故事，不如说是抒写一首漫长的教育诗篇。我坚信，有了教育梦想，才有了教育的诗和远方。我将带着名师团队共有的音乐符号——"笔尖上的旋律"，再次出发，去书写课堂，书写遇见，书写人生。

戴　智

2022年9月10日

科 研 篇

教 学 篇

育 心 篇

科
研
篇

全纳教育理念下普特融合教学的实践研究课题成果报告

一、问题的提出

全纳教育（inclusive education）又译为"包含教育""包容教育"。是"20世纪90年代初期国际特殊教育领域出现的一种新思想和做法"。1994年6月联合国教科文组织召开的"世界特殊教育大会"通过的《萨拉曼卡宣言》提出："教育要满足所有儿童的需要，为普通儿童设立的教育机构亦应接受所在地区的各类有特殊教育需要的儿童少年，并为其提供适应其需要的以儿童为中心的教育活动；在一切可能情况下，所有儿童应一起学习，而不论他们有无或有何种困难和差异。"

随班就读（learning in regular class room）属于融合教育的范畴，但又是基于中国的实际，具有民族性的一种教育模式。原本是指让部分肢残，轻度弱智、弱视和重听等残障孩子进入普通班就读进行教育的一种方式，其目的就是要让这些特殊孩子能够与普通学生一起活动、相互交往的同时，获得必要的有针对性的特殊教育和服务，以及必要的康复和补偿训练，以便使这些孩子能够更好地融入社会，开发潜能，为他们今后自主、平等地参与社会生活，成为有理想、有道德、有文化、有纪律的社会主义事业的建设者和接班人打好基础。

皇岗小学现有重度与轻度在册的特殊儿童约47名，在班级常规管理以及教学中，给老师们带来了很多的困惑与难题。原因在于：第一，在普通教育系统内工作的教师，无论在入职前还是在入职后，都没有系统接受过有关特殊教育方面知识的培训；第二，老师们对特殊儿童在普通学校接受教育普遍持否定态度，认为特殊儿童应该到专门的特殊教育机构中接受教育；第三，老师们面对随班就读的各类特殊儿童不知道该如何与他们进行有效沟通，不知道如何着手教育，指责抱怨特殊儿童并把他们看作一种负担或置之不理的现象并不少见。

为贯彻落实国家、省市区的特殊教育提升计划，完善特殊儿童随班就读的工作，逐步建立随班就读定点校、资源教室以及建立健全相应的政策保障机制，为本校特殊儿童提供全方位的教育服务和专业支持。普通学校如何实施全纳教育提倡的接纳所有学生、满足学生不同需求的理念，这是学校教育面临的一个巨大挑战。在实践中如何培养更多合格的、能胜任随班就读工作的教师，逐步引导他们转变教育观念，接纳特殊儿童，借助特殊教育的专业知识和方法，为随班就读学生提供他们需要的高质量教育，促进随班就读教师的专业成长等等，急需学校探索出一套外合内融、情智共生的校本化实施路径，是本课题研究的出发点和落脚点。

基于以上背景，皇岗小学展开广视角、多维度、深关联的融合教育实践工作。构建"尊重、接纳、平等、互助"的校园文化氛围让所有孩子特别是那些有特殊需要的孩子，能无障碍地学习、生活、交往，成长为最好的自己。

二、解决问题的过程与方法

（一）探索阶段（2019年4—7月）：播种课例研究，培育核心团队

具体操作，计划先行，分工明确：首先是2019年7月10日成立"全纳教育理念下普特融合教学的实践研究"课题研究小组，实行组员详细分工。其次是由收集学习与本课题相关的文献资料，了解本课题国内外研究现状。然后撰写课题研究申请书，制定课题研究方案。

（二）成型阶段（2019—2021年）：凸显价值取向，形成核心成果

研究学习阶段：

2019年9月以来，课题组就普通学校如何实施全纳教育提倡的接纳所有学生、满足学生不同需求的理念；在实践运用中如何促进随班就读教师的专业成长等进行思维碰撞，课题组老师从三个视角展开了研究构想。

1. 研究思路

通过文献分析法了解当前国内外融合教育的理论实践方式以及现状及意义，调查本校与研究相关的学生、教师、家长及社会人员，总结本课题所指的融合教育的积极意义。

2. 研究措施

（1）发挥教务处的协调作用。

通过与相关的学生、教师、家长及社会人员的接触与走访，了解并记录课题研究的实际情况。

（2）发挥家长的支持作用。

建立与家长的长效沟通机制，了解学生家长对于课题研究的想法，探索融合教育

于特殊儿童家庭的作用与积极意义。

3. 健全机制

（1）建立理论学习制度。定期组织课题组成员学习相关理论、信息和经验，供本课题研究借鉴和参考。

（2）建立健全课题例会制度。定期召开课题组例会，交流、探讨、总结课题研究工作。

（3）建立健全课题研究奖励制度。对课题组成员研究情况进行定期考核，根据考核情况分别给予不同的奖励，以此激励大家的科研热情。

研究实践阶段：

课题组以秉持"全纳融合"的特殊教育核心理念，就打造"舒适"与"建构"的生活环境，构建"自主"与"协同"的适性课堂，建设"专业"与"跨界"的教师团队，开发"丰富"与"适性"的专属课程，建立"动态"与"系统"的评价体系，展开课题"全纳教育理念下普特融合教学的实践研究"的行动研究。

（三）推广阶段（2021—2022年）：服务学校变革，打造区域样本

通过课题研究深入贯彻落实国家和各级政府关于"融合教育""随班就读"工作部署：

（1）在本校实现科学有效地实施全纳教育。

（2）建立随班就读定点校、资源教室以及建立健全相应的政策保障机制，为本校特殊儿童提供全方位的教育服务和专业支持。

（3）提高了教师的观察力、个性化指导能力以及教育反思能力等，为科学有效地实施全纳教育掌握先进的全纳教育理论，实现理论对实践的指导。

（4）采取适合的随班就读方式，促进特殊儿童适应社会与发展，经过探索，皇岗小学已形成一套科学、可复制的融合教育模式。

三、成果的主要内容

本课题开展三年来，在教育"面向每一个儿童"的观念指导下，在探索普特融合的教学中形成了有质和有效的融合模式和示范样本，对一线融合教师与教育研究者都具有很强的借鉴意义。通过打造"舒适"与"建构"的生活环境，针对每一个随班就读学生的特殊需要，为每个学生制定了个别化教育计划和成长档案，为本校特殊儿童提供全方位的教育服务和专业支持。从融合维度—教育服务—专业技能—教育模式四个维度的构建，学校积极探索出了一套外合内融、情智共生的校本化实施路径，已形成一套科学、可复制的融合教育模式，为区域学校普特融合教育提供了样本。

（一）打造"舒适"与"建构"的融合环境

组织教师分析校内各类儿童的现状，倾听儿童及其家长的特殊需求，邀请专家、师生共同参与创设校内外教育生活环境。在强调环境"舒适度"的同时，注重环境给予孩子心智的"建构"。校园的每一个功能区域既能适应普通学生，也能关照特殊儿童。建设传统学习资源与数字化资源相结合的资源教室，支持特殊儿童的个性化康复与学习需求。皇岗小学资源教室设立在校园内一楼，面积约60平方米。门口设有无障碍通道，室内采用防伤害软包，资源教室内配备了办公、学习的基础设备和教学教具、感觉统合运动器材、心理康复训练类器材。（图1）

图1　教室环境

（二）建设"专业"与"跨界"的教师团队

在探索随班就读的模式上，学校加强融合教育教师队伍建设，组建了一支"有普特融合背景""有普特融合教育培训证书""有多年随班就读教育经验""有爱心"的四有教师团队。（图2）他们不仅为特殊儿童提供特别的教育服务，还在学生、家长和普通班级老师之间架起沟通的桥梁，共同营造了一个温暖融合的教育环境。皇岗小学融合教育团队主要由以下人员组成：一是配备2名专职特殊教育老师，主要负责特殊儿童融合和资源教室的使用与管理；二是心理咨询教师1人，负责心理咨询教室的使用与管理；三是班主任与资源教室教师相互配合，共同商讨有效策略帮助特殊儿童融入班级学习生活中；四是校外专家，如非洲鼓乐课教师、羽毛球课教师、专家讲座主持人等，他们让资源教室的功能得到充分发挥。学校加大培训力度，先后组织3名教师参加省市区级专项培训，学习国际前沿的融合教育理念。通过晋级、评优、绩效考核等途径，调动教师参与融合教育实践的积极性。

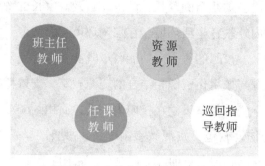

图2　融合教育四有教师团队

（三）建设"规范"与"高效"的管理制度

1. 制度建设是做好随班就读工作的保障

为了更好地开展工作，皇岗小学制定了《皇岗小学随班就读管理制度》《皇岗小学随班就读教育教学工作细则》《皇岗小学随班就读课堂教学评价表》《皇岗小学随班就读课堂观察表》等。皇岗小学将随班就读工作纳入学校整体工作计划中，这些制度的建立使学校随班就读工作更加规范化、常态化。

2. 加强了档案建设

档案建设是特殊学生健康发展的需要，同时也是衡量和提高普特融合教育的重要方面。在区教育局教育科指导和规定下，皇岗小学为所有特殊学生建立了个人信息和成长档案，制订个性化发展目标、选择合适的评价工具、收集分析资料证据、适时调整教学策略，做到评价标准多元化。这些独立、规范翔实的个人档案为特殊儿童后续康复提供了宝贵的记录。

（四）构建"自主"与"协同"的适性课堂

我们通过多维评测的方式，探寻特殊孩子能力及需求，设计课程，帮助他们全面融合。让每一颗小种子适性发展，首先必须科学地了解他们的不同。皇岗小学对新进资源教室的学生进行专业的综合发展测评，通过感觉知觉、粗大动作、精细动作、生活自理、沟通、认知、生活技能等多个类别的细致测评，获得一系列完整的数据。并整合医疗、康复专家对特殊学生进行医疗诊断，科学分析学情，对其特殊需要进行系统梳理，建立相应的教育支持系统，坚持"课上有指导、课后有辅导、作业个性化、评价特色化"的差异化教育方式。（图3）

诊 断 与 评 估	制订并实施个性化教学计划	咨 询 与 沟 通
★实施测验 ★观察记录 ★个别访谈 ★分析作业 ★家庭访问 ★收集相关资料 ★诊断问题症结	★了解研究学生 ★拟订教学目标 ★选择教材教法 ★运用教学资源 ★实施教学计划 ★评估调整方案	咨询沟通对象 ★学生 ★普通班教师 ★学校行政人员 ★家长

图3　个性化教学实施环节

（五）开发"丰富"与"适性"的专属课程

学校立足人的多元智能的八大领域，针对每一个随班就读学生的特殊需要，为每个学生制订了个别化教育计划，皇岗小学资源教室通过购买服务的方式为有特殊需求的儿童提供课程支持，通过个别辅导、小组学习、同伴协助和团体活动等组织形式，开设了入班辅导、个别化训练，以社交特色课程、职能特色课程、音乐特色课程、艺术特色课程与运动特色课程为主题，形成特殊教育课程体系。（图4）

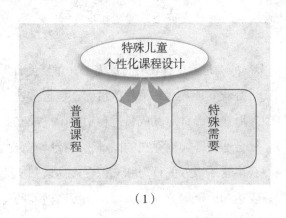

（1）

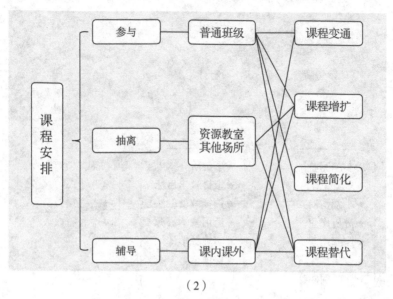

（2）

图4　特殊教育课程体系

1. 社交训练课

社交技能训练（social skills training）：训练提供一种以学习为基础的、有效发展的人际交流能力的反应——获得的方法。针对社交困难的学生，进行专业的训练，提高学生的社交能力，更好地融入校园。社交技能训练主要依据会谈、社会知觉、特殊情景处理等技巧缺失的内容与程度与计划性的教导，以讲解、示范、角色扮演、回馈与社会增强、作业练习等形式训练，以达到加强生活情景中个人的表现能力和人际互动，消除或修正不良适应行为，使生活得到最佳的调适。包括：基础社交训练、社会性模仿、参照、想法解读、生活社交技巧、情绪和行为等。

2. 音乐治疗课

音乐治疗（music therapy）是治疗师在有特殊需求儿童喜爱音乐的基础上，把音乐作为一种媒介，利用音乐游戏的形式达到治疗的目标，包括重建，维持及促进心理和生理的健康。在集体治疗形式中，针对其成长过程中某阶段或某方面、短期或长期的在情绪、行为、学习、社会适应等方面存在的困难，治疗师有目的、有计划地选用音乐治疗技术。使其学习获得音乐以外的行为和知识，提高认知、改善情绪和消除症状（生理、心理、行为、表达和交流等方面的障碍），提高他们的自我察觉力及生活适应力，增强有特殊需求儿童的自信心。包括：奥尔夫音乐课、非洲鼓、戏剧表演等。

3. 手工坊制作课

手工艺活动运用目的性、功能性的活动达到活动的目的，提升了有特殊需求儿童的成就感及动机，同时锻炼手部精细动作和手眼协调能力，通过艺术活动刺激大脑皮层发展和完善，提高学生的再创造能力。包括绘画、剪纸、黏土、扎染、创意手工等。

4. 职能特色课程

主要根据学生能力，设计对学生有意义的教学活动，引导参与，预防、恢复与生活有关的功能障碍，增进健康，预防能力的丧失与残疾的发生，使他们能在生活环境中得以发展。包括：生理康复、心理康复、社会性等。

5. 运动特色课程

运动康复是对运动缺陷者采用各种运动方法，使其在身上获得全面恢复，使其运动功能得到改善。通过学习羽毛球、篮球等运动，提升学生的感觉统合，改善多动，稳定情绪。包括羽毛球课、篮球课、感觉统合课等。

（六）建立"动态"与"系统"的评价体系

学校建立了特殊儿童动态评价体系。（图5）与特教机构合作，对特殊儿童进行入学评定，建立成长档案，翔实记录成长和个性发展轨迹。为特殊儿童设计专属试卷，除笔试外，特殊儿童还可以选择口语、手势、绘画等多种方式完成检测。学校还在活动领域和其他领域设置科学小达人、护绿小卫士、表演小能手等专属荣誉称号，鼓励特殊儿童发展潜能，扬长避短。

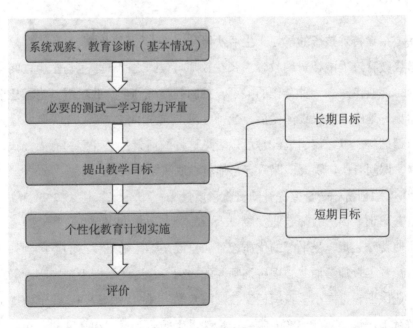

图5 儿童动态评价体系

评价是做好随班就读工作的催化剂，为激励教师更加爱岗敬业，皇岗小学在评优评先上设立专门的"承担随班就读工作的加分项"。这些举措较好地推动了学校普特融合教育工作的开展，也为承担随班就读工作的老师们创造了更积极的工作空间。

四、创新突破与实践成效

（一）理论创新——探寻建立教育共同体

推行没有排斥、没有歧视的全纳教育理念，加快构建布局合理、学段衔接、普特融通、医教结合的普特教育体系促进残疾孩子快乐成长，实现人生价值良好的随班就读学习生活环境离不开社会的关爱、家庭的陪伴、学校的教育以及同伴的交往，创建更为充分良好的随班就读学习环境，学校也在逐步地探寻教育共同体的建立。

1. 主动依托社会专业融合教育机构

皇岗小学积极主动地进行了社会教育共同体的建立。我们依托星梦缘特殊儿童专业康复治疗机构，为特殊儿童的家庭打开了一扇窗，为学校普特融合教育寻求到了更为专业的指导。

2. 积极建立家校协同教育机制

皇岗小学开发了学校微信公众平台，资源教室建立了QQ群。100%的家长加入了资源教室QQ群，实现了家校间的良性互动。教务处、资源教室建立了常态的家校联系制度，认真倾听家长的育儿心声，热心传递科学的育人方法与理念，很好地促进了孩子的健康发展。

3. 用心搭建特殊孩子的学习、生活伙伴

在学校教育过程中，全纳教育主张在教师与教师之间、学生与学生之间、教师与学生之间，都应该建立一种合作的关系，共同创建一种全纳的氛围。为了让全校47名特殊学生更好地融入班级集体生活，老师在班上成立了诸如爱心小分队等模式给需要的同学以帮助。所以在校园里经常可以看见这样的情景：上下楼梯有人搀扶、上厕所有人陪伴、课间有伙伴聊天，课后有老师耐心地辅导。

（二）实践创新——着力提升随班就读质量

1. 注重培训，促进教师专业发展

为了使特殊儿童享受平等的优质教育，皇岗小学派随班就读的老师到外省普特学校参观，让青年教师参加"心理咨询师"的培训等，这些举措为个别心理和行为干预提供了专业保证。皇岗小学组织任课教师深入学习《中小学教师职业道德规范》《随班就读教育工作管理》等，增强服务于特殊学生的职业意识和高度的工作责任心，同时加强随班就读工作理论的学习与研讨，帮助教师寻求科学的育人方法。

2. 注重指导，由常规的教学行政管理向专业的课程管理转变

皇岗小学根据学生实际情况制订详细的作业计划，语文、数学、英语及每门学科都制订个别课程计划和辅导计划，并督促教师按计划严格落实，认真开展好每一项活

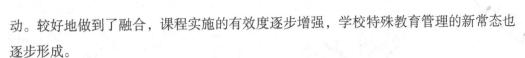

动。较好地做到了融合，课程实施的有效度逐步增强，学校特殊教育管理的新常态也逐步形成。

3. 聚焦学生，让闪光之处推动特殊学生自信、自主健康发展

如皇岗小学六（3）班林同学性格内向不愿与人交流也不学习，课堂上40分钟的学习基本不能坚持到底。音乐老师见她喜欢唱歌，便在课堂上让她给大家唱歌。经过一段时间的歌唱练习，她渐渐获得了自信，也在大家的赞美声中不知不觉地互相交往了，学习也有了进步……

（三）结论创新——建构"融合"育人模式

本课题"全纳教育理念下普特融合教学的实践研究"开展近4年来，在教育"面向每一个儿童"的观念指导下，皇岗小学重视随班就读工作的规范落实，建有专门随班就读工作管理机制，学校打破了校内普通教育与特殊教育分离的二元管理系统，采取一元的管理系统。领导班子分工上实行条形管理。由校长主管全校的教育教学常务工作，教导处主任负责教学及资源教室的建设，资源及教师老师具体实施，德育主任主抓全校的德育工作及心理咨询教室的建设，心理教师具体实施，总务处在后勤主任的直接领导下开展后勤服务工作。这样的条块式管理成为学校稳定和发展的坚强后盾。皇岗小学在市区级督导评估中被评为优秀，家长满意度测评优秀，我们的随班就读学生也能够快乐融合，健康成长。经过探索，皇岗小学已形成一套科学、可复制的融合教育模式。

1. 融合维度

在本校科学有效地实施全纳教育，达到了心理、课程、社会性、物理空间四个维度的融合。（图6）

图6　四个维度的融合

2. 教育服务

建立随班就读定点校、资源教室以及建立健全相应的政策保障机制，为本校特殊儿童提供全方位的教育服务和专业支持。随班就读服务流程如图7所示。

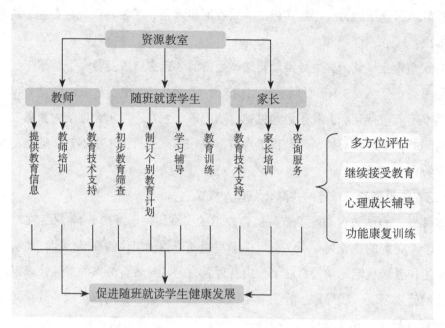

图7　随班就读服务流程图

3. 专业技能

提高了教师的观察力、个性化指导能力以及教育反思能力等，为科学有效地实施全纳教育及掌握先进的全纳教育理论，实现理论对实践的指导。教师应掌握的专业技能如图8所示。

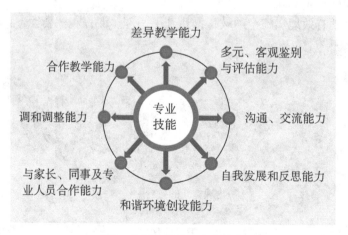

图8　教师应掌握的专业技能

4. 教育模式

采取适合的随班就读方式，规范资源教室基本流程，促进特殊儿童适应社会与发展，为区域学校普特融合教育模式提供样本。资源教室基本流程如图9所示。

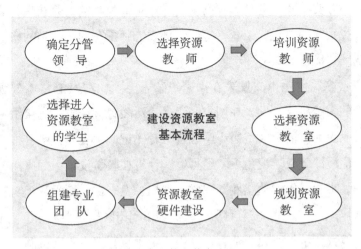

图9　资源教室基本流程

（四）实践成效——实践育人成果凸显

特殊教育事业是一项爱心事业、阳光事业。学校秉持"全纳融合"的特殊教育核心理念，打造"舒适"与"建构"的生活环境，用"精心"的管理呵护每一个孩子，用"贴心"的校园环境熏陶每一个孩子，用"匠心"的课程内容培育每一个孩子。通过普特融合教学的实践研究，皇岗小学47名特殊学生在通过技术、能力的训练，适应了主流学校的校园生活，给予每一个孩子光芒与希望。从2019年9月开始课题组共开展了12次研讨会，多次开展普特融合课例展示，参与各项比赛获一二等奖以上36项，其中国家级3项，省级1项，市级2项，区级30项。从2019年9月开始课题组相继在《教育家》《生活教育》《中外教育研究》等国家级核心期刊上发表论文13篇，出版画册2本，融合教育专著一本。

普特融合：在研究过程中，资源教室制定了《皇岗小学随班就读管理制度》、《皇岗小学随班就读教育教学工作细则》、皇岗小学随班就读课堂教学评价表、皇岗小学随班就读课堂观察表。积极建立家校协同教育机制，建立了QQ群，100%的家长加入资源教室QQ群，实现了家校间的良性互动。同时，为所有特殊学生建立了个人信息和成长档案袋，制订个性化发展目标。

资源教室老师每学年度入班协助总次数660多次，服务班级32个班，被服务学生42人。重点在册问题学生14名，制订个别化训练方案42份，累计个别化训练课程160多节，累计团体专项课程200多节，其中包括非洲鼓30节、职能治疗30节、羽毛球30节、社交专项56节、艺术职能56节。

教育故事：课题组成员多篇融合教育故事参加区比赛荣获大奖。如李文娟老师撰写的教育故事《爱与成长》荣获福田区特等奖；康喆老师撰写的《孤独的前方，是星辰大海》荣获一等奖；罗曦老师撰写的《为你守护那片晴空》荣获一等奖；邹丽琼老师撰写的《寻找别样的星光》荣获一等奖；邢瑶老师撰写的《特别的来信》荣获优秀奖；学校荣获区"优秀组织奖"。

论文发表：多篇课题论文发表在国家级杂志上。如本人论文《全纳教育理念下普特融合教学的实践研究》发表在国家一级《生活教育》杂志；《接纳一个孩子 挽救一个家庭——深圳市福田区皇岗小学融合教育侧记》发表在光明日报主管的《教育家》杂志；《优质课堂教学视角下"经得磨"计策在教学设计中的应用》发表在《教育界》杂志；《小学音乐"动感性"课堂的建构》发表在《教学管理与教育研究》杂志；《"CBD小学"的"一二三美育"——深圳市福田区皇岗小学绿色艺术课程建设之路》发表在《教育科学与研究》杂志；《中小学学校管理中激励机制的运用及价值探究》发表在《基础教育参考》杂志；《文化育人视野下小学德育的困境与策略分析》发表在《中小学教育》杂志……

论文比赛：论文《基于教育质量监测结果的学校美育教学改革实践》荣获第八届全国数据驱动教育改进专题研讨会征文比赛三等奖；创新案例《基于国家艺术教育质量监测结果应用的探索与实践》荣获广东省第七届中小学艺术展演活动二等奖；论文《高效能教育质量监测结果运用的实践研究》荣获福田区2021年"数据驱动教育改进"论文比赛一等奖；论文《中小学学校管理中激励机制的运用及价值探究》在"全国教师优秀科研成果"评选中被中国教育学会评选为国家级一等奖；论文《文化育人视野下小学德育的困境与策略分析》在"全国教师优秀科研成果"评选中被中国教育学会评选为国家级一等奖……

著作出版：学生作品2000多幅，出版画册《来自星星的你》《星星的那一片天空》2本；融合教育专著《那片星星的天空——福田区皇岗小学融合教育案例集》一书由中国文联出版社出版。

社会影响：皇岗小学开发的"随班就读普特融合课程""小学心理健康教育课程"被评为深圳市福田区第二批特色品牌项目；特殊学生参加福田区青少年红丝带联盟艺术团活动，被授予"优秀组织奖"称号；在福田街道"脱贫助残，决胜小康"——帮助贫困残疾人，共享社会关爱阳光运动会上授予真情匾牌；在2020年深圳教育改革创新论坛，被授予——"年度家校共育典范学校"光荣称号。

五、思考与展望

（1）通过课题研究深入贯彻落实国家和各级政府关于"融合教育""随班就读"工作部署，通过以全纳教育理论为指导，关注学校视障、听障、多动儿童的教育发展需求，发挥普特融合学校的引领作用。同时向特教机构聘请具有扎实特教理论功底和丰富特教教学经验的教师到学校常驻指导，协助随班就读教师开展随班就读学生的教育并提供咨询和建议，为本校特殊儿童提供全方位的教育服务和专业支持。

（2）课题研究至今，取得了一定的成果，达到了心理、课程、社会性、物理空间四个维度的融合。课题组教师的科研能力也得到了一定的发展，但还需上升到一定的理论高度；课题研究的理性思考需进一步深化，课题研究方法的运用，还要行之有据，规范操作。

对儿童而言，小学教育就是发现其美、唤醒潜能、成全发展的过程。在"各美其美、美美与共"理念引领下，我们将继续展开广视角、多维度、深关联的融合教育实践工作。特殊教育事业是一项爱心事业、阳光事业，我们将不遗余力地做好这一工作，努力呵护这群特殊的孩子，用"心"教育，为他们开启美丽的"星"世界！

参考文献

［1］邓猛.融合教育理论反思与本土化探索［M］.北京：北京大学出版社，2014.

［2］李拉."全纳教育"与"融合教育"关系辨析［J］.上海教育科研，2011（5）.

［3］佟月华.美国全纳教育的发展进程［J］.济南大学学报（社会科学版），2002（1）

［4］张宝蓉.以全纳教育的视角看教育公平［J］.教育探索，2002（7）.

［5］吴春艳.转变观念——实施全纳教育的前提［J］.中国特殊教育，2005（4）.

［6］邓猛，朱志勇.随班就读与融合教育——中西方特殊教育模式的比较［J］.华中师范大学学报（人文社会科学版），2007，46（4）.

［7］刘艳虹，朱楠.融合教育中儿童发展状况的案例研究［J］.中国特殊教育，2011（8）.

［8］赵红.融合教育背景下幼儿园教师对特殊儿童态度的研究［D］.桂林：广西师范大学，2017.

（本文发表在国家级一级期刊《生活教育》杂志2021年8月）

基于教育质量监测结果的
学校美育教学改革实践

一、背景

（一）深化学校美育及评价的需要

2020年10月15日，国务院办公厅印发《关于全面加强和改进新时代学校美育工作的意见》，美育教学要逐步完善"艺术基础知识基本技能+艺术审美体验+艺术专项特长"的教学模式，着力提升文化理解、审美感知、艺术表现、创意实践等核心素养，帮助学生形成艺术专项特长。在这里，《意见》基于目标导向和美育教学规律，提出了基础知识与技能、审美体验、专项特长"三位一体"的审美素质结构，三者合力指向和形成文化理解、审美感知、艺术表现、创意实践等美育核心素养。2021年2月，教育部等六部门联合印发《义务教育质量评价指南》，中共中央、国务院印发《关于深化教育教学改革全面提高义务教育质量的意见》《深化新时代教育评价改革总体方案》等，明确提出了健全教育质量监测体系，坚持和完善国家义务教育质量监测制度的要求以及指出改进结果评价、强化过程评价、探索增值评价、健全综合评价的重要性。

（二）基于质量监测结果运用的需要

深圳市福田区作为首批国家义务教育质量监测结果应用实验区，大胆探索、积极作为。应用国家义务教育质量监测结果，引导全社会树立科学的教育质量观，推动教育科学决策，促进教育的优质均衡发展；应用监测数据破除不科学、不合理的教育评价方式，强化过程性和发展性评价，促进学生多元发展；搭建能链接教育质量监测全方位的大数据平台，盘活了监测数据，让监测结果应用成为教育内涵发展的"导航仪"；将各相关部门，教育行政、督导、教研、学校紧密联系为一体，形成多方协同、齐抓共管、共同治理的监测结果应用大格局。

（三）学校艺术教育监测结果的呈现

2019年皇岗小学四年级艺术教育监测结果显示：①学生音乐纸笔测试成绩为534分，低于公办学校61分，低于福田区53分，低于深圳市19分，高于广东省42分，高于全国31分。②学生音乐听辨能力题目答对率为67.0%，低于公办学校7.8个百分点，低于福田区5.9个百分点，高于深圳市0.1个百分点，高于广东省7.3个百分点，高于全国5.8个百分点。③学生音乐作品赏析能力题目答对率为62.9%，低于公办学校6.0个百分点，低于福田区6.0个百分点，高于深圳市2.7个百分点，高于广东省23.1个百分点，高于全国22.1个百分点。④学生音乐基础编创能力达到中等及以上水平的比例为56.2%，低于公办学校20.7个百分点，低于福田区22.1个百分点，低于深圳市11.3个百分点，高于广东省5.9个百分点，高于全国9.8个百分点。⑤学生演唱"必唱歌曲"达到中等及以上水平的比例为100%，高于公办学校0.4个百分点，与福田区相同，高于深圳市1.5个百分点，高于广东省8.0个百分点，高于全国7.4个百分点。⑥学生演唱"选唱歌曲"达到中等及以上水平的比例为100%，高于公办学校3.8个百分点，高于福田区3.2个百分点，高于深圳市12.3个百分点，高于广东省19.7个百分点，高于全国21.5个百分点。⑦学生对艺术课的喜欢程度（选择"比较喜欢"和"很喜欢"的人数比例之和，下同）比例为95.4%，高于公办学校8.9个百分点，高于福田区7.1个百分点，高于深圳市6.2个百分点，高于广东省5.5个百分点，高于全国2.6个百分点。⑧学生喜欢音乐教师的比例为98.8%，高于公办学校10.6个百分点，高于福田区9.8个百分点，高于深圳市8.3个百分点，高于广东省9.5个百分点，高于全国5.6个百分点。⑨学生自主参与校内外各类艺术活动情况，每周参加1次及以上校内音乐兴趣班的比例为43.1%，高于公办学校2.8个百分点，低于福田区0.2个百分点，高于深圳市4.4个百分点，高于广东省5.6个百分点，低于全国7.6个百分点；每周参加1次及以上校外音乐兴趣班的比例为41.5%，低于公办学校17.0个百分点，低于福田区21.8个百分点，低于深圳市7.6个百分点，低于广东省1.0个百分点，低于全国10.0个百分点。

二、创新举措

针对2019年国家艺术教育质量监测数据显示的皇岗小学学生艺术素养偏低，音乐听辨能力、作品赏析能力、音乐编创能力、学生表达能力均低于全区、全市平均水平，以及艺术教育普及性不足等问题，皇岗小学利用质量监测诊断结果改进教学行为，构建"四个维度"育人的高位统一，实施开展六个专题的教学内容导学设计，实现教学评一体化，从而建立"能力核心"的新音乐课堂育人模式，扎实开展学校艺术教育的国家课程校本化行动研究，最终实施学生艺术素养的评价模式，从而探索出科学有效的质量监测结果应用路径。

（一）教学目标与教学手段的高位统一

教师组织学生参与艺术教学过程，情调以激发情趣为切入点，以增强学生学艺术的自信心为支撑点，启迪学生主动学艺术的积极性，调动他们内在的艺术潜能，在情景中学习，激趣引思，主动获取知识，实现学生在艺术教学中的主体地位，陶冶情感，培养素养。

通过艺术学科课堂的教学，围绕培养目标对音乐课程结构、教学内容、教学手段、教学方法和教学评估进行整体性素质测评，扎扎实实提高课堂效率，惠及全体学生，促进学生素质的提高。制定皇岗小学艺术课堂学生素质测评参考表以及学年度学生课堂考核等级细化表。

举措一：艺术教研活动显实效

每周五上午为艺术科组教研时间，聚焦课堂，采用"说、讲、评、议"的方式进行研讨，听课备课评课做到集体化、制度化、常规化。每周五上午艺术学科组教研活动如图1所示，我的授课记录如图2所示，聘请教研员张定远老师来校指导如图3所示。

图1　每周五上午艺术学科组教研活动

图2 作者授课

图3 聘请教研员张定远老师来校指导

举措二：优化培训路径促提升

采用请进来走出去战略，内强素质外借智慧，深耕艺术课堂，展开行动研究。让专业自信、岗位自信、文化自信在教师心中扎根发芽。图4是外出培训活动的照片。

图4 外出培训活动照片

（二）教学设计与教学实施的高位统一

教学设计是教师依据现代教学理论为基础，为了达到课程教学目标，确定合适的教学起点与终点，根据学生的认知结构，对教学活动的诸多要素进行分析和对教学的各个环节进行策划的过程，其体现的是一种以学生发展为本的新的教学理念。

针对监测数据显示的学生音乐听辨能力、作品赏析能力、音乐编创能力、学生表达能力不高，案例基于六个专题的教学内容：歌曲聆听专题—音乐基本知识的学习专题—乐器演奏专题—作品风格理解专题—歌曲展示专题—旋律创作专题进行导学设计，站在学生的立场组织教学，使每个孩子在课堂中快乐而有效地学习。具体实施内容说明如下：

1. 歌曲聆听专题

多采用跟随节奏创意性的律动等方式，引导学生参与聆听，使其建立对歌曲的初步感知。这样的环节既有创意性音乐律动的设计，又有对节拍、节奏、乐句等音乐要素的感知与体验。

2. 音乐基本知识的学习专题

让学生结合音乐的具体感受后用创作进行巩固，用创作将音乐知识的学习概念化，并且用大量的作品来理解、验证概念，从而真正明白音乐基本知识的含义。

3. 乐器演奏专题

在口风琴课堂中学习识读乐器谱、弹奏的基本手型和方法，并通过教师范奏、学生反复练习，个别演奏和集体演奏相结合，提升学生自身的演奏能力和相互合作的意识和能力。在指导学生在掌握乐器的基本演奏方法后，充分发挥自己的创造性进行演奏。

4. 作品风格理解专题

通过分段聆听与完整聆听相结合的方式，引导学生利用音乐要素（包括调式调性、节奏、节拍、音色、速度、力度、旋律、和声、曲式、织体等）分析作品。欣赏过程中，学生根据学习经验，进行自主欣赏和分析，也可以分小组或与周围同学进行交流分析，自评互评相结合，教师进行补充性小结。同时，引导学生将多首同类作品进行比较，并用模仿演唱的方式初步感知作品风格，了解形成风格所具备的特征后，将非此风格的作品创造性地改编为此风格的作品，从而真正理解作品风格，逐步让学生掌握欣赏艺术作品的方法，提高学生欣赏艺术作品的能力。

5. 歌曲展示专题

学习科学的歌唱呼吸方法、咬字吐字方法，以及音准和节奏感，能够自信地、有感情地演唱难度适宜的歌曲，并学以致用，演唱自己喜欢的歌曲。歌曲展示不仅涵盖

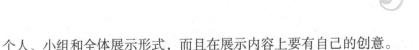

个人、小组和全体展示形式，而且在展示内容上要有自己的创意。

6. 旋律创作专题

将旋律创作教学常态化、系统化。根据不同年级学生的能力设定不同的创作目标，从模仿、填空起步，从编创一个小节，逐步过渡到创作乐句、乐段直至完整的作品。

（三）学科素养与学校文化的高位统一

针对监测数据显示的学生艺术素养偏低以及艺术教育普及性不足的问题，构建学科素养与学校文化的高位统一，扎实开展学校艺术教育的国家课程校本化行动研究。

学校以培养学生艺术素养为核心，面向全体；注重学科融合，把艺术教育渗透在学校教育的方方面面；注重艺术熏陶，开发学生的艺术特长，增强学生的艺术体验；搭建平台，让每个学生都能得到充分的展示；以评价为抓手，培养学生的探究合作，增强学生的创新意识。艺术类校本课程的开发建设，既有源自教育部审定的教材内容的拓展设计，又有根据学校课程体系开发设计的具有皇岗特色的校本课程。如全校班级口风琴进课堂；戏剧教育课班级开设常态化；每周四下午红领巾广播"每周一歌"课程，由音乐老师带领全体学生一起学唱一首歌；全校大型集会千人同唱一首歌+同跳一支舞；学校成立了校园电视台，开设了小主持人社团，每周三下午红领巾广播时间由学生们表演讲述校园故事；开设校长故事会栏目，围绕"社会主义核心价值观"和"最美红领巾"等主题制作短视频，制作好的视频统一在每周二下午红领巾广播时间播放。千人同跳一支舞，千人同唱一首歌如图5所示。

图5 千人同跳一支舞，千人同唱一首歌

（四）学生活动与学生成长的高位统一

学校从2018年开始，通过本校师资和购买第三方等多种方式，陆续开展了50个学生社团，其中特开发了戏剧社、舞蹈社、合唱社、葫芦丝社、软陶社等20门+艺术课程，采取网上抢课报名，学生自主选课，利用走课形式让孩子们自由选择，鼓励教师上传学生作品，并能进行网上互评自评他评，给参与艺术活动课程的学生建立社团活动测评卡，全方位立体化地进行课程实施、监控和评价。

皇岗小学艺术课程体现了课程化、系列化、常态化的特点。学生通过长期的训练，其艺术素质和素养内化于心，审美能力和情趣浸润于心，提升了学生的整体艺术素养。最终实现学生的全面发展、个性发展和主动发展。学生作品展示如图6所示。

图6　学生作品展示

三、主要成效

针对监测数据显示的学生艺术素养偏低，以及艺术教育普及性不足的问题等，本案例将基于构建"四个维度"育人的高位统一，扎实开展基于监测专题的教学设计，实现教学评一体化，学校开发与运行一个"国家课程打基础、区域课程求发展、校本课程育特长"的学校课程体系，最终实施学生艺术素养的育人模式，从而探索出行之有效的质量监测结果应用路径。

（一）构建了"一二三"绿色艺术课程的育人模式，最终实施学生艺术素养的评价模式

本案例通过六个专题的教学、实践这样一个周而复始的过程，潜移默化地培养他们精益求精的学习品质，培养吃苦耐劳和团结合作的精神，使他们的综合素养从量变到质变。通过艺术学科课堂的教学，围绕课程目标、育人目标对艺术课程结构、教学设计、教学方法和教学评价进行整体性素质测评，扎扎实实提高课堂效率，促进学生艺术素养的提高，面向全体学生，丰富学生审美体验，提高感受美、发现美、鉴赏美、创造美的能力。通过周四艺术社团活动，如器乐、合唱、舞蹈表演、软陶制作等社团，开展丰富多彩的兴趣训练，以达到陶冶情操，启迪智慧，激发孩子们的创新意识和实践能力，关注学生个性发展，达到了课程育人、文化育人、活动育人、管理育人、实践育人、协同育人的目标。学生六一会演如图7所示。

图7　学生六一会演

（二）构建了绿色"一二三"艺术课程及评价体系"四个维度"育人高位统一的探索与实践

1. 构建艺术课程、实践课堂及评价体系的研究与实践

把艺术课程作为新的抓手，更新课程观，面向全体，以"课后延时服务艺术课程"实施社团活动校本课程开发。如开发了戏剧社、舞蹈社、合唱社、葫芦丝社、软陶社等20门+艺术课程，皇岗小学艺术课程体现了课程化、系列化、常态化的特点。

课程化：组织开展各类文化讲座活动、人文素养讲座、国学经典讲座、红色教育讲座、戏剧进校园展演等。通过系列课程，提高学生的综合素养。戏剧进校园展演如图8所示。

图8　戏剧进校园展演

系列化：组织落实好学校既定的"三节一月两会"中的缤纷艺术节，邀请名家、名曲、名剧目进校园……搭建孩子们才艺绽放的舞台。在舞台上，老师、学生的综合素养得以展现，皇小的文化得以弘扬。戏剧进校园展演如图9所示。

图9　戏剧进校园展演

常态化：学校开设20门+艺术课程，如何让这些课程收到实效呢？我们实行每次活动都安排行政检查记录，及时公布活动情况，由教务处协调展示时间，在学期末开展一次同类别集中展演活动、各类别活动课程小范围内作品展示，六一文艺会演的专项展示，校级领导、老师、家长、学生全程参与评价。各类展能活动，让所有孩子能找到"我自信我精彩"的精神鼓舞。学生演出如图10所示。

（1）

（2）

图10　学生演出

2. 构建"一二三"艺术课程及评价体系的教育模式

通过构建"一二三"绿色艺术课程的育人模式，在操作技术、实践能力的训练方面强化学生艺术审美能力和审美情趣，提升学生的整体艺术素养。2020—2021学年度第二学期音乐学科素质测评评价见表1。

表1　2020—2021学年度第二学期音乐学科素质测评评价表

（学生成长档案）

班级：　三（3）班　　　姓名：　徐涵

课堂表现 10	平时作业 10	水平测试 40	社会音乐活动 10	参加社团活动 10	学生演唱测试 10	获奖 10	综合学分
10	10	36	8	8	8	6	8

老师评价	你的音色甜美，乐感很棒，课堂上总是积极举手发言，希望你也能勇于参加表演比赛就更好了！ 任课老师：黄子玫
学生音乐创作作品	 　学生随记：大声唱歌让我感到非常轻松，希望能学到更多不一样的歌曲。 个性签名：徐涵

（三）监测结果应用下的探索与实践育人成果凸显

1. 提升学生艺术素养

皇岗小学属于典型的城中村学校，学生非深户占比80%。监测结果应用之前通过问卷调查，皇岗小学学生父母受教育程度明显低于福田区平均水平，家庭在艺术素养的教育与培养上仍相对薄弱，受重视程度相对较低，学生在外专业机构学习的占比5%左右，学校开设的校级社团也只有5个左右，学生能参加率占比10%左右。近三年来，学校为提升学生艺术素养，充分发挥艺术学科课堂、艺术活动及实践课堂育人途径与形式，通过本校师资和购买第三方等多种方式开发的20门+艺术课程，通过统计学生参与不同种类的艺术课程学习达100%，学生参加校内外艺术实践活动达100%。

"三节一月两会"中的缤纷艺术节，邀请名家、名曲、名剧目进校园，开展校外校内各项活动30多次。学校戏剧社表演的《渡乌江之前夜》获得2021年市级比赛一等奖，《陪伴》《星空》等剧目连续五届获得福田区戏剧节一等奖。美术教学参加全国"课堂革命，福田表达"活动影响深远。软陶社团脸谱作品系列汇展、创意装饰盘作品展（社团）、软陶生肖秀、儿童创意脸谱时装秀表演……创作美术类作品近万幅，在艺术项目类参与各级别比赛获奖200多项。通过探索与实践，学生艺术综合素养得到了全面提升。

2. 促进教师专业成长

课题组教师以课堂为主阵地，以问题研究为载体，积极转变教与学方式，大家在艺术教学中坚持"研究反思再研究"，真正做到了"教""研"同步行。坚持开展"同课异构、多课一构、一课多构、一课多练"等多次观课议课活动。三年来，大小范围内总共磨课30多节，公开课29节，撰写教学设计40多篇，论文发表12篇。如我的课题案例"基于核心素养视域下学校绿色艺术课程构建及评价体系的实践研究"荣获广东省第六届中小学美育改革优秀创新案例二等奖，朱军慧老师论文《儿童创意脸谱的教学探究》发表在《广东教育》杂志……"脸谱艺术软陶社团"还被评选为2021年深圳市中小学生"优秀社团"，软陶课程获得"深圳市好课程"。出版优秀作品集：共聚集成册学生作品集5本。《新起航》音乐篇；《来自星星的你》特教篇；《儿童创意脸谱作品集》；《脸谱艺术软陶特色课程教学》；《遣兴陶情》学生创意作品集。

四、探讨

国家义务教育质量监测是对学校及区域教育的综合考量，具有把脉问诊的作用，是改变教育价值取向的"指挥棒"。在监测结果数据的应用目标指向和导向上，是全面监测诊断教育管理和教学中存在问题的"体检仪"。运用好监测结果，找到一把

"尺子"明确评价教育质量的标准；摸准自己的"位子"在坐标系中找到自己的相对位置；寻找突破的"口子"明白自己的优势与不足，为改进提升教育质量提供科学的依据。

本案例的探索与实践就是利用监测结果后的数据分析为我们未来的工作提供了靶向，也为学校的未来发展依托数据精准把脉、立足师生精准归因、依托课程精准施策的质量监测结果应用提供了更为明朗的路径。用发展的眼光评价学生，用赏识的方法激励学生，在师生多维度的合作与分享的活动中，开启师生的教学智慧，寻找教育的成长点与增值点，从而促进师生共同生成的生命过程。希望皇岗小学的艺术教育质量监测结果应用，可以为其他兄弟学校美育改革和艺术教育实施提供方法，为美育注入新的生命力，为推进学校艺术教育发展做贡献。

参考文献

［1］边玉芳，梁丽婵.基础教育质量监测的工具研发［M］.北京：北京师范大学出版社，2015.

［2］李凌艳，苏怡，陈慧娟.区域运用基础教育质量监测结果的策略与方法［J］.中小学管理，2019（8）.

［3］胡庆芳，程可拉.有效的课堂［M］.北京：教育科学出版社，2009.

［4］刘受益.美育基础知识［M］.北京：高等教育出书社，2001.

［5］郭声健.艺术教育论［M］.上海：上海教育出书社，1999.

（本案例荣获第八届全国数据驱动教育改进专题研讨会——征文比赛三等奖）

优质课堂教学视角下"经得磨"计策在教学设计中的应用

一、"经得磨"计策内容

（一）"经得磨"原意

磨，"麻"为象符部件，表示：麻点。"石"为形符部首，表示：砂石。《诗经·卫风·淇奥》："如切如磋，如琢如磨。"砂石采之于砂岩。砂岩是一种沉积岩，主要由石英、长石、岩屑等各种细砂粒与黏土、钙、铁胶结而成，颗粒直径在0.05—2mm，砂粒含量大于50%，断面有灰色或淡红色麻点。麻点砂石在古代用来琢磨玉石，也称为麻骨石。

"磨"，《现代汉语词语》中解释说"用磨料磨物体使光滑、锋利或达到其他目的"。俗话说"马厩里养不出千里马"，从艰苦环境中历经磨炼、摔打的人，其工作能力、心理素质往往更胜一筹。

（二）"经得磨"本意

教学设计"经得磨"是精益求精的教学呈现和反思；是发人深省的教学设计和分析；是不失时机的提升教学智慧。教师经过反复的实践、思考、改进，可以在最大限度上让教学过程贴近学生的实际，帮助学生找到最佳的学习方法，可以深入地思考教学中出现的某个问题，找到相应的最佳解决办法，也就是我们常说的"精品课"。

教学设计"经得磨"磨什么，不外乎磨教学目标、课的思路、教学方法、环节设计、怎样突破重难点、如何训练、板书、作业设计，等等，甚至教师语言是否准确、精练、生动，提问是否有效，教态应该怎样，怎么调动学生，学生可能出现什么问题，我们如何解决等等，总之磨得越细越好。

二、"经得磨"计策分析

教学设计"经得磨"是一个专业素养提升的过程，有助于提高教师的教学和研究能力。在相互展开的碰撞中，能迸发出教学创新的火花对课进行深层次的教学思考，教学内容的选择、教学手段的运用、教学方法的优化、教学结构的创新和教学评价的变革。它能引领教师围绕实践课不断地"切磋—商讨—设计—实践—反思—修改—再设计—再实践—再总结"的循环过程，通过"磨"达到"合"，通过"磨"，掌握课堂教学艺术，促使课堂教学高效。

本计策"经得磨"将从四个维度论述：①找方向；②磨环节；③磨教法；④深锤炼。

（一）找方向——经得磨

一堂课，教学目标就是一盏明灯，就是一个教学设计的指路标。课堂设计中的教学目标设定，必须基于教学内容、学生学情，在音乐知识、情感态度、审美维度等各种层面恰当地给出，并紧紧围绕教学目标开展教学活动，让"找方向"意义明确、突出并得以落实，经得磨的找方向就是成功的开始。

（二）磨环节——经得磨

教学目标的落地，指明了一个明确的方向，怎样让教学目标逐一实现，那么，教学活动的安排就要围绕着教学目标的实施，而环环相扣、步步深入。每一个步骤的设计，都要在教学目标的引领下由浅到深、由点到面。突出重点、突破难点，经得磨的磨环节就是科学的教学设计，赋予了一堂精品课"矫健的骨架"。

（三）磨教法——经得磨

有了方向，有了步骤，怎样用巧妙的方法融入步骤当中，把一堂课有血有肉丰富多彩地呈现给学生？这个时候就要将教学方法潜移默化地融入每一个环节当中，润物细无声。经得磨的磨教法，通俗地来说，就是老师们日常教学中用到的"金点子"，让整个教学活动画龙点睛。

（四）深锤炼——经得磨

一堂成功的课，不是一蹴而就，绝对是千锤百炼而厚积薄发。教学当中不断地进行试课、研习、反思，再不断地去改进、调试，寻找更加适合学生学习的方法，让整个教学设计、教学活动为学生服务。这种经得磨的深锤炼，就是在实践当中去积累，最终让一堂课通过教师的"磨"，让学生的学习如海绵吸水一样，丰富而饱满。"经得磨"计策攻略如图1所示。

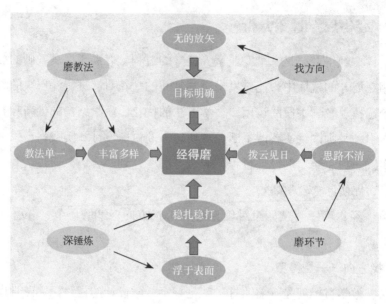

图1　"经得磨"计策攻略图

三、"经得磨"计策案例剖析

（一）无的放矢—目标明确—经得磨

1. 现状案例分析——"无的放矢"

"无的放矢"原意在清·梁启超《中日交涉汇评》："如是，则吾本篇所论纯为无的放矢，直拉杂摧烧之可耳。"比喻说话做事没有明确目的，或不切合实际。

"无的放矢"本意是指教师在教学设计中没有明确的设计方向，没有具体的目标设计，教材理解不透，环节设计混乱等等。

据现状分析，许多老师在现实教学中，第一，没有清晰具体、可观可测的学习目标。目标具有"导学、导教、导评"的功能，是一节课的灵魂。"没有目标，盲；目标不清，茫；目标太多，忙。"第二，缺少基本的课标分解、学习目标叙写、教学活动设计等技术，评价的意识和技能普遍缺乏。第三，在教学设计时目标定得假大空，到最后都不知道到底要做什么，完成什么，说明在环节设计上达成目标没有深度的思考与研究。

2011年音乐课程标准提出的"三维目标"，强调要注重"知识与技能""过程与方法""情感、态度与价值观"三个维度目标的整合，这三个维度不是三个独立的个体，而是互相融合的一个整体，如同立方体长、宽、高三个维度的关系一样，是一个事物的三个方面，三者相辅相成。而2016年提出的"核心素养"不仅仅是知识技能，更重要的是情感、态度、知识、技能的综合表现，是对素质教育内涵的具体阐述，教育目标更加清晰，内涵更加丰富。学生在接受相应学段的教育过程中，逐步形成的适应个人终身发展和社会发展需要的必备品格与关键能力。

2. 改进策略建议——"目标明确"

"目标明确"是指在教学设计中指向精准，教材理解到位，环节设计缜密，达到懂、透、化。目标是教学的起点和归宿，是教学活动的核心和灵魂。教师在教学设计中，必须从学生出发，从教学目标入手，要紧紧围绕教学目标、教学内容、教学生成等方面进行深思、研磨。例如在2014年全国音乐比赛课中，付老师在《拉库卡拉查》中教学目标就十分精准，就是用心感受美洲音乐的风格特点，引导学生以积极的态度体验，增强学生对世界多元文化的理解。一堂课下来，呈现给听课老师一个十分清晰的教学设计范本。再如，在歌曲《新年好》一课中，目标就十分明确，就是通过学生自己动手在创作的过程中，培养学生积极思维，大胆探索，积极创作。课堂中学生充分展开想象，用舞蹈、打击乐为歌曲伴奏等形式，师生同乐。学生从音乐体验中找到了音乐学习的乐趣，在快乐的气氛下学习音乐，达到了提升音乐能力的目的。不经意间，老师想达成的教学目标、教学内容也就轻而易举地磨到位了。

这种目标明确突出，教学步骤和教学组织才能有更清晰的走向，才能真正在研磨中转变教学理念、深度挖掘教材、创新教学设计，提升教学智慧，实现师生共同成长。

从"无的放矢"到"目标明确"，方能"经得磨"。

（二）教法单一—丰富多样—经得磨

1. 现状案例分析——"教法单一"

"教法单一"原意在孙犁《澹定集·吴泰昌〈艺文轶话〉序》："凡是严肃从事一种工作的人，他的收获总不会是单一的，而是多种的。"秦牧《艺海拾贝·菊花与金鱼》："一切艺术的道理也是这样，单一必然导致枯燥。"

"教法单一"本意是指教师在教学设计中教学方法单一，没有新颖性、创造性。中小学音乐教师随着时间的推移，容易格式化、陈旧化，教学思路、教学模式、教学方法单一且枯燥无味。

现代的教学理念应对课堂的讲解方式需要不断的创新，按照当今社会中小学生的性格特征来看，如果教师在教学过程中故步自封，纯粹按照传统教学方法来进行授课，不能做到提高创新能力，那么学生对学习的兴趣就会荡然无存。比如学唱歌曲就只有范唱或者跟琴唱，就没有其他方式进行。再如，欣赏教学中，很多就是单纯地去听，分段听、整体听，而忽略了欣赏当中也可以去感受、去体验、去模拟……要提高音乐课堂教学效率，就必须丢弃单一的教学方法，实现课堂教学教法的多样化、新颖性，充分调动学生的学习兴趣才能促使学生整体和谐地发展。把握优化教学过程的实质，增强教学趣味性，善于操作教学反馈手段，才符合当今社会以学生为主体的教学形势。

2. 改进策略建议——"丰富多样"

"丰富多样"是指教师根据政策、教材以及学情设计出适合、适性的丰富的教学方法。一般的做法是先让公开课的执教者自主设计一种教法，第一次试教后，听课者进行讨论、评课。把发言的中心定在"如果我来教，我会如何教"上。各种教法一一亮相，哪些意见更切合执教者自身的素质，哪些看法可能更适应将要施教的学生，这就有了比较的可能、选择的余地。课后，无论是专家的理论指导还是一线老师的宝贵经验和对教材教法的解读，都为上课的老师注入了新的血液，启发了上课老师的思维，补给了更多的教学方法，这样磨合下，课更加地丰满了。

有效的教学方法是实现音乐课堂有效教学的前提。课堂当中，突出学生主体，才能让教学发挥出作用。如2014年全国音乐比赛课，授课者付老师课后介绍他的课，第一次教学设计时用吉他弹唱导入，老师为主的表演，让人感觉仅仅只是老师在展示吉他技巧，引导学生对老师和吉他形成了主要的兴趣点，教学思路有点偏；再如在第二次教学设计时，老师以《拉库卡拉查》作品为主线，再配以吉他弹唱，学生的兴趣就落在了音乐作品上，激发了学生学习音乐的兴趣。这种以音乐作品为突出点的老师示范方法，将多种教学方法有机地结合在一起，巧妙地把课堂当中的主体——学生引导到学习的路径中来，起到画龙点睛的作用。

例如歌曲《如今家乡山连山》，这是一首农村题材的歌曲，反映了如今农村的大好形势。按传统的说教，对城市的孩子来说，无法进行想象、理解和感受，课堂教学只会死气沉沉。了解了这个情况后，在新课导入环节，本人设计了情景导入法，利用多媒体设置环境，营造了农村改革开放后欣欣向荣、五谷丰登的画面。学生被这形象生动的画面所感染，犹如置身于硕果累累的丰收意境中，并在美的意境中开始学习这首歌曲。在接下来的学习当中，本人又糅入器乐辅助教学，进行小组合作学习，然后再进行分组展示。这样以学生为主体的音乐学习，不断地去拓宽教学方法，丰富教学形式，激发出了学生的学习兴趣，学习效果斐然。

从"教法单一"到"丰富多样"，方能"经得磨"。

（三）思路不清—拨云见日—经得磨

1. 现状案例分析——"思路不清"

"思路不清"原意是指一个人思维混乱，不能客观、全面、系统地分析问题。

"思路不清"本意是指授课教师的教学设计和教学的过程很浑浊，给人说不清道不明，听课者云里雾里，不知道一堂课到底教了什么，学了什么。在教学中，我们常常发现这种思路不清，不仅仅是老师自己对教学目标不明晰，还有点课堂当中"走过场"，得过且过。

据现状分析在教学设计中，许多老师没有做好教学前的预设，没有全面考虑在教学活动中尽可能出现的情况，从而"生成"资源的浪费，脚踩西瓜皮踩到哪儿是哪儿在常规课是屡见不鲜的。

2. 改进策略建议——"拨云见日"

"拨云见日"原意在《晋书·乐广传》："此人之水镜，见之莹然，若披云雾而睹青天也。"就是比喻冲破黑暗见到光明。也比喻疑团消除，心里顿时明白。

"拨云见日"是指在教学设计中突破自己的局限，在参与者意见中清晰自己的思路。教师要善于利用自己的教学智慧在教学设计中寻找"亮点"、捕捉"亮点"、创造"亮点"、利用"亮点"，让教学的"亮点""点亮"课堂。其环节一是任教者先推敲初次教案并反复修改，磨课教师集中对教学设计存在的问题讨论修正，切磋琢磨；二是任教者进班试课，磨课教师再提合理化建议，进行梯次打磨；三是任教者多班级磨课，进行集体研磨，从而再次优化教学设计，打造出精品课。它是参与者、任教者共同参与的过程，共同成果的雾化。

例如福田区教科院二附小尹翠老师执教的课例"侗家儿童多快乐"，前期经过三轮的教学设计修改，参加中国教育科学研究院举办的全国教育综合改革试验区第六届"高质量课堂展示"比赛，荣获"教学改革创新"一等奖。

第一次教学设计：雾里看花

课例"侗家儿童多快乐"老师的表现非常完美，又是唱又是跳，而且也非常动情地进行解说……一堂课下来总体感觉比较顺畅，但是除了对老师的印象比较深刻外，学生学习音乐作品却不够深入，歌曲演唱也仅仅局限于熟悉了主旋律。反思起来，就是在教学设计时，思路不清晰，本节课教学目的究竟都要达成什么目标？教学环节怎样才能帮助教学目标一点一滴去实现。用一句歌词总结：雾里看花。

第二次教学设计：其实你不懂我的心

在第二次教学设计时，首先，理清思路，明确本课的目标，然后将音乐作品中的难点拎出来，在导入的环节就进行教学难点的渗透和突破。第二次上课一开场，在发声练习环节，尹老师就用歌曲的高潮部分的音乐，带领学生们走进歌曲的难点之处——二声部，让学生们跟着音乐伴奏用"啦、噜、嘣"等各种不同的衬词去哼唱音乐。

这节课下来，听课老师们觉得老师的教学目标是很明确，但是学生却没有在课堂当中生成学习效果。那问题出在哪里呢？结论是，老师刚开始是制订了教学目标，可是因为学情估计不足，没有有效地达成教学效果，结果课堂中，老师的思路也被学生的状态带出轨道。用另一首歌曲名字总结：其实你不懂我的心。

第三次教学设计：没那么简单

第三次教学设计时，本首作品首先要解决民歌二部合唱歌曲当中音准的问题，能不能用柯达伊手势进行教学呢？于是，柯达伊手势中的"136"三个动作，被运用到了课堂当中。尹老师不断用柯达伊手势强调这三个音的位置，通过数次引导与聆听，解决了学生们在齐唱时的音高及跑调问题。就这样，她在每一个细微的环节不断地进行调整，拨云见日，学生的学习效果渐渐出来了。

从"思路不清"到"拨云见日"，方能"经得磨"。

（四）浮于表面—稳扎稳打—经得磨

1. 现状案例分析——"浮于表面"

"浮于表面"原意是指我们做一些事情想要懂得就得身临其境，自己体会，如若不然，浮而不实，就什么也得不到。

"浮于表面"本意是指在教学中没有深入揣摩教学目标，没有深度教学设计、没有"匠人"的教学态度等。

现状发现，在教学设计中很多老师没有自己的思想，而是"照猫画虎"，流于形式；没有教学态度，实无行动。原因在于教师没有给予学生追根溯源的设问；没有创设良好的环境与宽松氛围；没有对文本的巧妙构思、精心设计；没有智慧地运用生成的资源，把课堂推向一个个高潮！

2. 改进策略建议——"稳扎稳打"

"稳扎稳打"在教学中是指对自己的教学设计、教学方法、教学态度，不断深度锤炼，自我认知，自我提升的一个蝶变过程。厚度是一种内在的积累，通过努力积累丰富人生，并将成果转化成自身的厚度，站在越厚的地方，才能看到更远的风景。

例如龙华区教科院王翔云老师执教的课例"小熊过桥"，通过一系列的反复修正以及锤炼自己，获得了全国第八届中小学优秀音乐课展示一等奖，海顿与他的《惊愕交响曲》更是推广课获得者。

（1）"备战"——备教纲备教材备学生备教法。

悉知国家音乐教学大纲要求，在反复熟悉、分析教材内容后，并关注本学龄段学生的音乐知识储备情况和学生的需求，为本堂课的设计奠定了扎实的基础。

（2）"奋战"——围绕科学的教学目标设计完美的教学活动。

从6/8拍律动的入手，到歌唱段落的节选；从戏剧动作参与的设计，到教学课件的精心制作；从环节的预设到作品的练习；从国外欣赏课的解析到中国民族音乐的解读；无一不体现了王老师在教学目标的地基上建构完美的教学设计。

（3）"迎战"——实践出真知、实践结硕果。

58个版本的教学设计在王老师头脑中应运而生，从此，王老师坚持每天到各区不同的学校，不同的班级，给不同的学生上音乐课，在各种不同环境中试讲，又结合每天实践上课的情况，用心地调整每一个教学环节、解决每一个出现的问题。千锤百炼的实践，磨出了课例的光辉。

台上40分钟，台下数年功！在全国展示课的舞台上，王老师用稳打稳扎，从容的恒心、耐心、爱心，磨砺着自己，当他自信地喊出"下课"时，计时40分钟的铃声骤然响起，我想，"磨"这个带有魔性的动词一定是他内心最宝贵的收获。

从"浮于表面"到"稳扎稳打"，方能"经得磨"。

五、结论

"经得磨"，对于你，对于我，对于他，都是有百利而无一害的。一堂好课它不一定需要华丽的课件，需要的是深入揣摩目标，反复琢磨教案，一次次试教磨炼，在不断反思中精益求精的"磨课精神"。雏鹰经历生死的磨炼得以展翅翱翔，花蕾经历风雨的磨炼得以竞相开放，柳条经历寒冬的磨炼得以抽出新芽，人生，也因经历磨炼而更加精彩！

参考文献

[1]周冬林.略谈优质课堂课前设计的几个关键点[J].科技视界，2013（27）.

[2]颜竟.浅析小学语文优质教学的有效途径[J].读与写（教育教学刊），2017，14（8）.

（本文发表在学术期刊《教育界》杂志2022年第9期）

核心素养视角下中小学音乐课堂
活动设计的实践研究

中小学音乐核心素养的内容包括音乐审美、创造性发展、音乐表现与社会交往以及音乐文化传承四个方面。加之音乐学科自身所具有的实践性就要求在日常的课堂教学活动中，教师要结合自身所教授的学生的身心发展特征设计出形式多样的课堂活动设计方案。虽然这些活动可以使音乐课堂的气氛能够被充分调动出来，但是由于音乐学科存在一定的特殊性，会使得课堂活动在实际操作中出现诸多的问题，正因如此，开展核心素养视角下中小学生音乐课堂活动设计的相关研究成为当前教师所面临的重要考验。

一、基于核心素养视角下进行中小学音乐课堂活动设计应当遵循的原则

（一）以情感为主线把握教学活动

音乐的本质就在于音乐情感，故此在进行中小学音乐课堂活动设计时要以情感为主线来对教学活动进行把握和设计使学生在审美体验中获得情感的升华，在情感的升华中获得对音乐学科学习的兴趣，进而才能使音乐课堂在轻松愉悦的课堂氛围中获得教学实效。

（二）以教材为依据设计教学活动

根据学科体系所建立起来的教材中的音乐知识具有未知的特征，故此，音乐教师在设计教学活动之时要充分结合教材中所提供的音乐教学内容与相关要素，以使得音乐课堂活动设计充满音乐性。此外，教师还要充分将学生的年龄阶段、知识水平、生活中的实际经验以及个体间存在的差异等因素均考虑其中以推动相关教学活动的顺利开展。

（三）以实践为重点开展教学活动

音乐本身作为一门综合性艺术，要求在活动中要注重理论与实践的综合运用以提高学生的艺术修养，只有做到教与学的融合才能使音乐学科教学成为一个有机的整体，而这种综合性音乐素养能力的提升是通过学生的反复训练而获得的，师生只有在能够相互交流的音乐课堂活动中去欣赏音乐作品，才能够更好地享受音乐所带来的熏陶与启迪，进而促使学生的音乐艺术能力实现提升。

二、核心素养视角下中小学音乐课堂活动设计中存在的问题

（一）教师对音乐课堂活动设计的重视程度不够

虽然当前受新课改的影响很多中小学教师都发现了在音乐课堂中开展互动设计的重要性，并在音乐课堂教学之中加入一些活动环节来与学生进行互动。但是在音乐课堂的教学实践中会发现教师并未对所开展的课堂活动设计持有高度的重视程度，仍旧是以填鸭式教学模式为基础进行稍微的变动，使得学生虽然在一时之间会获得较为愉悦的学习体验，但是亦会在一定程度上使学生对音乐学科的学习兴趣被削减。

（二）音乐课堂活动设计与课堂教学相脱节

在当前的中小学音乐教学课堂中会发现，往往教师还未能指明第一个活动的要义下一个活动就紧随其后，学生也往往只是紧跟教师所设计的活动环节图得一时欢愉，并未能给学生留有思考与创造的空间，使得中小学音乐课堂存在为了活动设计而设计的现象，从而使音乐课堂活动设计仅仅停留在形式中，出现与课堂教学相脱节的问题。

三、核心素养视角下提升中小学音乐课堂活动设计的有效策略

（一）提高教师对音乐课堂活动设计和应用能力

目前在我国达尔克罗兹、奥尔夫和柯达伊三大音乐教学体系盛行，为我国中小学音乐教育的发展指明了方向和路径。中小学音乐教师要在这些优秀的音乐思想和理念为基础之上实现快速整合，更新自身的教学观念并开发出适合我国中小学生发展实际的音乐教学方法。例如，教师在开展一年级上册"上学"的课堂活动设计时，对于学唱《我今天上学喽》，教师可以根据歌曲的节奏变化安排模拟公鸡叫声的活动使学生感受到我在今天上学时的快乐心情。

（二）突出学生在音乐课堂活动设计中的主体地位

由于学生作为音乐课堂教学活动的主体，因此教师在进行音乐课堂活动设计的过程中要谨记学生的主体地位，不然教师的课堂活动设计是毫无意义的。同样，教师亦

不能走马观花般带领学生将活动都做一遍以期尽快完成教学任务，而是要给学生留出相应的时间和空间来对此次实践活动设计有着明晰的把握。例如，教师在开展七年级下册"春天的故事"的课堂教学活动设计时，由于该歌曲涉及邓小平设立经济特区和南方谈话两次推动改革的关键性事件，距离学生较远，教师可以播放当时的纪录片和改革前后广东的发展与变化来增进学生对歌曲的理解和对祖国的热爱之情。

综上所述，核心素养已经逐步作为中小学音乐教学过程中的重要教学目标，使得教师要在提升中小学生自身音乐核心素养的同时要实现自身教育教学水平的不断发展与提高，以期使中小学生能够积极地参与到音乐课堂教学活动之中，音乐教师的专业化水平亦能够实现发展，进而推动中小学音乐教学水平的不断提升，实现在核心素养下中小学生素质的全面发展。

参考文献

[1] 陆晓玲. 浅谈核心素养视域下的小学音乐课堂教学 [J]. 中小学音乐教育，2018，321（12）.

[2] 冯静. 核心素养视域下"器乐教学在小学音乐课堂教学中的实践与探索" [J]. 电脑乐园·信息化教学，2019（3）.

（本文发表在《启迪》杂志 2020 年第 12 期）

基于核心素养视域下学校绿色艺术课程
构建及评价体系的实践研究

一、课题背景

（一）深化时代素质教育的需要

《国家中长期教育改革和发展规划纲要（2010—2020年）》提出要"加强美育，培养学生良好的审美情趣和人文素养"。艺术教育是实施美育最主要的内容和最基本的途径，要实现以美育人、以文化人的育人目标，要提高学生审美与人文素养，促进学生全面发展，仅靠艺术教育还不够。《国务院办公厅关于全面加强和改进学校美育工作的意见》（国办发〔2015〕71号）。《意见》明确了当前和今后一个时期加强和改进学校美育工作的指导思想、基本原则、总体目标和政策措施，提出到2020年，初步形成大中小幼美育相互衔接、课堂教学和课外活动相互结合、普及教育与专业教育相互促进、学校美育和社会家庭美育相互联系的具有中国特色的现代化美育体系。

（二）学生发展核心素养的需要

基于对终身教育的具体化，核心素养问题在世界范围内得到了十分广泛的关注。我国教育部于2014年3月颁布了《关于全面深化课程改革落实立德树人的根本任务的意见》，提出要研究各学段学生发展核心素养体系，明确学生应具备的适应终身发展和社会发展需要的必备品格和关键能力，以此修订课程方案和课程标准，把核心素养和学业质量要求落实到各学科教学中。在这一文件指导下，中国教育学会于2016年9月13日公布了《中国学生发展核心素养》，正式提出中国学生发展应该具备的三个方面：文化基础、自主发展、社会参与以及这三个方面所包含的六大素养：人文底蕴、科学精神、学会学习、健康生活、责任担当、实践创新。此外，教育部课程与教材发展中心也紧锣密鼓地展开基于核心素养的学科课程标准修订工作。核心素养正在成为中国课程改革与发展的核心词汇与关键依据。

（三）提升学生艺术素养的需要

为贯彻落实《教育部关于推进学校艺术教育发展的若干意见》（教体艺〔2014〕1号），全面落实《深圳市教育局关于进一步提升中小学生综合素养的指导意见》（深教〔2014〕274号），一直以来，学校的艺术教学普遍存在着重欣赏轻实践或重技能轻文化两种较为严重的倾向，学生的学习中要么简单机械地重复练习技能、技法，要么走马观花地欣赏一些经典名作，这都导致学生对艺术的兴趣逐步减弱，学习的积极性也渐渐丧失，前者的后果是学生对美术知识一知半解，后者则使学生成为简单描摹的工具，眼、手都不高，这既不利于培养学生终身受益的审美素养，也不能为学生进一步学习艺术专业提供文化和专业技能的支持。

（四）完善学科课程建设的需要

经过新一轮基础教育课程改革10多年的洗礼，艺术学科在课程地位、资源占有、课程建设、师资队伍、教学质量、研究水平等多个方面都有了较大发展，但由于底子薄、起点低，且长期处于不受重视的地位，所以无论是课程的结构、内容和资源，还是师资质量、教学效果、研究水平，都存在着很多不尽如人意的地方，尤其是教学质量不理想，学生艺术素养和人文素质普遍不高，导致了艺术学科的价值不能得到正确的认识，因此学科地位提升的幅度并不明显。预期通过本课题的研究，能有效提高皇岗小学艺术教育的教学质量和总体发展水平。

（五）优化学校及家庭教育的需要

皇岗小学属于城中村学校，非深圳户籍学生比例占到82%，对艺术的认识，福田区学生更多地强调愉悦功能，我校学生更多看中才能的展示，本区/本校（52.29%/49.69%）。本校学生一天中用于文艺活动的时间明显少于本区，没有参与的学生所占比例较大（66%/52%）。可见我校课外及家庭文艺投入较少。建议重点加强阅读习惯培育，课外增加集体性文艺活动参与，如视觉类美化校园环境、拼贴画、涂鸦等；演艺类合唱、乐队、戏剧等。

基于以上背景，通过构建"一二三"绿色艺术课程的实践和研究使艺术课程的内容更加立体化、系统化，课程的内容更丰富多样，教学的手段和方法更灵活高效，教学活动更贴近学生的需求，能有效激发学生的学习兴趣，从而更好地投入艺术课程的学习，同时艺术课程学习中积累的人文知识、培养的发散性思维、建构的认知系统，对其他学科的学习也会产生积极的作用，从而有利于学生综合能力的提高和健全人格的发展。

二、绿色艺术课程内涵

（一）绿色课程

绿色是生命的原色，绿色是校园生态，绿色课程寓意课程建设要顺应学生的天性，满足学生差异发展的需求，凸显"为了每一个学生的终身发展"的理念。在绿色教育的理念下衍生出的"绿色课堂"，是以绿色教育理念为指导，遵循师生身心发展的特点，以学生为本，着眼于学生的可持续发展，在遵循课堂教学规律的同时，在师生多维度的合作与分享的活动中科学地激发师生的教学热情，用发展的眼光评价学生，用赏识的方法激励学生。在绿色课堂上，学生在宽松、民主、和谐的学习氛围中，将课堂演绎成为妙趣横生，激情飞扬，智慧灵动的场所。在自主、合作、探究的学习方式中，发展自身潜能，张扬个性，陶冶性情，享受学习的情趣，体验成功的乐趣，感受着生命的活力。学校尝试在课题引领下开展课程建设，更好地体现学生的主体性，释放学生的潜能，探索轻负担、高质量的办学之路。绿色课程，开启师生的教学智慧，从而促进师生共同生成的生命过程。

（二）绿色艺术课程

绿色艺术课程综合了音乐、戏剧、舞蹈以及美术学科类等艺术形式和表现手段，对学生的生活、情感、文化素养和科学认识等产生直接与间接的影响。艺术课程不是各门艺术学科知识技能数量的相加，而是综合发展学生多方面的艺术能力；艺术课程也不仅仅是培养学生的艺术能力，同时还培养学生的整合创新、开拓贯通和跨域转换的多种能力，促进人的全面发展。

（三）绿色艺术课程体系下，学科核心素养的多元评价

艺术教育是学校实施美育的重要途径和内容，是素质教育的有机组成部分。要实现以美育人、以文化育人的育人目标，需要学校通过校园文化创建、艺术课程教学、课外和校外艺术教育等艺术活动，使学生在审美感知、审美想象、审美表现、审美创造活动中，提高审美能力，形成审美素养，进而建构起完善的审美心理结构，并最终形成健全人格的活动。

基于学科核心素养评价，分为学习成效评价和学习力评价。前者主要评价学生学习目标的达成程度，但作用有限。后者主要考查学生的学习力，重点在学生的学习取得了成效及决定因素在哪里。学生的学科学习力评价，分为三部分：①学习动力评价。主要考查和评价学生的学习兴趣、态度和毅力。②学习能力评价。主要考查学生的学习技能、基本认识和风格。③学习习惯评价。主要考查学生的时间管理、反思习惯和运行习惯。

三、"一二三"绿色艺术课程的模式

作为本课题研究对象"一二三"绿色艺术课程教育模式，实施学生学习评价，是指一个目标、二个课堂、三个提升维度。"一二三"绿色艺术课程在目标和内容上既相对独立，同时又相互结合，相互渗透，共同形成学校艺术教育课程的核心。

具体说明如下：

一个目标：落实立德树人为根本任务，改进美育教学，以提升学生艺术素养和人文素养为根本目标。坚持以美育人，以美育德，以德促美，面向全体学生，丰富学生审美体验，提高感受美、发现美、鉴赏美、创造美的能力。引导他们向真、向善、向美，体现学生朝气蓬勃的精神风貌，丰富校园文化生活，推动学校艺术教育健康发展。

二个课堂：艺术学科课堂；社团活动及实践课堂。

三个提升维度：六个专题学习，惠及全体学生，关注个性发展。（图1）

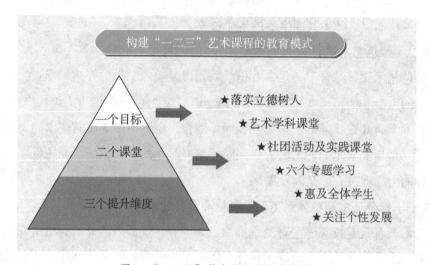

图1 "一二三"艺术课程的教育模式

（一）惠及全体学生

以儿童为中心，满足学生个性化、多样性、选择性的学习需求，学校以"课内课后课程一体化"设计为主题，积极建立惠及全体学生，兼顾个性发展，着眼未来成长的"绿色艺术"课程体系，促进学生艺术素养的提高。

（二）关注个性发展

基于学生个性生长的绿色艺术课程，是以个性、合作、创造为特征的个性化课程，是增添亮色的选修课程，以专题研究、兴趣特长、专业技能为主要内容，是以培养学生创造力、发展个性为主要目标的选修课程。通过艺术社团活动及实践，重建

学生的生活方式，让学生在丰富多彩的活动中彰显个性，在人际交往中学会与人相处，在民主开放活动中提升对自我、自我与他人、自我与世界的认识，关注学生个性发展。

（三）扶持特殊学生

通过"一二三"绿色艺术课程的教育模式，让皇岗小学12名特殊学生通过技术、能力的训练，强化学生艺术审美能力和情趣，提升学生的整体艺术素养。

四、"一二三"绿色艺术课程的构建

（一）构建艺术学科课堂的研究

通过艺术课堂的教学实践，围绕教学目标对音乐、美术的课程设计、教学手段、教学策略、教学方法和教学评价进行整体性质量监测，扎实提高课堂质量，普惠全体学生，促进学生艺术素养的全面提升。

（二）构建艺术活动及实践课堂的研究

通过艺术社团活动及实践课堂，如声乐、合唱、舞蹈、绘画、书法、软陶、剪纸等社团，开展丰富多彩的艺术特长训练，引导学生在外出参观、比赛、展演等社会实践中，陶冶情操，启迪智慧，激发创新意识和创造能力，关注学生个性发展。学校现开设20门艺术课程。

（三）构建"一二三"绿色艺术课程的研究

通过"一二三"绿色艺术课程的教育模式，让每一位学生通过技术、能力的训练，进而转化、内化为学生的艺术素质和素养，强化学生艺术审美能力和情趣，提升学生的整体艺术素养。

五、本项目成果的应用价值

（一）结构模式突破

通过"一二三"绿色艺术课程教育模式的研究，构建应与专业设置、教学方式、课程体系、教师队伍以及实践形式等紧密联系，通过这些途径，在艺术教育中落实"以人为本"的教育理念，建立"能力核心"的培养模式，使学校创建全面发展的人文环境，以达到学生素质的全面提升。

（二）方法技巧突破

合理的课程设置。小学艺术教育人才培养要从培养学生的客观实际出发，充分发挥艺术学科课堂、艺术活动及实践课堂对学生知识能力培养的作用，多途径、多形式地进行。通过"双向选择"，学生自主选择艺术学习方向，充分调动学生的学习积极性和主动性；通过分段人才培养模式，加强通识教育，夯实基础；通过增加艺术活动课堂，来打破课程传统的系统性概念，优化课程体系，促进学生在能力素质提高中的本体性得以实现。

重视艺术实践课堂。小学艺术教育应遵循艺术人才培养的特殊规律，通过校内外实践活动，加强学生的艺术实训，升华专业素质。艺术实践是专业发展的需要和成功的保证，给学生打造了发挥和检验自己专业水平的一个平台。艺术实践能丰富学生的舞台经验，提高技巧、增强心理素质。通过多次教学、实践这样一个周而复始的过程，培养孩子吃苦耐劳和团结协作的精神，逐步提高学生合格的艺术素养，使他们的综合素质从量变到质变得到升华。

六、"一二三"绿色艺术课程路径探究的意义

本课题理论研究意义在于《国家中长期教育改革和发展规划纲要（2010—2020年）》提出要"加强美育，培养学生良好的审美情趣和人文素养"。《意见》明确提出：以习近平新时代中国特色社会主义思想为指导，全面贯彻党的教育方针，坚持社会主义办学方向，以立德树人为根本，以社会主义核心价值观为引领，以提高学生审美和人文素养为目标，弘扬中华美育精神，以美育人、以美化人、以美培元，把美育纳入各级各类学校人才培养全过程，贯穿学校教育各学段，培养德智体美劳全面发展的社会主义建设者和接班人，体现了《意见》作为国家对美育工作进行顶层设计的最高站位。

本课题实践指导意义在于探索提高小学绿色艺术课程教学有效性的方法和途径，在研究实践中形成高效和有效的艺术课堂教学方法和模式，为切实提高学生艺术素养，实施学生学习评价，推进学校艺术教育发展做贡献；研究如何通过校内外艺术学科课堂、艺术活动及实践课堂来提升学生的艺术素养，培养学生良好的个性和健康的心态，树立正确的人生观和世界观。

立体的课程体系拓宽了学生的视野，激发了学生的发展潜能，学生在这片绿野中沐浴着阳光。教育是一种生活，教育也是一种环境，这就需要我们教育者关注学生的生活状态，使学生在生活中学习、在生活中提升素质，通过创设适合学生成长和发展的生活化环境，创造更多具有挑战性的实践机会，实现学生自身资源的整合与优化，充分开发学生的脑力与智慧、锻造学生的独特素质、提升学生的综合素质，最终实现学生的全面发展、个性发展和主动发展。

参考文献

［1］郭声健.艺术教育论［M］.上海：上海教育出版社，1999.

［2］刘受益.美育基础知识［M］.北京：高等教育出版社，2001.

［3］李妲娜，修海林，尹爱青.奥尔夫音乐教育思想与实践［M］.上海：上海教育出版社，2010.

［4］蔡梦，苏籍.新版课程标准解析与教学指导.音乐［M］.北京：北京师范大学出版社，2012.

［5］尹少淳，段鹏.新版课程标准解析与教学指导.美术［M］.北京：北京师范大学出版社，2012.

［6］林全辉.树立"绿色教育"理念构建温馨和谐课堂［J］.内江科技，2007，28（1）.

（本文发表在《中外教育与研究》杂志 2018 年第 9 期）

浅谈提升音乐课堂教学效果的策略

"教育是一个生命点亮另一个生命。"要想使教育人实现"点亮他人，明亮自己；点亮自己，明亮他人"的目标。就需要把学生的学习和成长放在中心位置来考虑教学工作，需要我们深度地进行教学设计，课堂教学从各个环节的理念设计到教学目标的达成都应站在学生学习接受的程度上来进行设计，而不是以教师自我设计来组织教学活动。

如何改进教学内容和教学方法让学生"动起来"？以满足学生的"自我认知""自我表现"的需要？如何让音乐课堂充满智慧和灵性？以巩固基础知识教学和歌唱、视唱及欣赏等能力的训练，培养学生的音乐表现力和鉴赏力，来提高音乐课堂效果。3月30日在深圳举办的国际三大音乐教学法之奥尔夫教学法在中小学音乐课堂教学中的应用之培训给我们的课堂教学打开了一扇窗。传递给我们一种新的理念、新的思维……那就是，好的教育是一种美的教育，是一个发现美、享受美、理解美的过程，需要我们静心潜育。

一、良性互动成就师生精彩的美

课堂教学是一门学问，学问的价值在于求真；课堂教学是一门艺术，艺术的生命在于创新；课堂教学是一种追求，追求的境界在于"献身"。"教无定法，贵在得法"，好课需要好的学习设计和实施方法，良性互动才能让师生彼此精彩。在设计和实施课堂教学的过程中，只有真正立足于"基于学生、依靠学生、为了学生"的理念平台，只有真正是以教师的厚重铺就学生的厚重，以教师的智慧濡染学生的智慧，以教师的真诚提升学生的真诚，才能够以教师的精彩促生学生的精彩，同时又以学生的精彩彰显教师的精彩，从而形成师生的共同精彩，创造课堂教学的精彩之美。

奥尔夫教学法最吸引人的就是它的教学开始和环节切入点总是简单而又让人着迷。在吴玟蓉老师"悬丝偶"一课，从肢体暖身开始，引导学员自由放松，之后巧妙地加入主题音乐及歌唱，学员们透过想象力，去寻找肢体最大的空间，深度地体验肢体的创造。在潘俞安老师"生活乐器与身体乐器的应用教学""歌唱教学与应用"教学环节，在大家熟知的固定节奏里组合不同的拍手方式练习，然后巧妙地加入音 When I'm Gome 的伴奏，把学员带来的生活用具杯子请到课堂上来，学习敲奏杯子这种利用生活乐器的方式使节奏训练有声有色，兴趣盎然，让所有学员都可以亲自实践，主动参与到音乐节奏活动中来。

师生的良性互动为后面的课题开展做了充分的铺垫。老师们如痴如醉的声音美、律动美、富有感染力的节奏美传递给了学员，随之学员也情不自禁地被这精彩的互动带到曼妙的音乐世界里。真正印证了课堂教学的精彩是由教师和学生的良性互动、共同精彩构成的，而其中学生的精彩因教师的精彩而精彩，同时又升华了教师的精彩。因此可以看出，教师精彩与否既制约着学生的精彩，也制约着课堂的精彩，同时还制约着师生能否实现更大的精彩。

二、高效课堂需要教师精讲的美

精讲重在揭示规律，贵在引领方法，难在适合学生，只有平时工作积累中的精思，教学研究中的精进，才能做到课堂教学的精讲。精讲是一种水平，更是一种追求，还是一种境界。教师不仅要用心领悟教学中的道理，更应该不断地跨学科融合学习，增加自己的知识厚度，拓宽教学中的视野，提高自己的教学理论和实践操作能力。

在潘俞安、吴玫蓉老师"小巫师的把戏"一课，老师只是设计引导创作。要求学员唱会结合旋律与肢体律动的创作→加入再由学生自由创作呈现→运用说白方式重新填词创作→依其说白的音韵→谱上适合的旋律创作→主题内容的联想与音效游戏的创作→分组讨论创作→个别创作的呈现→加入木琴、康加鼓等乐器的声效合成……整个教学活动只是给学员简单的提示，都是学员自己完成，让学员有无限的创作想象空间。在师生多维度的合作与分享的活动中科学地激发了师生的教学热情，扎扎实实提高了课堂效益，真正开启了教师的育人智慧，促进了学生核心素养的提升，从而促进师生共同成长的生命历程。

在两位老师的教学中让我感受到，教师的讲要引导着学生向教学难点一步步深入，而不是很直白地进行表达，强硬地灌输给学生。倘若教师一个人唱主角戏，沉浸在自我表现、自我享受之中，不过是，精彩了自己，黯淡了学生。教学是一门艺术，而课堂精讲是教师精湛教学艺术的最好表达，是新课标新教育思维下对教师职业水平的更高要求。

三、用"亮点""点亮"课堂的美

亮点教学，它立足于对学情的深度观察和分析，立足于对知识的深度剖析。教师如果能在每节创造几个亮点，就会让学生既感到新鲜，又感到惊奇，让他一听就感觉到眼前一亮，心里一惊，就能增加他的求知欲和好奇心，时时刻刻引导着学生，让他情不自禁。有了亮点，原本多变、多思维、多角度、多方法的课堂变得更加灵活多样，整个课堂就会被"亮点"燃烧。

如吴玟蓉老师"京调"一课环节之一：

首先介绍：生、旦、净、丑；认识不同颜色的脸谱。（图1）

图1　不同颜色的脸谱

接下来，让学生根据喜爱的脸谱画出自己心目中的脸谱形象。空白脸谱如图2所示。

图2　空白脸谱

最后，学生作品完成之后，带上自己画的脸谱跟随音乐走场表演……京剧这一传统文化的唱腔、走场、装束，等等，孩子们对其认知及表现是很少的但又十分的好奇。这一环节的呈现充分调动了学生的学习积极性和主动性，丰富了学生的审美体验，提高了学生欣赏美、感受美、创造美、表现美的能力，也凸显了整堂课的亮点，从而点亮了课堂的美。在教学中，如何发现"亮点"呢？

1. 善于捕捉"亮点"的密钥

"是什么乐器演奏的？是什么地方的民间乐器？作曲家为什么要用到这几件乐器？作曲家到底是要表现一个什么样的开心事？"教学总是变成了对号入座，通过提示谁都能找出来，因为不需要太深的思考。看似课堂热闹，其实就是个噱头，无非是引出谁都知道的课题，可爱的也是稚嫩的。

那亮点来自哪里？亮点来自教师对学生全身心的关注，来自对课堂秩序的管控自如，来自对教材的深度挖掘，来自对教学的忘我投入，来自教师对教育的情怀！教师要能贴地而行，静心潜育，为自己在课堂中出现更多的亮点而不断智慧学习，捕捉密钥。

2. 提前预设"亮点"的环节

一堂精彩灵动的课，教师必须做好教学前的预设，全面考虑在教学活动中尽可能出现的情况，以免"生成"资源的浪费。音乐课似水，其灵动在于环节的设计。"像山那样思考，有没有触动人的心灵？"我有点震惊于这样的触动，能睿智地直入目标内核。教师时刻需葆有一双慧耳和一颗慧心，根据学生的学情、学科特点设计出更多的预案，吃透教材，精准析难在教学中生动细致地展现出来；随时根据动态生成的音乐教学情境，做出智慧的反应，抓住学生的兴奋点和兴趣点，让音乐课堂彰显出学生自我学习的价值，将学生推到学习的主体地位上，让学生成为音乐课堂过程中的主角，从而使课堂成为学生主体成长过程中的重要场所，使学生音乐能力、音乐素养不断得到提升。

3. 抓住随机"亮点"的生成

课堂活动本是千变万化的，而课堂的亮点可以提前设计，但往往最精彩的瞬间是在学生们思维打开之后的临时闪现。水在敲击岸时，有温柔有宁静，有激昂有高亢，真诚的接触不会阻拦水流的奔涌，但流水的韵律会更美。要充分给予学生留白的时间与空间，让学生的回答生成你意想不到的课堂亮点，不然想的都是下一步该怎么样，学生的回答你只会敷衍成"请下一个同学再来说"，随机生成的亮点就在溪流中伫立消瘦，很遗憾地流失掉。

在各环节教学中，当学生出现意外的思维想法时，要及时抓住并加以引导；当学生出现不解疑惑时，要及时解惑并加以适当延伸。智慧名师是绝不会让这些曼妙的素材擦肩而过的，而是利用学生一个不经意的回答，转换成最有价值的学习资源。教师要善于利用自己的教学智慧在课堂教学中寻找"亮点"、捕捉"亮点"、创造"亮点"、利用"亮点"，让教学的"亮点""点亮"课堂。

四、"放任"课堂的曲线之美

把课堂还给学生，让学生能够以身体之，以心验之，就有可能带来曲线之美。德国著名教育学家斯普朗格曾说过："教育的最终目的不是传授已有的东西，而是要把人的创造力量诱导出来，将生命感、价值感唤醒。"让学生大胆提问，不拘泥于预设的教案，与学生平等地交流和探讨，让学生有充分表达自己思想和展示思维过程的空间，让学生亲自探路，在质疑问难和讨论交流中获取知识，提升能力，感受成功的愉悦，学生的心智和心灵就能在课堂上自由自在地绽放。

把课堂还给学生，让学生能够细思慢量，加大挑战，就有可能带来曲线之美。"学贵有疑，小疑小进，大疑大进，不疑则不进"，古人先贤的见地是非常精辟的。慢思考可能会扰乱你的教学步骤，但这种思考，蕴藏着各种可能性，却更能调动学生的兴趣和积极性，激活他们的思维，也是课堂由低效走向高效的过程。

把课堂还给学生，让学生能够慢慢表达，拓展思维，就有可能带来曲线之美。课堂是发现问题、解决问题的地方，而非展示正确的地方。人是在遇到挫折、困难和错误中成长的，学习也一样。从说出会的到说出不会的，意味着教学理念的跃升。因此，学生一旦有机会发言，就会使教师预设的思维路径面临改道，把课堂引向充满想象的空间。

润泽生命，让课堂充满智慧和灵性，需要我们坚持学生立场、儿童立场，站在学生的角度深挖教材，站在学生的角度精心设计，站在学生的角度组织语言，在课堂上把自己当学生，把学生当自己，置学生于课堂的正中央，就一定会把老师的教与学生的学连接成一个美丽的几何图形，编织成一个迷幻般的立体课堂。

（本文发表在国家一级期刊《生活教育》杂志 2018 年第 10 期）

小学音乐"动感性"课堂的建构

　　小学音乐是一种"动感性"的时间艺术，它通过动感性的旋律、流动性的姿态等撞击着学生的耳朵，陶冶着学生的情操、精神等。作为教师，在教学中要建构"动感性"的音乐课堂，引导学生感知、感受和体验动感性的音乐。通过音乐的悠扬的旋律，将音乐的时间性展现出来。动感性的音乐往往直抵学生的心灵，是"意志的直接显现"（叔本华语）。动感性的课堂，不仅要让音乐流动，而且要让学生互动。通过建立动感性的课堂，生动地展现学生的音乐学习样态。

一、让音乐流动起来

　　音乐是什么？有人说，"音乐是一门时间的艺术"。柏格森说："音乐是一种生命的绵延。"的确，音乐作品作为人类生命实践的智慧结晶，一定是人的感性的生命的表达。音乐能让我们产生各种情感，包括愉悦的情感、悲伤的情感、愤怒的情感，等等，并且这种情感负载着理智，能让我们洞察世间一切的"相"。在小学音乐教学中，教师首先就是要让音乐真正地流动起来。

　　音乐的流动不仅仅依靠音乐本身，而且依靠教师的教学方式。作为教师，要善于调动一切的教学资源、素材等，善于利用一切的教学手段、方法等，去发掘音乐、展现音乐，从而促进学生感知音乐、理解音乐、表现音乐。在流动性的音乐表现过程中，教师可以引导学生和着音乐的节拍进行相关的音乐动感表现，比如拍手、跺脚、拍腿、捻指，等等。这是一种由外而内的自然情感的流露，是音乐作品流动性特质的最为显性的表现。比如教学《茉莉花》（花城版四年级下册），我通过引导学生聆听不同体裁、结构和风格的《茉莉花》，引导学生感受不同风格的音乐气质。尤其是，引导学生欣赏不同地区的民歌《茉莉花》，更是让学生在比较中感知到不同地区的不同风格。比如江苏民歌的委婉优美，比如东北民歌的风趣幽默，比如河北民歌的旋律高亢，等等。在动感式教学中，我还让学生用自己的歌声来表达音乐的内涵、风格等，如引导学生用悠长的气息来演唱江苏民歌。学生自然跟随流动的音乐，演唱得优美、抒情、婉转、绵长，等等。让音乐流动起来，能让学生感受、体验到音乐的韵律、美感。

动感是音乐的本质属性，是音乐得以存在的一种表现形式。因此，当主体在聆听音乐时，会情不自禁地跟随音乐动起来。让音乐流动起来，不仅仅要引导学生聆听音乐，关键是引导学生与音乐交流，从而借助于学生的音乐表现，将流动的音乐展现出来。让音乐流动起来，还有助于学生感受到音乐的动感魅力，领略到音乐的动感意趣。

二、让主体互动起来

音乐是一门流动性的艺术。这种流动的艺术能唤醒、激活学生的主体，让学生的音乐学习主体得以互动。主体互动的方式很多，是一种多元性的互动，具体而言包括师生互动、生生互动、生乐互动等。在主体互动中，教师是一个平等的参与者、促进者、组织者、引导者等。这种多元的互动，能激发学生的音乐学习兴趣，调动学生的音乐学习积极性。

当流动性的音乐呈现出来时，学生会感受着音乐的内在情绪、情感等，从而全身心地融入音乐互动交往之中。音乐课堂的主体互动、交往，是以音乐作品为媒介、载体的。音乐的作品是音乐动感课堂主体互动的一种中间物，主体互动都是围绕着音乐作品而展开的。作为教师，要"解放学生的头脑、双手、脚、空间、时间，使他们充分得到自由的生活，从自由的生活中得到真正的教育"（陶行知语）。在音乐教学中，不仅要训练学生的听觉，更要调动学生的动觉、触觉等。比如教学花城版二年级下册歌曲《哈哩噜》，我就引导学生通过互动感受、体验乐曲的情绪特点。引导学生面对面，跟随欢快的乐曲拍手舞。在这个过程中，我为学生创设自由的课堂学习氛围，从而让学生能够真正地"动"起来。《哈哩噜》是一首富有拉丁美洲风格的歌曲，往往情绪奔放、热情，节奏充满着活力和动感，而这样的风格正契合儿童的天性、个性等。在师生、生生等多元互动之中，学生反复地感受、体验着音乐的动感性的旋律。师生、生生在多元互动中能够发现、体验和表达自身情感。在表现音乐中，有学生非常地投入。从孩子们丰富的动作、表情之中，我们能发现孩子们的欣喜，能发现孩子们的陶醉。

动感性的课堂是积极参与的课堂、互动的课堂。著名音乐教育家柯达伊说："只有实践才能让人真正理解、欣赏音乐。""仅仅依靠聆听音乐是无济于事的。"互动的课堂要充分地发挥学生的能动性，让学生的音乐学习抵达一种自动的境界。在动感课堂建构的过程中，教师要以学生为中心，注重学生的"学"，促成学生音乐学习方式的转变。通过引导学生互动，将音乐作品的内在动感淋漓尽致地表现出来。建构动感课堂，能有效地培养学生的音乐理解力，从而让学生学会自主学习、自能学习。

三、让心灵感动起来

音乐具有一种感人至深的力量。很多学生之所以喜欢上音乐课，就是因为歌声能释放学生内在的情绪、情感，尤其是被压抑的情绪、情感等。音乐作品的这种感人至深的力量，只有通过建构动感课堂，才能让学生真正地感受、体验到。动感的音乐、动感的课堂，能让学生的心灵感动起来。在音乐动感课堂建构中，要引导学生参与音乐学习实践活动，让学生获得音乐体验，进而促进学生感受到音乐的美好，让学生真正做音乐学习的主人。

"真教育是心心相印的活动，唯有从心里出发，才能打动心灵的深处。"（陶行知语）在动感性的音乐课堂建构中，教师不仅要创设情境，建构一种动感场，更要催生学生的音乐思维，放飞学生的音乐想象，鼓励学生在音乐学习中自由探究。每一个学生的个性都有着差异，教师在教学中要尊重学生的个体性差异，从学生的喜好等出发，尽力地发掘学生的创造性思维，去激发学生的想象。正如陶行知先生所说，"天天是创造之时，人人是创造之人"。在音乐教学中，教师要鼓励学生自主感受、体验，鼓励学生自主思考、探究，从而让学生尽情展现才情。比如教学花城粤教版六年级音乐上册第5课《海鸥》，要引导学生在学唱歌曲中感受、体验海鸥的顽强意志和勇敢精神等，从而进一步激发学生热爱祖国，立志将祖国壮美河山装扮得更美丽、更宏伟的志向。为了让学生的心灵感动起来，教师不仅可以围绕音乐作品的节奏、旋律等激发学生的情感，而且可以在教学中用一些海鸥在大海上翱翔的画面作为背景，从而进一步激发学生的情绪情感。在建构动感性的音乐课堂中，教师还可以将音乐作品与学生的生活等结合起来，从而为学生的音乐学习提供更为广阔的时空。

陶行知先生说："千教万教，教人求真；千学万学，学做真人。"建构动感性的音乐课堂可以从物质化、心理化两条路径展开。通过建构物质化和心理化的场域情境，来调节学生情绪情感，从而让学生产生一种愉悦感。音乐是一门能使学生的学习生活充满乐趣的艺术课程，在学生欣赏、表现、展示、交流、评价中，静态的课堂能变成多姿多彩。静态的音乐文本能变成动态的音乐学习现实。作为教师，要引导学生全身心地融入动感课堂建构中。动感课堂真正让学生在音乐课堂上动起来。在动感课堂上，学生能积极主动地感受美、表现美、创造美，能绽放出自我的生命的光彩、精彩！

参考文献

[1] 覃江梅.从《音乐教育的哲学》三个版本述评雷默审美音乐教育哲学 [J].中央音乐学院学报，2008（2）.

[2] 王伟.贝内特·雷默的音乐美育思想探析 [J].齐鲁艺苑，2012（3）.

[3] 王芳.动感课堂"动"感音乐 [J].吉林教育，2011（2）.

[4] ［美］苏珊·朗格.情感与形式 [M].刘大基，傅志强，周发祥，译，北京：中国社会科学出版社，1986.

[5] 罗凌.音乐教育哲学的后现代思考 [J].艺术评论，2012（8）.

[6] 韩秋红.现代西方哲学概论：从叔本华到罗蒂 [M].北京：北京大学出版社，2010.

（本文发表在《教学管理与教育研究》杂志 2021 年第 19 期）

"听—奏—唱—演—说—写" 在单元教学中的应用

　　小学音乐课堂教学是落实学科核心素养的重要环节，学科素养的目的和任务主要凭课堂教学来落实，要发挥音乐教育在实施素养目标中的作用，大面积提高音乐课堂教学的质量，促进学生整体素质的提高，就必须从音乐教学的结构入手。在课堂教学中充分体现面向全体、主体参与的教学原则，建立起"听、奏、唱、演、说、写"主体型单元课堂教学模式。"听、奏、唱、演、说、写"是指一节或一个单元教学的课堂教学结构，没有先后次序，也不是每节课必有的环节，需要几个环节要根据教情、学情、教材来确定。单元课堂教学是贯彻教材改革的思想，依据教材大纲和教材，重新组织和设计教材，经过科学处理教材之后，使不同水平的学生都能获得成功。下面分别阐述"听、奏、唱、演、说、写"几个环节在音乐课堂教学中的作用：

一、听是感知和理解音乐的前提条件

　　"听"，是感知和理解音乐的前提条件；"听"，是音乐艺术实践中最重要的过程。音乐是听觉艺术，这就决定了音乐艺术实践都必须从"听"入手，在"听"的基础上进行，也决定了音乐教学必须把培养学生良好的听觉放在首位；离开了"听"，音乐就不存在了。马克思曾说过："对于不辨音律的耳朵来说，最美的音乐也毫无意义。"音乐教学的全部内容都离不开音乐听觉的感知与体验，分析和理解，就其音乐知识的传授，也必须是首先通过用听觉得辨认——感知与理解、认识与掌握那些富有音乐灵魂的活生生的音乐知识。如：音乐的基本要素（音高、音长、音强、音色）、音乐的表现（旋律、节奏、音色、和声、调式、调性、曲式、织体）、音乐的结构单位、音乐的体裁，还有音乐的风格以及他们所塑造的音乐形象，等等，学生对音乐的联想能力、理解能力以及创造能力，都是在良好的听觉基础上培养出来的。因此，在课堂教学中，要循序渐进地培养学生的音乐听觉，培养学生真正具有音乐的耳朵，使他们终身受益，这是音乐教学必须重视的任务。

二、奏是体现素质教育的重要环节

在课堂教学中，"奏"的形式丰富多样，如为歌曲配打击乐、为乐曲配伴奏、以节奏乐的形式上欣赏课，开设器乐课。为歌、乐曲配伴奏是学生最喜欢的形式，人手一件乐器，让每一名学生都参与进来，在敲敲打打中感受成功的喜悦，大大提高了学生学习音乐的兴趣。又如在学习新的歌曲前让学生用器乐来自学歌曲的旋律，不仅能提高学生视唱、视奏的能力，还能培养学生的自学能力。演奏是借助于乐器进行音乐二度创作的过程，在排练与表演中，培养学生对音乐的感受、理解、创造能力，还能锻炼学生良好的心理素质。通过学习《七月》，不仅可以使学生获得节奏感，音准感、和声感等音乐感知表现能力，而且能了解音乐要素在表情达意、塑造音乐形象方面的认知功能，从而更准确地去感受音乐理解音乐、表现音乐和创造音乐。在器乐教学中，还可以启发学生自制乐器，既可发展学生的想象力和创造力，而且也能在制作实践中熟悉与掌握音高、音色的某些规律。

三、唱是培养音乐兴趣与能力的有效手段

歌唱教学是培养学生音乐兴趣与音乐表现能力的有效手段。体裁丰富、内容健康、风格突出、旋律优美、形象鲜明的歌曲，富有表情的歌唱，最能感染教育学生。教材中的歌曲都很适合学生演唱，在学习中教师应注重如何引导他们去理解歌曲的内涵，要抓住学生的情感，激发他们对歌曲的再创造，声情并茂地演唱，抒发内心的情感体验。歌曲过程中包含了音乐知识、歌唱技巧的学习和识谱能力的提高；包含了音乐的感受能力、欣赏能力和表现能力的培养以及较好地再现歌曲的情绪、意境所需的想象能力的培养。合唱是小学高年级必修的内容，在合唱教学中，不仅能让学生体会到和声和谐均衡的立体效果，还能在排练中培养他们高尚的审美能力以及团结合作的精神。唱谱不仅可以使学生建立起音高概念，还可以掌握一些比较难的节奏型；唱乐曲的主题是欣赏课中常用的方法，它可以让学生从感性到理性上来理解音乐的内涵，并可根据主题出现的次数来分析简单的乐曲的曲式结构等等。可见，每一节音乐课都离不开学生的"唱"。

四、演是对音乐感受的表现与体验

表演是指对音乐感受的表现与体验。随着素质教育的不断推进，课堂教学越来越

重视学生的"演"。因为小学生都比较好动，"演"这种形式，能让每一个学生都参与到音乐中来，无论他们的舞姿是否优美，动作是否合拍，都是他们对音乐发自内心的感受和理解。"演"的形式很多，如音乐游戏、律动、歌唱表演、舞蹈等。根据乐曲的风格指导学生进行舞蹈型的表演，或根据歌词设计动作，让学生从模仿到创造，提高他们对音乐的感知能力、表象能力及创造能力。在课堂教学中尽量给学生"演"的机会，有能力的教师可以把教材上的歌曲都编成小舞蹈，编成小节目，让学生有机会就去表现，也可以让他们自己去创编动作、创编舞蹈小节目，这样可以大大提高他们对音乐课堂教学的兴趣。

五、说是检验学生对音乐感受的重要手段

"说"是检验学生对音乐感受的重要手段，它能充分调动学生的思维，锻炼学生语言表达能力。音乐课堂教学中每一节课都少不了让学生说，关键是教师引导学生怎样说，说什么。"说"是培养学生发散思维的重要途径，在教学中让学生把自己对音乐的感受用语言表达出来，如在歌曲处理中，让学生来说说如何处理高潮与尾声，才能表现出歌曲的意境，并说出来你是怎样想的。在欣赏教学中，让学生来分析音乐要素所塑造的音乐形象，听到音乐后你想到了什么，你眼前出现了一幅什么样的画面。在唱歌与器乐教学中，引导学生点评其他学生的演唱、演奏情况并帮助演唱、演奏较差的学生掌握正确的演唱、演奏技巧，如此这些，都需要他们用语言表达出来。当然，只有认真听了，认真想了，认真感受了，才能说出来。在课堂教学中教师要给学生一定的时间让他们说说，充分发挥想象力、调动内心的情感，让他们自由地表达自己的感受与见解，让学生"说"，对错并不重要，关键这是一种能力，它不仅可以培养学生的注意力、想象力、记忆力，还可以激发学生的创造力与对音乐作品的理解能力。

六、写是激发创作欲望和潜力的途径

也许在小学音乐课堂教学中用到最少的就是写，教师只注重技巧型的学习与训练，而忽视了写。学生不动拍子，写出的旋律没有节奏，这是很不科学的教学方法。学生一旦会写谱，就有可能激发他们的创作音乐的欲望，这不正是素质教育所要表达到的最高境界吗！所以在教学中应让学生拿起笔，从最简单的音符写起、从最简单的乐句写起，把自己的内心情感用笔表达出来。教师要善于引导与鼓励学生，不断激发他们的创作欲望，逐渐发展他们的创作潜力，除了让学生写，还可以让他们拿笔画，把自己的感受与想象画出来，这也是培养学生想象力与创造力的良好途径。

综上所述，我们不难看出，在音乐课堂教学中"听、奏、唱、演、说、写"每一个环节都很重要，缺一不可，但也不是每一节课都要照顾到，关键在于教师如何把握，把几个环节有机地结合起来，让学生循序渐进地掌握，指导学生从"学会"转化为"会学"，这才是素质教育所要达到的目的。

磨课，让我们收获成长

新课程改变着学生的学习生活，也改变着教师的教学生活，教师不再是简单的教书匠，更是一名研究型的教师。

教师的专业成长不仅需要磨"课"，更需要磨理念、磨学情、磨反思等全方位的磨砺。课前磨，磨教学目标、磨教学安排；课后磨，磨教学过程、磨教学效果；"好课多磨"，意味着课堂教学应发生一种结构和性质的变化，这种变化不仅应体现在教师的教学思维与行动中，更应体现在学生的学习中。于是磨课开始走进教师专业发展的视野。

就拿这次福田区教科院二附小尹翠老师执教的课例"侗家儿童多快乐"，前期经过四轮的教学设计修改，参加中国教育科学研究院举办的全国教育综合改革试验区第六届"高质量课堂展示"比赛，最终荣获"教学改革创新"一等奖。

这次磨课经历留给我和上课教师以及参与磨课的教师许多感触，反复地试教、推翻、再试教、再推翻，最后成功，这是一个痛并快乐着的过程。我们在磨课时磨什么？

一、磨理念，成就有"高度"的教师

教师是新课标的实践者，教师的理念是课堂教学的支撑点，课堂设计中，理念把握不准确，教学往往会出现偏差。教师只有打磨理念，才能高屋建瓴，理念的改变不是一朝一夕的事，唯有将对新课标的理解落实在平时的每一堂课中，才有希望使从事教学的人不断认识新课标，理解新课标，真正与新课标同行。磨课必须从提高自身的教育理念出发。目前不论是公开课，还是常态课。有许多教师都把教学参考资料上的教学目标作为自己的课时教学目标。这种确立教学目标的做法是不可取的。教师要依据课标、教学和学情来磨砺每一课时的教学目标。明确一节课到底教给学生什么。也就是我们现在经常说的"教什么"。明晰这些围绕目标才能实施有效的教学策略。

二、磨学情，成就有"温度"的教师

在课堂教学实践中，我们往往有这样的发现：有些我们精心准备的课，在上课的过程中学生往往会显得无动于衷，学习兴趣不高，课堂气氛沉闷，教学效果达不到我们预期的效果。究其原因是脱离学情，无视学生的所思所感。教师在磨课中要从根本上树立起"学生观"，走出教材，更多地去了解学生，结合学生的实际情况，紧紧抓住学生心理，只有这样的课才能真正深入人心，这样的教师才能真正打动学生的心！

整堂课不要新颖花哨的形式，用朴实无华，实实在在征服了学生。学生的这一转变得益于教师在磨课时应从学生的实际，抓住学生的心理。从学生本身的知识结构和情感出发，不脱离学生的情感认同和学习热情。"磨"课，有付出就有收获，教师不仅在教材解读，还是课堂教育机制上都大大提高，更是教师自身教学素养的提升。学生是教师专业成长路上最好的老师，也是一盏明灯。打磨学情是教师专业成长路上的必要途径。

三、磨反思，成就有"深度"的教师

实践新课标的教师应该是一个反思型的教师，也就是自主成长型的教师。光靠别人帮助自己的教师总是比较被动的，也势必难以成为实践新课标的称职教师。反思是教师专业成长的核心因素。美国心理学家波斯纳，提出教师成长的公式：成长=经验+反思。磨课中，如果一个教师仅仅满足于获得经验，而不对经验进行深入的思考，那么，即便他有20年的磨课经验，也许只是20次简单的重复，永远只能停留在一个新手型的教师水准上。叶澜教授说："一个教师写一辈子教案不一定能成为名师，如果一个教师写三年教学反思，就有可能成为名师。"

那么教学要反思什么：

（1）教学定位问题。教学定位是否恰当，包括教学起点是否把握准，目标定位是否正确、恰当，教材合理的设计意图是否得以体现。

（2）生成问题。新课程把教学看作师生积极互动的过程，教学中师生之间、生生之间交往多了，对话也就多了，面对这些生成的资源，教师需要从教学要求出发加以把握和利用，从而改变教学的预期行为，重新建构教学过程。

（3）教学设计问题。教学设计是否科学，包括：①教学意图是否体现。实际教学过程和效果有时与教学设计的意图相一致，但难免产生两者不相统一的情况，教学反思中捕捉这类事件，无疑有助于完善日后的教学，积累教师自己的教学智慧。②教学资源是否还需优化，即有没有更理想的教学资源代替设计中的教学资源。③教学的方式、方法是否还需优化。④教学效果是否良好。教学总是有一定的目标指向的，总是要达到一定的知识、情感等方面的要求的。那么，教学是不是达到了预期的教学效果？学生的行为是不是产生了预期的变化？等等，这些都是教师在反思时需着重考虑的问题。

从这次磨课经历我们认为磨课是教师自主提高业务水平的最佳途径。教师，尤其是青年教师应将自己的课堂教学进行积极反思，使自己成为一个旁观者，来客观冷静地剖析自己的成败得失。磨课后，常写教学反思。反思，就是摸索、总结、完善教法、生悟智慧，构建自己的教学风格，摆脱匠气，走向名师！

总之，对教师来说，磨课的过程既是一个学习、研究、实践的过程，更是一个专业素养提升的过程。世界上没有一条通往成功的捷径，每一个成功的背后都是无数血汗和精力的凝聚。教师的专业成长不仅需要磨"课"，更需要磨理念、磨学情、磨反思等全方位的磨砺，才能使自己成为有高度、有温度、有深度的教师。不管如何，磨课之后总是能有收获的，人就是在这样一次次磨炼中成熟起来的。一次次的试教，一次次的反思，一次次的更新，一次次地收获，我们正是在"磨课"的过程中，在困苦与彷徨中，在希望与欣赏中，去经历，去收获，去成长。

"知"与"智"的碰撞

　　教育智慧、教育策略、教育机制、教育时机对教育效果非常重要，有人说，教育的力量有时候可以让石头开花，我的体会是，当你真的把教育当作艺术来潜心研究的时候，就真的可以收到意想不到的效果。

　　同课异构有利于每个教师深刻地反省自己教学的得失。平常在学校的教学中，虽有领导推门听课、科组老师听课，听完课之后也只是对执教老师的课作点评，肯定其优点，指出其努力方向。但客观地讲，因为缺少比较，这样的评课对教师的印象不够深刻。同课异构就不同了，它让教师在同一时间段领略了别人的风采，从内心深处认识到自己的不足，找到努力的方向。

　　2017年6月3日，深圳市张娟名师工作室在福田区进行了一场"同课异构"的教学研讨活动，由工作室主持人张娟老师和我同上"对鲜花"一课。此次活动开启了工作室教育教学研究的序幕。

　　主持人张娟老师的"对鲜花"上课新颖，加入了戏剧的元素，用实物展现及学生的触摸真实地感受花的味道、花的芳香，让学生情不自禁地想学习歌曲。在教学中融入了学生找朋友互相对唱，歌舞情景再现更深刻地表现了歌曲，张娟老师的课内容丰富多样，教学的手段和方法更灵活高效，教学活动更贴近学生的需求，能有效激发学生的学习兴趣，从而更好地投入学习的氛围之中，同时课堂教学中诠释的人文知识、培养的发散性思维、建构的认知系统，都淋漓尽致地表现出来了。既陶冶了情操，又启迪了智慧，激发创新意识和创造能力，关注学生个性发展，进而转化、内化为学生的艺术素质和素养，强化学生艺术审美能力和情趣，提升了学生整体审美素养。

　　我执教的"对鲜花"看似传统但细致到位，上课节奏紧促、环环相扣、层层推进。通过猜谜语导入新课、多媒体课件的展示、节奏练习，再到学会歌曲，要求同学们从自己认识的花中，用对唱的形式进行歌词创编，带领其他同学进行问答式的学唱。使学生在审美感知、审美想象、审美表现、审美创造活动中，提高审美能力，形成审美素养，进而建构起完善的审美心理结构，也遵循师生身心发展的特点，在师生

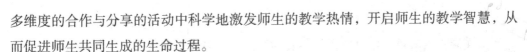

多维度的合作与分享的活动中科学地激发师生的教学热情，开启师生的教学智慧，从而促进师生共同生成的生命过程。

课后全体成员、学员针对2节课进行了多维度的讨论，每人都各抒己见，进行思维的碰撞：张娟老师的课中戏剧情节还可以铺垫得更好、更流畅；我在课中环节的提问用语是否能再准确一点 [同学们觉得这首歌哪些地方是有意义的呢？（改成最有特点的乐句可能更好！）]；拓展延伸的部分《北京的桥》：曲目选择、幻灯片的展示是否有点牵强，其实同学们自己创作歌词进行创编就是拓展延伸……这次的"同课异构"活动，让我们在自己的实践中，在向别人学习的过程中审视自己的教学，也反思自己的教学。敢于质疑自己，敢于否定自我，勇于尝试探索，丰富了我们的教学经验，提升了反思的能力。

下面我就同课异构谈谈自己对课堂教学及结构几点粗浅的看法：

一、一堂好课要有人、有书、有味、有效、有评

"好课"标准不能模式化，更不能绝对化，要切合学校实际、有益学生发展、体现教学个性。但是"好课"一定是有共性的。先进的教育理念是一节好课的灵魂，有着极其重要的指导意义。借鉴好课最重要的是揣摩上课教师的点拨、评价、激励以及设计意图，悟得其教学中蕴藏着的精气神。

"有人"，指教师眼中既要有学生也要有自己；既要因材施教、尊重学生的主体地位，又要充分发挥教师的主导作用，彰显教师的教学风格和特质。将教材内容转化为教学内容，这既是一门技术，又是一门艺术。一堂好课，总是基于上课教师对教材的深刻认识，体现着教师对教材处理的匠心独运。

"有书"，指教师要认真学习课程标准，解读测评大纲，钻研教材，编写资料，开发课程资源。课堂结构是一堂课各部分之间的顺序和时间分配。课型不同，课堂结构也有所不同。一堂好课中，只有教材的知识能力结构、学生的认知结构和课堂的教学结构都达到了和谐一致，才能获得最佳效果。借鉴时应注意上课教师是如何安排的，背后的道理是什么？

"有味"，首先是有趣味，满足不同层次学生的心理需求；其次是有学科味，基于学科本质开展教学。课堂是师生互动、心灵对话的舞台，常常会出现教师事先难以预料的问题情景与偶发事件。面对这些有价值的动态性生成性资源，好课中的教师都特别善于顺势把握，并巧妙运用于教学活动之中，使课堂达到出人意料的精彩，实现科学预设与动态生成的完美统一。如何顺势把握，既需要经验，也需要可借鉴的方法。

"有效"，即达成教学目标，学生收获了知识，锻炼了能力，有积极的情感体

验。课堂教学难点就是大部分学生在学习过程中难以理解和运用的知识点，这也往往是教师在课堂教学过程中难以贯彻落实的地方。许多课不成功，一个重要的原因就是没有很好地突破难点。

"有评"，好课中，教师的点评艺术可谓准确及时，字字珠玑，有的充满激励性，有的充满启发性，有的充满情感，有的诙谐幽默，但所有的精彩点评都与学情、学况相吻合，与教学目标一致，与教学环境相统一，适时又适度。

二、教师要做好学生学习行为的设计者

教师作为学生学习行为的设计者，需要借助心理学、行为学等多学科理论，设计一系列的教学实施环节、学习体验活动，实现学生学习行为的改变，更重要的是让学生养成爱学习、爱思考、愿意互助协作的学习习惯。行为设计包括三个关键环节：选择正确的目标行为，让目标行为变得简单，为行为设立一个触发点。在教育教学活动中，教师可将学习目标进行分解，逐步设定简单可量化的学习目标，创设有趣的学习情境，让学生在主动参与学习体验活动中自然而然地改变学习行为。

三、教师要倡导新理念，让学生学会求知

只要我们教师深挖教材，精心设计教案，运用以学生为主体，教师为主导的新课程理念，把课堂还给学生，为学生营造探究的氛围，让学生在充满体验和自主探究的过程中，获得自我成功的体验，享受快乐的成长，体会探索的乐趣，增强学习音乐的兴趣，最终学会学习。

我们常说，教育要充满激情，笑对学生；教育要因材施教，尊重生命；教育要鼓励宽容，张扬个性。其实，我们在成就学生的同时，何尝不是完善自己？教师成长是一段漫长而温暖的修行，有歌相伴，必定一路风景。目中有学生，心中有蓝图，才能独树一帜，练就自己的绝活儿，实现由普通教师向"教育大家"的美丽蝶变。

（本文发表在全国基础教育核心杂志《中小学教育》2018 年 1 月）

在小学音乐教学中培养学生的审美力

音乐是最具感染力的艺术，也是第一大艺术，并且音乐也是最擅长表达情感的艺术形式，古代乐论《乐记》中提道"凡音之起，由人心生也"，描述了音乐是如何通过有组织的乐符来塑造艺术形象，它把人的感情生活联系起来，在感情上对审美者产生最直接的影响。在生活、学习与工作中，人们皆离不开音乐的熏染与陶冶，这种途径与常规的说理传播不同，而是一个心灵到另一个心灵的融合与碰撞。可以说，倾听音乐的过程，就是创作者、演奏者到倾听者的心灵旅程。学习音乐，走进音乐，能够有效提升学生艺术修养，使其在情感、意志、思想等诸多方面趋于完善与和谐，最终实现自我价值。

在国家教育部颁布实施的《学校艺术教育工作规程》中明确指出：音乐教育是艺术教育重要的有机组成部分，是素质教育的主要内容和主要实施途径。好的音乐教育可以培养小学生对音乐的感知能力，为之后培养音乐审美力奠定基础。另外，音乐教学还能培养小学生的联想与想象能力，激发创造力，对小学生的身心健康也是大有裨益。因此，小学教育应该重视音乐教学，关注学生的音乐素养培养。在小学音乐教学活动中，教师要积极引领学生走进音乐世界，探寻音乐活动中的美的元素，让小学生能在感受音乐美、欣赏音乐美的活动中获得情感体验与美的愉悦，不断提升小学生在音乐活动中的审美力。那么，为了解决在具体的音乐教学过程中怎样培养小学生的音乐审美力，抑或是培养小学生的音乐教学中需要注意的重点有哪些诸如此类的疑问，我将从审美氛围、审美路径、乐理基础、提问引导、把握细节五个方面进行阐述。

一、营造审美氛围，激起审美兴趣

音乐中的美需要人们感知和体悟，感受到愉悦与舒心，才能获得美的享受；反之，就不会产生美。一段声响、一阵旋律，不同的人皆会对其产生一丝丝内在的情绪表现，或快乐、或悲戚、或震撼、或消沉……然而，在小学音乐教学活动中倘若要让学生获得更加积极的音乐情感，教师就必须在教学活动中为学生营造审美的氛围，激起学生的审美兴趣。

例如，在教学《童心是小鸟》一首歌曲活动时，我首先要明确教学的目的，为教学活动营造具有美感的画面情境——播放鸟语花香的自然情景音视频，让学生的心灵能感受到美。接着，我再给学生讲解这首歌词中的乐理知识，让学生懂得这首歌的基本乐调与创作过程。而后，我再引领学生学唱整首歌，让学生能从歌唱表现中体会这首歌曲所传递的积极情感。这也是常规性教学路径。为了让学生真正能融入审美的氛围中学习音乐，在新课伊始我就为学生播放关于春天的丰富的图片资源，激起学生对美好春天的回忆，对美丽世界展开丰富的想象，甚至让学生回忆幼年的难忘趣事。同时，采用交流、讨论等方式架构营造氛围这一环节的结构，真正让学生的思维动起来、活起来，由此极具审美的课堂氛围便逐渐彰显出来。此时，我也能用关键词在黑板上留下教学活动的有序步骤，串联起学生对美丽春天、快乐童年与幸福时光的回顾与遐想，这样学生便会用心感受《童心是小鸟》这一首歌曲。置身于审美的音乐氛围情境中，学生就会再一次感受到童年的美好，也会收获一份珍贵的体验。

在音乐课堂教学中，教师应注重教学方法的灵活选择，采用合理的模式，让整个课堂氛围与"童心"这一主题完美契合。在延伸音乐教育时，教师可以带领学生回忆更多有关童年的诗词、歌曲，调动学生能从多角度探寻美的元素，让音乐教育融入更多的审美因子，从而有效地促进学生对音乐的审美学习，同时更好地激起学生的审美兴趣。为了达到此种教学效果，教师需要提升自身的音乐美学修养，尽可能地多读有关音乐美学的著作，把"音乐美学"课程列上学习的"日程表"，在艺术哲学的高度上对音乐美学进行探究。

二、预设审美路径，构建审美型课堂

音乐艺术的教学是没有定法的，小学音乐课堂教学也应该是不断创新与发展的。即使采用的教学方法不一，但其根本目的皆是让学生能获得更高的学习兴趣。对具体的音乐歌曲而言，不同的音乐皆蕴含着特定情感思想与不同的创作背景。因而，教师要根据不同的教学目的与实际学情进行教学预设，灵活调整课堂中的活动环节，带领学生将学唱与悟情、审美结合起来，开展审美活动，有效构建审美型音乐课堂模式。

例如，在教学《铁匠波尔卡》一首歌曲时，我依据教学内容与学生的实际情况，分析本课的教学目标，着重从该首曲目的节奏进行活动预设与环节把握，由此开展审美型音乐课堂活动。我将本首歌曲的教学分为四个层面：一是选择符合学生年龄特点、具有高亢激昂的曲调音乐，带领学生在聆听中细心品味与欣赏，帮助学生建立起与本首歌曲相近或相同乐调的节奏，正确把握力度，让学生能获得前期的音乐情感体验，感受节奏中所蕴藏的美感与喜悦。二是在欣赏音乐活动后，开展与之相适宜的音乐小游戏，对音乐欣赏活动进行细化，从细微中明晰乐曲的情感变化（如停顿、重音……），真切感受到曲目的独特。学生也由此能对乐曲得到美的体验。三是在学生熟悉这首歌曲的基本乐调与节奏后，带领学生用多种方式学唱音乐，感受音乐，获得音乐学习的基本能力。四是借助适宜的乐器资源进行演奏，让学生在音乐课堂上能直观、生动地获得乐器带来的不一样的体验。这既可以开阔学生音乐表演视域，又可以让学生亲历尝试用乐器演奏歌曲的体验，给学生留下深刻的印象。由此，学生对整首歌曲的节奏就有正确的把握，增强学生审美意识，点燃学生的音乐审美性学习热情，在潜移默化中让美深入学生的心灵。

在音乐课堂教学中，教师要有清晰的教学路径，采用有序的教学步骤开展教学活动，形成科学有效的教学模式，以学生的能力发展为本，构建审美型小学音乐课堂。另外，教师还要认识到，审美体验的形成，是一个日积月累、厚积薄发的升华过程，常年的固有教学模式可能会消磨教师的工作激情与创作灵感，但是，如果教师自甘平庸，不仅无法完成教学任务，更会在千篇一律的工作中丧失斗志，体会不到音乐教师这份工作的"趣味性"。只有教师主动地、有意识地塑造自身的审美体验，以身作则，才能带动学生形成高尚的审美体验，最终实现学生审美力的进步发展。

三、深入音乐乐理，提升审美能力

过往的音乐教学模式中，教师只关注对学生学唱能力的培养，适当教以学生简单的音乐乐理知识，忽视了对学生音乐审美能力的培养，忽视了学生的综合学习素养提升。在新课程改革后，音乐教育教学理念逐渐丰富，关注对学生音乐全面素养的提升。基于此，小学音乐教师应从更高处进行小学音乐教学，深入音乐乐理内涵，开展审美探寻，真正让学生感受音乐、理解音乐。

在音乐课堂实践中，教师要通过对音乐创造过程的解读，细心分析乐曲中的节奏、旋律与声响，倾心洞悉音乐本身所蕴藏的情感内核。由此，在引导学生理解音乐的同时在音乐活动中挖掘美、享受美，让学生对音乐实现真正的思考与体悟。

例如，在教授音乐欣赏课《二泉映月》一课时，我首先就给学生介绍关于这首乐曲的美妙故事，介绍阿炳一生的悲惨遭遇与生平事迹，对创作背景展开生动的描述；接着，再让学生能带着深沉的情感聆听该首乐曲的旋律，探寻美妙旋律的变化规律，初步感知乐曲给人带来的情感渲染；在学生感知完这首乐曲后，我再引领学生分析该首乐曲的乐句、乐段与乐章间的建构关系，抓住乐曲中的停顿、重音、休止等表现技巧，让学生掌握相关的乐理知识，鼓励学生在理解乐理知识的同时发现音乐本身的节奏美、音律美，逐渐提升小学生的音乐审美能力。

当然，小学生对音乐审美力的形成需要他们对音乐专业知识的理解与掌握，也更需要学生能在运用音乐技巧进行音乐表现中探寻音乐内在本身美。其中的音乐知识包括了两方面，一方面是音乐本身的基础知识，包含乐理、和声、作曲、趋势和作品分析，这是每个学习音乐的学生都要学到的，也是每一位音乐教学工作者需要注重的基础。另一方面则是音乐史。音乐史讲述了在漫长的音乐发展史中各个阶段的代表作品和背后的思想，涵盖古今中外，涉及各种体裁形式，是世界音乐文明的艺术结晶。教师需要不断增强这方面的知识储备，用心感受思想，才能很好地达到既定的教学目标，从而实现审美教育。

四、注重提问引导，逐渐培养学生

小学音乐教师要清醒地认识到，学生鉴赏能力的提升需要科学合理引导。要善于观察学生，观察学生的细微变化，利用好课堂的每一个环节对学生进行提问，当发现学生稍有进步时，就对其进行大力肯定，促进学生继续努力，取得更大的进步。在日常的提问教学中，小学音乐教师要做一个有心人。

例如：在教授《莫扎特》时，要重视好每次提问的过程。首先，让学生了解钢琴天才莫扎特的生平及作品风格特点，包括莫扎特是奥地利古典主义作曲家，在短短的35年生命里完成了600余部（首）不同体裁与形式的音乐作品。然后，再引导学生欣赏莫扎特的代表作品，如，G大调钢琴曲（行板）、D大调第二钢琴和小提琴奏鸣曲、降B大调第十钢琴和小提琴奏鸣曲、G大调钢琴和小提琴奏鸣曲，整节课的环节设计主要以审美为核心，关注学生对音乐的鉴赏。其间，可以从一个简单的提问入手："同学们，刚才欣赏的这些乐曲中，都使用了哪一个乐器？"当学生异口同声地回答"钢琴"时，继续引导学生："那么莫扎特的钢琴曲有什么特点？你们能表达出来吗？"然后要求学生通过短暂的小组讨论，思考和给出自己的答案——有的学生会说莫扎特的钢琴曲是非常欢快的，表现的情感都是很乐观的；有的学生会说莫扎特的钢琴曲是非常流畅的，在高低之间来回跳跃、翻转和轮回，特别得生动、自然，让人回味无穷；有的学生会说莫扎特的钢琴曲给人以一种美的享受，虽然自己听不懂莫扎特的真谛，看不到背后的复杂性，但是能感受到一种欢快、明亮……最后，教师对学生的回答作总结，对其回答得当之处进行夸奖，对不足之处进行补充，然后对莫扎特钢琴曲演奏风格进行一个整体的阐述，从而增进学生对莫扎特的理解，增强其对钢琴艺术的欣赏力。

五、注重把握细节，实现以美育人

"泰山不拒细壤，故能成其高；江海不择细流，故能成其深。"细节虽小，却能决定音乐审美教学实践的成败。实际上，教育的艺术在一定程度上就体现在对细节的设计、捕捉和处理上。在一堂音乐课上，教师越是能够把握好细节，课堂对学生就会越有吸引力，也会对学生的心灵美的种子的萌发起到积极的作用。对此，教师必须注重把握细节，实现以美育人。

首先，要在教学预案中设计细节。教学设计本身是由一个个细节组成的，一个成功的教学设计离不开精彩的细节设计，教学设计要想打动学生的心，就必须依赖细节。例如，我在教学《妈妈的歌》这一课时，采取了较为精细化的教学设计：一是抓住细节，让学生回忆自己与妈妈的情感，讲解《小白菜》中失去妈妈的故事，从而引导学生初步理解歌曲的情感线条；二是学生聆听，让学生多聆听两次，尝试说说自己的感受，讨论歌曲的情感、节奏和形式等；三是歌曲分析，让学生自己在本子上谱画旋律、感受规律，从而更加深刻地理解歌曲的情绪特点。其次，要在教学过程中把握细节。教学设计能否成功，教学过程中的细节把握是关键所在，例如，我在教学《跳圆舞曲的小猫》一课时，发现一些学生会自由地跟随音乐律动，我敏锐地把握到了这一点，趁此机会向学生提问："小朋友觉得这首乐曲好听吗？"待学生回答"好听"后，向学生发出倡议："那我们一起来跳舞好吗？"学生或僵立或乱舞，课堂氛围被充分调动起来，学生对《跳圆舞曲的小猫》印象深刻。

此外，要在教师言行中打造细节。教师的一言一行都能吸引学生、感染他们，因此，教师要追求自身言行的准确性、生动性、代表性。一是要变评判为建议，教师的评价对学生来说是"至高无上"的，教师说对就是对、说错就是错，这就会导致有时学生缺乏自己的思考，因此，教师要变评判为建议，让学生释放自己的个性、说出自己的独特见解，从而提升学生的独立思考能力；二是要变指令为商讨，教师也许制定了缜密的课程设计，但并不要死板地遵循它，课程设计不过是一条轨迹，教师只要不脱离即可，因此在课堂用语上，教师应变指令为商讨，如，把"请××上台表演"改成"下面我们来欣赏××的精彩演出"或者"谁想上台来试一试呢？"在这一过程中，不断升级师生关系，促进课堂教学效果的不断提升，最终培育出真正富有鉴赏能力和思考能力的学生。

总而言之，在小学音乐教学中，教师要重视学生对乐理知识的理解与应用，以审美力培养为抓手，积极创新教学预设，开展有效活动，在音乐实践中加强对学生的审美教育，真正把美带进课堂，让学生感知音乐艺术之美，从而发挥音乐课程的审美教育价值。

参考文献

［1］中华人民共和国教育部.义务教育音乐课程标准［S］.北京师范大学出版社，2011.

［2］冯宇.小学音乐审美教育若干问题浅析［D］.大连：辽宁师范大学，2012.

［3］刘荣娜.小学音乐教学中的审美教育实施策略分析［J］.北方音乐，2017（24）.

（本文发表在全国核心期刊《天津教育》杂志 2022 年 1 月）

小学音乐歌唱教学"四美"建构探微

小学音乐作为艺术教育的一门重要学科，由于长期受"教唱式"课堂教学模式的影响，许多老师已经习惯于练声、视唱、节奏训练、学习歌谱、歌词的传统套路，学生仍然是围绕老师的指挥棒运转，其学习的满足感也只能在最后10分钟的个人唱、小组唱、集体唱中获得一些体验。这种教学手段单一、信息量少、活动量小、教学过程缺乏艺术性、创造性的教学模式不能全面体现学生的实践能力和创新精神，不能适应社会的快速发展对教育的要求，已严重制约着音乐教学向更高的层次发展。改革课堂教学结构，构建一种具有时代气息，让学生经历音乐实践过程，满足表演欲望，使他们的心理素质、协调能力和创新思维都能得到发展的新型教学形式已得到广大音乐教学工作者的高度重视。

近年来，我在不断探索的实践当中，在小学音乐课堂构建了"四美"歌唱教学的形式，变过去由教师指导下的被动学习活动为主动学习的自主活动，让他们在主动参与学习音乐的过程中欣赏美、感受美、表现美和创造美，满足学生的"自我认知""自我表现"和"自我发展"的需要，把音乐课真正上成学生主动学习课，搭成让学生自主表演的旋转舞台和梦想剧场，让音乐课真正地"美"起来。

一、互唱—唱趣—欣赏美

互唱作为课堂教学的第一个环节，就好比是早餐中的牛奶、丰盛宴席的第一道菜，是激发学生学习兴趣的关键。在这里，可用"师生互相赠歌"的方式激发学生学习音乐的兴趣。低年级的同学可以唱在幼儿园里学过的歌曲；中、高年级同学可以唱课本上的歌曲或者课外习得的歌曲。即使有同学唱相同的歌曲，也可以因为对歌曲情感不同的处理，不同的表现而给人以不同的感受，丰富自己的欣赏水平。在这个过程当中，教师也积极参与，范唱新歌，引出新歌的学习目标。这种方式不仅能够使学生的音乐记忆库不断接收新的内容，丰富他们的音乐阅历，提高对音乐作品的理解，而且温习了学习过的歌曲，加深了印象；师生互相赠歌又激发出强烈的学习新歌的欲望，同时也建立了同学与同学、同学与老师之间的和谐的人际交往关系，为课堂合作奠定了良好的基础。

二、独唱—唱会—感受美

独唱这一教学环节主要是满足学生"自我认知"的需要。要求学生通过一系列的学习手段，主动获取新的知识，达到初步会唱、唱准歌曲的目的。低年级同学由于还没有识谱能力，可以在教师的引导下通过书上的插图理解歌曲的内容、情感，通过教师弹琴、范唱或者放录音、VCD来学习歌曲。中、高年级的同学则根据已有的乐理知识和识谱能力在老师琴声的引导下，进行看谱唱词的试唱练习。教师间或在行间巡视，和学生交流，在相互交流、反馈的过程中，学生汇报自己会唱了哪几句，哪几句不会唱，哪几句比较难，整首歌曲中最美、最好唱的是哪几句，让他们自己发现难点，在全班张榜招贤，请会唱的同学做小老师教唱，对他们通过努力依然无法解决的问题，老师再通过弹琴、范唱或放录音进行点拨。这样使他们积极主动地参与复习旧知识获取新知识的学习实践，自己发现难点、解决难点，不断提高音乐素养。这就改变了原来先学歌谱、后学歌词的教学程序，而是将分离了的歌谱和歌词的学习有机地结合起来，顺应学生的学习心理，让他们集中精力听歌曲的旋律走向、力度的强弱、节奏的跳跃舒缓，在第一时间内准确地抓取到词曲结合所带来的丰满的、有血有肉的艺术形象，同时在看谱唱词的过程中，复习巩固了已有的简谱知识，便于发现难点进而通过教师和学生的有效合作解决难点，提高了学生的识谱能力和获取音乐知识的效率，使学生的心理、听觉、视觉、口语表达等得到协调发展。

长期的教学实践证明，单纯的歌谱教学单调、枯燥，并不能激发出学生的创造才能和学习兴趣，况且很多歌曲的歌谱有一定的难度，只会增加学生对歌谱学习的反感和厌恶。现实生活中，像《常回家看看》《走进新时代》《世上只有妈妈好》等很多歌曲传唱很广，不分男女老幼都能模仿得有板有眼，可他们当中又有多少人熟悉歌谱呢？我们进行小学音乐教学的主要目的是陶冶小学生的情操，热爱祖国灿烂的文化艺术和壮丽山河，培养广泛的兴趣和爱好，激发其积极进取的创造精神和实践能力，提高他们的综合素质，做合格的共产主义事业建设者和接班人。因此，中小学的音乐教学是面向全体学生的基础音乐教学，而不是专业性教学和培养极少数音乐专业人才的教学。当学生掌握了一定的识谱技能以后，我们没有必要再将歌谱和歌词分离开来学习，而只有在学生无法唱准歌词的情况下，才需借助歌谱唱准节奏、唱美情感，因而可以将时间应用到更能体现实践与创新的评唱和演唱中去。

三、评唱—唱美—表现美

在会唱歌曲的基础上，做到唱准、唱美歌曲，满足自我表现的需要。师生可共同讨论歌曲的速度、力度及歌曲的体裁风格、流传区域，根据歌曲的内容确定歌曲的主题是赞美的还是鞭策的，是催人奋进的还是引人深思的，以此确定用什么样的情绪速度、力度来表现歌曲；如《我们的田野》是赞美祖国壮美山河的，应用优美、充满激情的中速演唱；《蓝色的雅德朗》是表现对遥远故乡思念的，宜用深情地慢速演唱。

在评唱形式上可采用男、女生互唱互评；小组内同桌互评；个人唱小组评；一个小组唱其他小组评；全班唱，师生共评等多种形式，在广泛点评的基础上，再让学生带着这样或那样的见解复唱歌曲，不断提高演唱水平，使学生在和谐、民主的氛围中努力体验歌曲的意境美，带着对歌曲的理解，进行表现美的活动。

四、演唱—唱活—创造美

演唱和评唱相辅相成，相得益彰，通过评唱，在充分挖掘歌曲内涵已获得一定表现力的基础上，趁热打铁，发挥歌曲效应，让学生在演唱中感悟歌曲的旋律和内涵，满足自我发展的需要。"演"是一种综合能力的表现，涉及心理素质、身体各部分的协同能力及创新能力。学生的实践创新能力将在演唱中得到锻炼和发展。老师在课堂上获得学生感悟歌曲和创新能力的直接信息。如老师可引导学生："你学会了这首歌曲后想不想唱给你的家人听呢？假如老师和同学就是你的家人或观众，你将怎样演唱呢？"同学们以小组为单位展开热烈的讨论，根据歌曲的内容、情绪创编动作，都想过把导演、演员瘾。如我在教学淮剧补充教材第十一册第二课《赠汪伦》时，让学生自己扮成李白的样子，头戴方帽，身穿长袍，脚蹬云鞋，手挽长髯，放声唱道："李白乘舟将欲行……"学生在这种自编、自演、自唱的实践活动中，既培养了对音乐的兴趣，又发展了创造性思维，提高了表演能力，真正把音乐课变成了学生自主活动课。

总之，在主动唱演课堂教学形式中，学生自主学习，自由表演，主动获取知识，真正成了课堂的主人，教师则变成整个学习活动的组织者、引导者和服务者（教师弹琴、放录音），有利于学生淋漓尽致地表现音乐作品，更好地发挥音乐作品的能动作用，进一步激发学生学习音乐的兴趣，进而促进学生情感体验、自我表现等综合素质的提高。

新课标背景下音乐课堂聆听艺术策略的应用实践

音乐是听觉的艺术。的确，对于所有的人来说，聆听是一件很常见的事情，我们甚至每天都自觉不自觉地、主动或被动地去聆听，但有效的聆听又是一回事。后者需要聆听者对聆听的内容、目标做出精准的判断，并吸收归己所用。而这样高质量的行为似乎是成年人的专利。然而，在新课标中，就要求学生通过聆听再分析、理解、表达各种音乐。这样一来，若毫无方法、引导、策略地去聆听，对于还是无知的学生来说，无疑是一大挑战。基于上述分析，我认为，学生在音乐学习过程中选择和使用有效的学习策略进行学习，是影响培养音乐素养、获得学习能力、促进个体发展和优化学习效果的主要因素。学生有策略的学习是独立存在于社会的必然途径，既是一种生存手段，也成为一种基本生活方式。而随着音乐课堂核心素养理念在教育领域的不断深入，越来越多的研究者开始探讨如何在音乐课堂中巧妙应用聆听生成策略。我从现有的课堂状态出发，以"侗家儿童多快乐"为教学内容设计出音乐课堂教学案例，并结合案例具体分析聆听策略的应用方式方法，最后做出总结，以寻求聆听策略应用促进高效课堂的真正接轨。

歌唱是小学音乐教学中最重要的教学内容。优美的歌唱，不仅可以激发学生美好的情感和让他们真切地体验快乐，还能使学生富有乐感，培养其审美情操。音准是演唱歌曲的先决条件，只有学生具备了良好的音准能力才能独立歌唱。我担任专职音乐教师二十八年来，发现小学音乐课堂经常出现这样的现象，学生热情饱满地大声歌唱时，唱出来的旋律却是与伴奏的旋律不在同一个调上，演唱的学生竟全然不觉。或是唱歌的学生知道自己歌唱时的音准问题使听者不堪入耳，唱者逐渐产生自卑心理，甚至失去对唱歌的欲望，严重影响对音乐的自信和兴趣。那么，究竟是什么原因导致了这样的尴尬局面呢？经过多年的教学实践、观摩不同级别的音乐课，我认为，导致学生歌唱音准问题的原因有很多，而要解决学生的音准问题首先要找到根源，再针对不同的原因进行有效的音准训练。

一、导致学生音准不好的原因

（一）学生唱得太少

我曾经去听过一堂音乐课，老师的表现非常完美，又是唱又是跳，而且也非常动情地进行解说，但是一堂课下来，除了对老师的印象比较深刻外，学生对学的歌要么唱不全，要么是唱着就跑调。这就说明课堂教学应该是让学生获得知识而不是仅仅靠老师表演，不仅仅只追求教学内容的丰富，课堂气氛的活跃，而应该在唱跳和游戏伴奏之外，让学生用于唱歌的时间足够充分。在我的课例"侗家儿童多快乐"中，一开场，我就用歌曲的伴奏音乐带领学生们走进音乐的世界，让学生们对本首歌曲有了一个全面的印象。在朗朗上口的音乐中，让学生们跟着音乐用"啦、噜、嘣……"等各种不同的衬词去哼唱音乐，让学生们在聆听的基础上，反复去唱音乐旋律，等旋律熟悉了，歌曲演唱就会迸发而出，这样一个循序渐进的过程，旋律就种在了学生们的心中。

所以课堂更多的是关注学生的聆听策略引导歌唱，其他的一切都是为这一中心主题服务，让学生参与进来，让学生的音准得到提高才是真正的音乐教学。

（二）忽视了听的重要

音乐是听觉的艺术。学生在进行音乐活动的过程中，教师要运用多种有效的教学方法让耳朵参与进来，使音乐的听力形象化和生动化，尤其应注意对学生所要唱的每个音的音高概念进行培养。比如说，可以给学生欣赏要歌唱的音乐作品，在聆听的过程中注意引导学生听出歌曲的主旋律，让学生感受歌曲主旋律带来的美妙感受。还可以让学生背唱歌曲旋律，通过聆听、记忆、演唱，使学生在轻松的环境中不断感受音乐，唱准音乐。日积月累，绝大多数学生的听觉和音准能力都有了明显提高，而且对歌曲后期的情感处理也很有帮助。但在我们现实教学中，多数老师忽视聆听的重要性，走马观花，昙花一现，学生往往还没有感受到音乐的美，就进入下一个环节，长此以往，学生的聆听就没有了。

（三）呼吸方法不正确

由于小学生气息比较浅、比较短，特别是低段学生还没有建立歌唱的气息运用，所以在发声的时候气息飘忽就造成音准不够，造成歌唱跑调。同时歌唱时呼吸方法不科学、不正确，任凭自己尽情歌唱。没有气息了就任意断开，造成高音唱不上去，长音不能延续，于是唱出来的声音也是音准不到位，旋律没有美感。所以，针对这个问题，我依旧让学生们聆听，听录音范唱、听老师的范唱，让学生观察老师在哪里留下了气口？再通过学生们自主找出来的气口处加以标识进行加强练习。因为本歌曲有跳跃和连贯的旋律线条对比，学生们通过不同的呼吸方法不仅能正确表达音乐，还能提升自己对音乐的感悟能力。我再次让学生们通过对比的聆听，区分不同的旋律色彩，再用旋律线条图示化，让学生们唱出来，效果非常的好。

二、提高学生音准能力的方法

针对上述原因，我通过近些年的教学实践，在如何提高学生对准确音高的心理感知能力和对声音的控制能力的问题上，做了一些尝试，收到了一定的效果。

（一）训练聆听的耳朵

好的音准，离不开耳朵的聆听。如何把耳朵用好是关键，目的就是发展听的能力。当然，在平常训练中，我们要注意聆听和发声的关系，我认为它们是相互平衡的，我们要非常小心地把这两者平衡好，只有这样才能获得美感。在反复实践中，我摸索出了一套练习音准的方法，即聆听、记忆、想象力。比如当我们训练旋律音准时，我们可以通过音符记忆、音程记忆、和声支持旋律三步骤来完成。整个过程都离不开聆听、记忆、想象力。比如我们先在旋律中去寻找两三个骨干音音符进行记忆，然后用找出的骨干音弹和弦来进行音程记忆，再用和弦去支持，这样做的好处是学生唱出的每个音都是经过聆听、记忆和想象的。头脑有控制地演唱，再深深地唱出来。事实证明，这个过程对孩子们有效，容易获得良好的音准。因此，我觉得音准的练习方法离不开耳朵的聆听，耳朵用好了，听到自己跟其他同学声音或伴奏和谐地和在一起，一定是件非常快乐的事。

（二）巧用柯尔文手势

提到手势，大家就会想到英国的约翰·柯尔文，由他首创的手势谱被全世界越来越多的音乐教师接受，它的优点简单、方便、有效。借助柯尔文手势，能帮助学生建立稳定的音高概念。柯尔文手势大致利用腰腹部到头顶这样一个跨度，将八度音阶合理安排其中，是具有线谱音位和简谱形象的"图谱"，是"具有音高的指挥动作"，是"音乐的体操、不花钱的乐器"，运用到教学中使教和学都变得具体。特别是在歌唱教学中，柯尔文手势法对学生掌握音准很有帮助，它的作用体现在：能够很好地把音高和这个音的倾向和特性形象地表现出来。使抽象的音高关系变得直观、形象。它是教师和学生之间进行音高、音准的调整、交流的一个身体语言形式。我用得最多的是抓紧歌曲的主要音，不断去聆听、演唱。比如《侗家儿童多快乐》，这首歌曲的旋律由主干音"613"三个音符组成，为了更直观地对音高有个很形象的视觉，我带着学生巩固了柯达伊手势中的"136"三个动作。学习过程中，不断强调这三个音的歌唱位置，加强学生们的音高记忆，就牢牢抓住了歌曲旋律的走向，再通过数次歌曲的深度聆听，演唱歌曲就不会那么困难了。

（三）掌握呼吸的方法

"歌唱是呼吸的艺术"这句话可能有点夸大，但它说明了气息控制在歌唱中的重要性。正确的呼吸方法是确保歌曲作品整体协调和艺术表现的重要手段。它需要多种呼吸技巧的全面参与，而个人意念和呼吸肌肉群的全力配合是达成目标的重要途径。当歌唱者呼吸方法运用不当时，就会有力不从心之感，音准自然难以保证。因此，在歌唱教学中关注学生的气息方法，学会划分乐句，句与句之间注意换气，用科学的"闻花香"这种深吸轻呼的方法进行气息训练。我们还可以截取歌曲中的片段进行气息练习，让学生感受并掌握这些方法时，他们产生浓厚的兴趣，对歌曲的演唱就起到"水到渠成"的效果。学会聆听、模仿、对比等进行音高、音准的调整、交流，当一切方法都科学地运用到学生身上时，学生们都愿意在老师的引导下唱出好听的歌声，音乐课堂就是一场美丽的声音邂逅。

（四）借力乐器的辅助

乐器教学对音准的训练有较强的辅助强化作用，是培养学生音准的有效手段，只要学生演奏正确，乐器就能发出准确的音高，帮助学生唱准音高。如口琴、口风琴、小提琴等一些小乐器方便携带。在音准教学中，小乐器奏出的音高和歌曲音高相结合，采用听、唱、练、吹（拉）的方法，既丰富了课堂教学又增强了学生学习的兴趣。学生因有了小乐器的辅助作用也就很容易找到音高，这就无疑对音准能力的培养，给予极好的帮助。

在《侗家儿童多快乐》教学中，我用低音木琴把歌曲的旋律主音6，通过木琴特有的音色和不断加强学生们静心聆听次数，把主音根深植入，再通过双响筒，把音乐动机主要节奏型潜移默化渗透给学生。学生们通过自主聆听、合作律动等一系列体验活动，将音乐掌握得非常到位。

好的方法需要我们不断地在实践中获得提炼。总的来说，音乐教学中聆听策略的运用占有重要的位置。聆听策略高效运用到课堂上，是来源于科学而系统地引领和训练。当然，要建立正确的聆听策略，并非短时间可以做到的，这是一项需要长期坚持的教学工作，不断地在教学实践过程中摸索、反思、再实践，采用灵活多样的方式，使学生在各种体验活动中提高学生音乐能力的有效途径和手段。从此我把聆听、音准、和声等作为小学一线课堂的重要理念来领会、贯穿、落实，并引领着全组音乐老师始终以发展学生核心素养为出发点，吃透教学大纲要求，深度挖掘音乐教学内容，重视学生的聆听习惯和方法，再结合和声的独特魅力，有方法、有步骤、有层次地引导学生在音乐的课堂中自主学习，在关注音乐和学生、重在体验和过程的师生互动中，将音乐素养的教育理念诠释得淋漓尽致，为音乐老师们在常规音乐课堂教学中，打开了一扇窗，让老师们感受到了音乐教育的智慧。

在歌唱教学过程中，教师要积极引导学生学会发现歌曲中蕴含的美，不断探索各种表现美的方法、技巧，逐渐学会准确呈现歌曲的"节奏、音准、旋律"等，能够从速度、音色、力度等角度出发，再创造音乐作品，不断拓宽学生知识面，进行必要的情感体验，更好地走进作者内心的情感世界，产生共鸣，更好地把握作品内容。要引导学生积极、主动参与到音乐实践过程中，尊重学生的个体差异，坚持因材施教原则，合理安排课堂教学内容，优化教学方法，有效渗透审美教育，启迪学生智慧，逐渐培养学生的审美素养、人文素养，促进他们的全面发展。以此，提高歌唱教学的有效性。

音乐游戏在小学音乐教育中的应用实践探索

随着新课改的实施，全面提高小学生的综合素质提上教育日程，现在教师和家长更多地关注学生综合能力的提升，要加强培养学生在音乐教育中的美感和艺术细胞。而关于小学生的音乐教育对于教师而言也是一件非常重要的事情，提起学生对于音乐的学习兴趣，提高学生的音乐学习技能，从而打造高效的音乐教学课堂。而现今将游戏教学法引进音乐课堂，这对于音乐教师具有非常积极的辅助作用，本文将针对基于游戏的小学音乐教学探究进行探索。

一、基于游戏的小学音乐教学探究的意义

用游戏的方式让学生在音乐课堂上会很大程度上带动他们的积极性和主动性，音乐课堂需要好的教学方法和教学质量，游戏教学法帮助学生改变传统音乐课堂的呆板和无趣。传统的填鸭式教学会让学生产生厌学情绪，学生的思维缺乏活跃积极性没有被充分地调动，那么最终的音乐课堂教学会进入恶性循环，教师越重视学生则反抗得越厉害。所以教师要根据现代小学生的学习特点和兴趣爱好，加入游戏教学缓和音乐教学课堂气氛，加强师生和学生之间的互动，让他们感受不一样的音乐课堂，从中体会属于音乐的独特魅力和对学生的影响力。

二、基于游戏的小学音乐教学探究的策略

（一）运用生活化在游戏教学中提高学生学习音乐的技能

教师在音乐课堂上可以采用与学生生活相贴切的生活事物对理论知识进行阐述，音乐知识很多理论都比较抽象，帮助学生很好地理解还要提高他们的音乐学习技能。而让音乐游戏教学课堂更贴近生活，即将教学活动置于现实的生活背景之中，从而激发学生作为生活主体参与活动的强烈愿望，让他们在生活中学习，在学习中更好地生活，从而获得有活力的知识，并使情操得到真正的陶冶。例如在《难忘的歌》单元学习中，教师要考虑到作品的思想性、艺术性和民族性，以及对歌曲的可唱性和欣赏

性，教师在教学过程中采取形象的比喻对概念进行讲解，通过生活中学生熟悉的事物帮助他们对音乐理论知识的理解，促进教学质量。

（二）运用因材施教在游戏教学中培养学生学习音乐的兴趣

世界上没有完全相同的两片叶子，每个学生都有自己的学习特点，和自己的学习方式，教师在教学时要根据学生的接受能力，这样对于游戏化音乐教学也更有帮助，结合了学生自身的能力情况和教学目的，这样的教学效果更能强化其对应的应用。例如《五彩民歌风》这一单元的学习，教师要注意其基本内容包含了听、唱、动、奏、认等内容，学生在学习时是否要降低难度，其中过高的技能技巧要如何传输到学生，并使得学生在学习音乐的过程中爱上音乐，主动学习音乐是教师要考虑的，有的学生接受能力较快，有的学生接受能力较慢，这就需要教师开展多种形式培养学生的创新精神和实践能力，从各个角度、各个方位找到适合学生学习的方式。或者在学习《山谷回响》时，在音乐教学课堂上引导学生通过拍手或者踏步帮助学生找到音乐游戏中律动的感觉。当然教师适时地增加一些适合学生的音乐游戏帮助学生解决不同阶段的困难，低年级学生自立自强实践能力较差，教师就可以开展以自立自强为主题的音乐活动，让他们采取连贯声音演唱激发他们参与歌唱游戏的兴趣。

（三）运用多媒体在游戏教学中培养学生学习音乐的多样性

多媒体教学是指在教学过程中根据教学目标，以及现在我们教授对象的特点，通过教学设计，合理地选择和运用现代教学媒体，并且要吸取传统教学中适合现代学生学习的特点有机结合，共同参与教学的全过程，以多种媒体信息作用于学生形成合理的教学过程结构，从而达到最优化的教学效果。例如在《铃儿响叮当》的学习中，教师会选择最适合学生的游戏环节，要注意游戏的多样特性，教师可以利用多媒体丰富学生的教学课堂，策划游戏环节结合，在实践游戏环节时教师利用多媒体帮助学生动手制作简单的道具来搭配教学，或者教师也可以利用这些小道具制作一些游戏，合理并且反复利用从而使得学习的效果达到最好。

（四）因课堂而改变教师应创新教学方法

小学音乐教师应对课堂的讲解方式进行不断的创新，按照当今社会小学生的性格特征来看，如果教师在教学实施中没有推陈出新，纯粹按照传统模式来进行授课，没有一定的创新，那么学生对音乐这门学科就会慢慢地失去学习的兴趣。要提高音乐课堂教学效率，必须实现课堂教学最优化控制，实现教法的创新，促使学生整体和谐的发展，我们教学中要善于选择导语，把握优化教学过程的实质，善于设置情感基调，增强教学趣味性，善于操作教学反馈手段，并力求达到有机的融合。

游戏走进小学生的音乐课堂对于学生来讲有着非常多的积极作用，小学生是一个特殊的学习群体，他们涉世未深从没有接触过更多的专业的音乐教学，所以教师在教授时需要花费更多的耐心。教师在音乐实践中要践行"教无定法、贵在得法"这一真理，当然在实践过程中要注意激发学生学习音乐的兴趣、提高学生学习音乐的技能，以及丰富课堂教学多样性紧密结合学生的身心特点，针对性地在音乐课堂上改进教学方法和优化。

参考文献

［1］郑蓓仪.浅谈音乐游戏在小学音乐教学中的实施［J］.黄河之声，2019（3）.

［2］程郁文.音乐游戏在小学音乐课堂教学中的应用研究［J］.艺术评鉴，2016（14）.

［3］周瑜.音乐游戏在小学音乐课堂教学中的应用［J］.科学大众（科学教育），2015（5）.

［4］彭宪发.探讨音乐游戏在小学音乐课堂教学中的应用分析［J］.北方音乐，2014（13）.

（本文发表在《教育学文摘》杂志 2019 年第 34 卷第 14 期）

中小学音乐教学中整合流行音乐的探索与实践

在近几年，流行音乐已经有了迅速的发展与进步，无论是流行音乐的传播人数还是创作人数都有了明显的提升。而传播、创作人数的提升除了带来了流行音乐迅速发展之外，也导致流行音乐整体行业中良莠不齐、泥沙俱下，而中小学生往往会受到其中的影响。针对于这点原因，在未来教学中，教师需要帮助学生建立更好的分辨能力，主要的方法是在教学中对流行音乐进行整合，从而对中小学音乐教学水平得到进一步的提升与发展。

一、核心概念与教学现状解析

（一）流行音乐的概念

所谓的流行音乐是在社会上得到了广泛的传播与宣传，同时音乐的受众定位主要是大众、普通人，具有易于传播、易于记录、拥有鲜明特色、方向复杂的几大特点。相比较于古典音乐与小众音乐，流行音乐主要的特点在于通俗易懂，能够被轻松地理解。一般来说流行音乐的主要主题是男女之间的爱情，曲调较为简单，能够在一段时间内占领音乐市场。流行音乐的发展过程主要是从美国爵士音乐演变而来，具有悠久的发展历史，伴随着时代的发展，流行音乐已经成为社会大众主要聆听的音乐。

（二）我国当下中小学教育现状解析

在当下，素质教育成为主要的教学方向，让学生在受教育的过程中能够拥有更为全面的发展与进步成为教师主要的教学目标。音乐教学作为一门能够影响学生审美、情绪、心情、乐感的学科，在教学中非常重要，正确的音乐教学还能够让学生构建出正确的三观。流行音乐的健康与否直接决定了中小学生对于世界的部分认识，同时也能够做到帮助学生缓解情绪的作用。但在当下的中小音乐教学中，流行音乐的重要性并没有得到认同，因此教师首先需要转变教学想法，对流行音乐正确看待。

二、流行音乐对中小学音乐教育的影响

（一）流行音乐对中小学生的影响

流行音乐已经成为社会中主流音乐形体，每一个中小学生都会对流行音乐有所接触，作为一种通俗化的情感表达方式，流行音乐帮助学生实现了情感释放。由于繁重的学习任务，中小学生往往有着巨大的压力，而在我国当下的教育现状中，无论是教师还是家长都没有重视对学生进行心理疏导的重要性，这导致学生的心理问题日渐普遍。流行音乐的出现对于中小学生来说，之所以占据了如此重要的特殊地位，正是因为流行音乐在帮助学生认识了世界的同时，还让学生拥有了更好的发泄渠道。虽然在当今的社会上有些流行音乐对中小学生产生了不良影响，但总的来说流行音乐依旧在向更好的方向发展。聆听一些健康的流行音乐，能够帮助学生完善内心深处对于世界的认识，与此同时，也能够激发中小学生对于情感的认识。

（二）流行音乐对音乐教育的影响

在教育的过程中，中小学音乐教育需要面对流行音乐带给学生的影响，这已经成为普遍问题。教育的过程中，出于教师的责任，音乐教师会担心流行音乐带来学生不良影响，事实上这种担心并非空穴来风。因此，在未来的教育过程中，中小学音乐教师需要重视对于这种现象进行分析与总结，将优秀流行音乐对学生进行普及，学校成为学生接触流行音乐的一道过滤网，杜绝不良流行音乐对中小学生的影响。这样的教学方式在很大程度上对音乐教师提出了严格的要求，要求教师能够拥有更好的眼光与分辨能力，同时也需要具有丰富的音乐积累数量。与此同时，音乐教师还需要能够感受到学生的情感变化，从而针对于学生的情感需求来设计相应的音乐教育方向。

三、流行音乐走进音乐课堂的对策以及建议

（一）流行音乐与音乐教学相结合

在进行学校教育的过程中需要明确，学校教育的主要教学目的是对学生进行文化知识与学习能力的全面提升，因此需要让学生实现德、智、体、美、劳全面能力的提升与发展。在进行音乐教学的过程中，不仅仅需要考虑到学生的学习兴趣，更要考虑到对学生的教育意义。学生在学习的过程中逐步对课程产生更大的兴趣，同时也能够逐步增长音乐知识，感受音乐带给学生的转变。流行音乐在年轻人中流行，这并不能成为教师抵制流行音乐的理由，教师需要根据音乐的内在品行，而不是直接对流行音乐进行抵制。新课标课改的进行，要求教师能够将学生的全方面增长进步设定为

主要的教学目标，因此教师需要将音乐教育带来学生的影响转变成为学生对于音乐教育的热爱与关注，学生从音乐中能够收获更多的健康情绪，这帮助学生克服了学习过程中的种种困难。流行音乐的出现，让音乐教学课堂实现了对学生生活层面的补充与引导，学生经过这样的学习，能够更好地吸纳生活中的优良经验。

（二）流行音乐与传统音乐相互结合

传统音乐教学过程中，教师对学生教学时使用的音乐类型往往是传统音乐，传统音乐具有着一定的好处，能够对学生的多方面审美素质进行培养。而在未来的教学过程中，教师也需要重视流行音乐带来的好处与作用，从而对学生进行正确的引导，让学生能够将传统音乐与流行音乐放在同一水平线上，从而实现双方优势的吸纳。

在以往教学过程中，使用传统音乐进行教学主要的问题在于学生难以提起良好的学习兴趣，而在未来的发展中教师可以通过引导来杜绝这种情况的发生。流行音乐的出现对于学生来说，能够成为与传统音乐进行过渡的桥梁，例如流行音乐中的《但愿人长久》，这首流行音乐主要的来源是中国古诗词，教师可以与传统音乐相结合，吸引学生的学习兴趣。兴趣作为学生学习最好的老师，教师在教学中需要将吸引学生学习兴趣作为主要的教学方向，而流行音乐与传统音乐进行结合能够更好地帮助学生实现学习兴趣的提升，与此同时也能够发挥出传统音乐的好处。

（三）多媒体技术与传统教学相结合

音乐鉴赏能力主要是指学生能够对声音中的各项因素做出符合审美的正确判断，例如声音过低等，学生会觉得过于低沉。而中小学音乐教学过程中，主要的教学方向就是引导学生进行由浅入深的学习，让学生在逐渐接触音乐的过程中提升欣赏能力，这对于学生来说非常重要。而传统教学往往面临着枯燥、难以理解等问题，多媒体技术的出现解决了以上问题，帮助音乐教学水平提升，因此在未来教学的过程中需要重视将多媒体技术与传统教学相互结合。

四、结束语

中小学作为培养未来人才的基础教育环节，需要时刻与时代进行紧密结合，从而对中小学生进行充分的正确教育。而流行音乐已经成为未来发展的主要趋势，同时对学生的影响已经属于不可避免，那么教师需要将音乐教学与流行音乐教学相结合。一方面能够对学生接触的流行音乐进行筛选，另一方面也能够帮助学生更好地进行音乐学习，发挥出音乐教学的主要作用。

参考文献

[1] 江海媚. 流行音乐对中小学音乐教育的影响及对策研究 [J]. 艺术评鉴, 2020（3）.

[2] 贾倩如. 探究西部贫困地区中小学音乐教学的改革 [J]. 艺术评鉴, 2018（16）.

[3] 魏靖雯. 浅析处理音乐课本中"经典音乐"与"流行音乐"的关系 [J]. 北方音乐, 2018, 38（7）.

[4] 牛雪瑶. 中小学艺术课堂存在的问题和对策——以音乐教育为例 [J]. 北方音乐, 2018, 38（1）.

[5] 彭思靖. 浅谈流行音乐对中小学音乐教学的影响及对策 [J]. 文化创新比较研究, 2017, 1（11）.

（本文发表在《中国教师》杂志 2020 年第 6 期）

融合教育背景下学校开展随班就读策略研究

——以福田区皇岗小学为例

为全面贯彻落实《中国残疾人事业"十三五"发展纲要》、《国家中长期教育改革和发展规划纲要（2010—2020年）》、《第二期特殊教育提升计划（2017—2020年）》、《关于加强特殊教育教师队伍建设的意见》、新修订的《残疾人教育条例》、《深圳市特殊教育提升计划（2015—2016年）》到2016年5月颁发的《深圳市教育局关于进一步加强残疾儿童少年随班就读工作的指导意见》等决定和计划为我国特殊教育的发展带来新的发展契机。这些规划意见的发布施行，是国家、市区重视特殊教育的体现，这些措施让我们看到自上而下都在积极推进融合教育，努力实现每位儿童平等教育权利。

做好残疾儿童少年随班就读工作，是贯彻落实党的十九大精神、努力让每个孩子都能享有公平而有质量的教育的重要举措，是建设现代化、国际化创新型城市的重要举措，是巩固第一期特殊教育提升计划成果，进一步提升残疾人受教育水平的重要举措，是推进教育公平、实现教育现代化的重要任务，是增进残疾人家庭福祉、加快残疾人小康进程的必然要求。

一、以融为基，融合教育背景下开展随班就读的困境

（一）社会成因

我国自20世纪80年代末开始推行的随班就读政策，为残疾儿童走进普通学校平等接受义务教育提供了保障。经过二十多年的发展，我们取得的成就是毋庸置疑的，但是存在的问题也是十分明显的。其中，与融合教育相关的问题尤为突出。如何用融合教育的理念来解决这些问题是值得深思的。这些问题主要有：

1. 排斥现象

（1）在义务教育阶段的学校中，甚至在幼儿园，只要儿童的肢体或"智力"有那

么一点问题，就会在入学时遇到麻烦，有的当即就被排斥在校外。

（2）在学校教育过程中，对一些问题学生不是加倍关怀，而是直接将其排斥在团体之外，有立壁角的、有站办公室的、有晚放学的，还有不让其参加集体活动的，等等。

2. 歧视现象

（1）对学习成绩不好的学生，不让其参与学习好的同学的课外活动。如有的学校请专家来校作报告，规定学习不好的学生不能参加。

（2）在全体同学面前展示学习不好学生的作业或成绩，用歧视的语言和动作对待学习不好的学生。

3. 分类现象

（1）以学习成绩为标准，将学生分门别类，甚至在一个班级里也分成好、中、差等类别，不同类别的学生分别学习不同的课程。

（2）给学生贴标签，而且是永久性的、不能改变的、撕不下来的标签。在给学生分类的基础上，学生的背上都有标明各自类别的标签。虽然"随班就读"还存在许多问题有待解决，但是，不可否认，"随班就读"这种新的教育形式已被人们广为接受。至少，残疾儿童进入普通学校学习已不再成为新闻。

（二）现状分析

皇岗小学现有重度与轻度在册的特殊儿童约有47名，在班级常规管理以及教学中，给老师们带来了很多的困惑与难题。在普通学校，无论在入职前还是在入职后，老师们都没有接受过系统的培训，对待特殊的孩子总会用另外一只眼光来看待他们，总认为特殊儿童就应该到专门的区特殊学校接受教育；在班级人数众多更不知道如何着手教育他们，每当特殊孩子影响教学时总以不耐烦甚至批评的态度来对待。

在普通学校如何实施全纳教育提倡的容纳所有学生、满足学生不同心理需求，这是普通学校教育面临的一个巨大挑战。如何逐步引导教师转变教育理念，容纳特殊儿童，为随班就读学生提供他们需要的高质量教育，促进随班就读教师的专业成长等，急需学校探索出一套校本化实施路径。

二、以融为导，融合教育背景下开展随班就读的思路

（一）总体目标

深入贯彻落实国家和各级政府关于"融合教育""随班就读"工作部署：一是在本校科学有效地实施全纳教育理念下的融合教育；二是建立随班就读定点校、资源教

室以及建立健全相应的政策保障机制，为本校特殊儿童提供全方位的教育服务和专业支持；三是提高教师的观察力、个性化指导能力以及教育反思能力等，为科学有效地实施融合教育掌握先进的全纳教育理论，实现理论对实践的指导；四是采取适合的随班就读方式，促进特殊儿童适应社会与发展，经过探索，形成皇岗小学一套科学、可复制的融合教育模式。

（二）具体目标

通过以融合教育理论为指导，学校根据实际情况配备2名专业特教老师以及根据需求向特教机构购买多名特教老师助教，制定专门特殊教育课程表，纳入学校课程教学体系。通过打造"舒适"与"建构"的融合环境，构建"自主"与"协同"的适性课堂，建设"专业"与"跨界"的教师团队，开发"丰富"与"适性"的专属课程，建立"动态"与"系统"的评价体系，做到理念到位，教师到位，课程到位。

（三）思路方法

1. 个案研究法

引导教师根据随班就读学生的实际情况，制订切实可行的个别化教育计划，尝试在实际工作中运用，取得一定的效果。定期开展随班就读课堂教学研究，以研究为例，深入研讨交流，探寻随班就读课堂教学规律。此外，引导教师通过关注并解决随班就读学生的各种问题，并及时总结，也是课题组秉承的原则。教师们能够通过这种方法来研究学生、研究自己的教育教学工作，促进了自身专业发展。

2. 调查研究法

在研究过程中，课题组注意运用调查研究法，编制相关问卷，及时了解情况。每学年开学初，课题组在班级以及教师中进行全校基本情况调查与皇岗小学随班就读课堂教学评价表，规范随班就读课堂教学，针对存在的问题与不足，给予深入指导。

课题组重视访谈的作用。深入到各班级与相关老师座谈交流，及时了解随班就读教师对工作的看法、在工作中遇到的困难。同随班就读学生家长建立联系，就如何做好随班就读学生的教育等问题，为他们提供必要的资源支持。

3. 文献研究法

广泛收集各类资料，整理文献综述。通过查阅大量文献，我们进一步明确研究工作的重点。如：教师学生以及学生家长等对随班就读工作的态度、随班就读取得的成绩及存在的问题、随班就读教师应该具备的专业水准等。为课题研究的深入开展，奠定坚实基础。同时，也避免了针对某些问题的重复研究。

4. 行动研究法

行动研究法贯穿课题研究始终。根据不断变化的情况，课题组进行及时的调整、

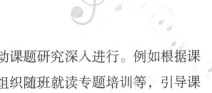

梳理和总结，完善课题研究的内容与方向，逐步推动课题研究深入进行。例如根据课题研究内容及方向，开展随班就读教学观摩研讨，组织随班就读专题培训等，引导课题组在开展研究的工程中，及时总结、反思自己的教学行为，更新教育观念，提升教学能力。

5. 经验总结法

对课题的研究成果和经验进行整理、归纳、提炼和总结，形成具有一定结构体系的经验和研究成果。

三、以融为引，融合教育背景下开展随班就读的策略

（一）打造"舒适"与"建构"的融合环境

1. 精心布局

我们首先为有特殊需求的孩子们营造一个温暖、接纳的环境。我们因地制宜，充分利用校园设计、建设资源教室和心理咨询室，以满足特殊儿童乃至每个儿童的特殊教育需要，让他们在学校提供的常态教育环境中接受补偿性、发展性的个别化教育及辅导。皇岗小学的资源教室使用面积为60平方米，设立在校园内一楼，门口设有无障碍通道，室内采用防伤害化装饰，配备了办公、学习的基础设备和教学教具、感觉统合运动器材、学生图书及多媒体设备。对教学区域进行了细致的划分，可以满足多种形式的课堂教学，例如进行诊断评估、实施教学辅导等。校园环境布置上建设了无障碍设施、生活融合设施、学生风采展示等，普通学生和特殊需要生共同使用的操场、资源教室等，每个班级有学习角、文化角并交流展示。

2. 精选设施

教室内安装了液晶电视、台式计算机等现代化的设施设备，配有儿童青少年心理测评系统、早期评估与训练系统及其他诊疗仪器，为特殊儿童接受康复训练提供保障。在现有条件下，不断完善资源教室建设条件：①更加细化资源教室功能分区，保证课程实施场地；②购置所需的硬件设备，进行课堂教学片段实录，留存课堂教学资料档案；③购置所需的教学材料，确保课程顺利开展。

（二）构建"专业"与"跨界"的融合团队

学校在积极探索随班就读的方式上，加强融合教育教师队伍建设，建设一支"有普特融合""有多年随班就读教学经验""有大爱"的教师团队。这支教师团队，他们不仅为特殊儿童提供特别的教育服务，还在学生、家长和普通班级老师之间架起沟通的桥梁，共同营造了一个温暖、积极、融合的教育环境。

（三）打造"规范"与"高效"的管理制度

1. 融合新观念

普特融合为教师的进步提供了一个可持续发展的空间，有助于特教教师与普教教师的相互交流、相互观摩及资源的共享。普特互动实现资源共享特殊教育为普通教育带来了新的理念和教育资讯。国内特殊教育虽然发展时间不长，但是从起步就借鉴了国外先进经验，如行为分析、全纳理念、生活化、融合教育等理论和方法，对普通教育的发展起到促进作用。

2. 融合新制度

融合的学校环境建设包括校园文化氛围、师生精神面貌及物质形态的环境建设。学校自行开发了适合所有学生、帮助学生融合的校本课程普通学生使用全区统一课程，特教学生有学校自编自助课程，另外有针对于资源教室使用制定的《皇岗小学随班就读管理制度》、《皇岗小学随班就读教育教学工作细则》、皇岗小学随班就读课堂教学评价表、皇岗小学随班就读课堂观察表等。皇岗小学将随班就读工作纳入学校整体工作计划中，设定了工作具体目标。这些制度的建立使学校随班就读工作更加规范化、常态化。

（四）构建"自主"与"协同"的适性课堂

我们通过多维评测的方式，探寻特殊孩子能力及需求，设计课程，帮助他们全面融合。学校资源教室设置学习训练区、资源评估区和办公接待区等基本区域。充分利用区特殊教育中心专家资源对学生学情进行科学分析，提前介入评估，建立相应的教育支持系统，坚持"课上有专业教师辅导、课后有学生作业个性化设计、评价多元化"的个性化教育方式。

1. 定制计划，融通心智

基于对孩子们的全面认识，我们为每一个孩子制订个别化发展计划，建立成长档案，安排适性课程，对应综合发展评估细则以及学生的个别化发展目标，划分不同课程，想方设法营造轻松愉悦的学习氛围，鼓励孩子们积极参与、发展长处、展现自我。各课程老师需不断精进专业理论学习，充分让理论知识为实践服务，不断改革完善教学计划。精心备课，做好学情分析，学生差异大，需要教师在教学目标中有设置分层目标，针对学生个性化特点采用不同的教学手段和方法。课堂上，我们既关注特殊儿童的不同认知水平，又保护他们的自尊心和自信心，借助新媒体设备为每一个学生提供多样化的信息呈现方式、行为表达方式以及参与方式，以适应不同学生的感知和理解，减少学习障碍，"不让一个学生掉队"。

2. 注重过程，融入小组

加强实践性教学环节，突出学生艺术实践技能的培养。在小组课中，需要培养学生相应的社交能力、组织性和纪律性。课后对学生本堂课的行为和学习能力进行教学反思，为下一次课程备课做参考。在教学期间，资源教师要做好教学记录，拍摄相关图片或视频资料。

3. 暖心课程，融入班级

学校分管融合教育的教务处戴主任、资源教室老师和心理咨询室老师经常与班级教师沟通，交流学生情况及课堂表现，对学生变化及特殊问题进行讨论分析，制定有针对性的目标方案，就问题解决问题，划分安排入班随读重点，协助班级课程的顺利开展。定期开展融合的班级主题活动和专家讲座及家校会议，本学年预计开展家校会议及专家讲座2场以上，开展教师和学生家长的专业知识培训，帮助了解每个学生的不同问题，力所能及地满足学生们的迫切需求，为后续的工作开展提供方向，有力促进家庭和学校的合作沟通。

此外，针对目前学校中一些有情绪行为障碍的学生，我们设计了适合他们的心理团辅活动课程，从新生启蒙教育开始予以关注，及早发现，尽早关注与矫正，对个别行为障碍突出的学生还进行一对一的心理辅导和沙盘辅导，孩子们的收获很大。

（五）建构"丰富"与"适性"的专属课程

皇岗小学资源教室通过机构购买的方式为特殊儿童提供课程支持，通过小组学习、个别辅导和团体活动等组织形式，开设了一系列主题课程，形成特殊教育课程体系。其课程有：①入班辅导、个别化训练。②社交训练课。包括基础社交训练、社会性模仿、参照、想法解读、生活社交技巧、情绪和行为等。③音乐治疗课。包括奥尔夫音乐课、非洲鼓、戏剧表演等。④手工坊制作课。包括绘画、剪纸、黏土、扎染、创意手工等。⑤职能特色课程。包括生理康复、心理康复、社会性等。⑥运动特色课程。包括羽毛球课、篮球课、感觉统合课等。

（六）建立"动态"与"系统"的评价体系

在适性课程的教学中进一步改革学生评价制度，做到阶段性评价和结果性评价相结合。在教学中，重平时、重过程、重能力的养成；教学某一阶段后，进行阶段性评价，对学生的能力水平、作品结果等进行评价。做到实现动态评价和静态评价相结合，定量评价和定性评价相结合，过程评价和结果评价相结合。

适性课程的开展，让每一个孩子都有机会让心中梦想的种子萌芽，继而抽枝、长叶。在基于综合评估的定制课程中，孩子们学会了非洲鼓，在变换的鼓点中表达内心的情绪；在这样的课程中，特殊儿童也能追寻自己的音乐梦想；在这样的课程中，孩子们甚至成了小画家，创作出了属于自己的原创作品。教育是一朵云推动另一朵云，教育是让人成长的行动，融合教育让我们特别强烈地感受到作为一个教师存在的意义和价值。

（七）开展"理论"与"实践"的课题研究

2019年7月，皇岗小学申报的"全纳教育理念下普特融合教学的实践研究"课题成功立项为深圳市教育科学规划课题。我们实施教科研一体化，融合教育负责人领衔课题研究，将"融合教育"提升到学校发展的战略高度进行拓展。以让每一个儿童获得发展为核心，以资源教室的建设为依托，为特殊儿童创造融合的成长氛围。沿着"前期调研，制定纲要；形成策略，实证研究；反思调适，积累资料；总结分析，构建模式；形成报告，推广应用"的研究路线。

三年的课题研究实践证明，融合教育促进了皇岗小学随班就读特殊儿童和普通儿童共同成长。只要正确引导，特殊儿童就能激发普通孩子心中善良纯朴的一面，师生家长越来越强烈地认识到这一点。通过教师日常悦纳特殊儿童的行动示范、教育引领，我们皇岗小学的普通儿童形成了友爱、善良的品质，素质全面提升。我们的老师在工作中获得了更多的职业成就感，当老师们发现随班就读如此困难的儿童，在爱的滋养、专业帮助下获得进步时，他们更加积极地面对自己所教班级的特需儿童。"伴一颗种子慢慢长"的皇小文化已然形成。

四、结语

综上所述，在普通学校开展随班就读工作，必须立足于融合教育的视角，深入剖析当前学校融合教育的困境，并结合学生的现实需求，以融为引，进行贴地而行的策略研究，促使特殊儿童身心更加地健康发展，提高特殊儿童德、智、体、美、劳的整体素养能力，拉近其与普通儿童的差异，让其打开心扉，更加健康快乐地成长。

参考文献

[1] 李拉. "全纳教育"与"融合教育"关系辨析 [J]. 上海教育科研，2011（5）.

[2] 佟月华. 美国全纳教育的发展进程 [J]. 济南大学学报（社会科学版），
    2002（1）.

[3] 张宝蓉. 以全纳教育的视角看教育公平 [J]. 教育探索，2002（7）.

[4] 吴春艳. 转变观念——实施全纳教育的前提 [J]. 中国特殊教育，2005（4）.

［5］邓猛，朱志勇.随班就读与融合教育——中西方特殊教育模式的比较［J］.华中师范大学学报（人文社会科学版），2007，46（4）.

［6］赵红.融合教育背景下幼儿园教师对特殊儿童态度的研究［D］.桂林：广西师范大学，2017.

"CBD小学"的"一二三美育"

——福田区皇岗小学绿色艺术课程建设之路

皇岗小学地处福田区皇岗村口，紧靠深圳CBD（城市中心经济带）腹地，既是一所老牌的"城中村"学校，更是一所全新的"CBD"学校，兼具城市历史文化沉淀与未来前沿气象。学校高度重视新时代对基础教育质量的新需求以及城市文明建设对学校教育文化的新要求，力争在"双减"背景下走出一条文化升级、办学升维的创新发展之路。当前，在深圳开展"美育之城"建设的历史机遇中，皇岗小学着力开展"一二三"绿色艺术课程建设，建立了鲜明的办学文化特色，在师生文化内涵、精神价值的引领塑造方面取得了显著的育人效果。

一、软陶之美

皇岗小学软陶脸谱社团是深圳市首批优秀社团，多年来一直探索学生招募、社团管理、社团教学、特色活动等方面进行自主协同式建设模式：社团管理员直接负责社团的活动（课程学习探究、卫生、茶话会、通知、比赛、展演），并开设了皇小软陶社团QQ群、软陶家长QQ群、周六速写（社团提升班）家长微信群，等等，带动了家长的支持和家庭的参与。同时，软陶脸谱社团通过建立学习测评卡，记录一学期学生在课程学习、单元作品、作品展赛、自评、学习心得、教师评语、考勤等多方面的情况，系统有效地跟进每位学生的学习和成长。社团还会开展校际间的学习交流（如与天健小学合作探究传统陶泥与软陶材质的融合）。

图1　学生作品

近两年，社团在校内的活动有校艺术节软陶社团脸谱作品系列汇展、创意装饰盘作品展（社团）、软陶生肖秀、儿童创意脸谱时装秀表演（社团）以及软陶社团研发作品期展等，社团代表福田区参加了深圳市美术节工作坊软陶特色展示活动。社团的小精灵都自带光芒，他们把社团学到的进行创意发挥，然后带到班级，亲手相教给同学，这些资源又悄然地带动了班级学生的学习激情和精彩的创意作品，以一种无形的力量提升了美术活动。美术学科在皇小青年教师赛课、区城中村学校听课、组内研讨课共10多节，参与比赛获奖23项，其中国家级1项，省级1项，市级5项，区级16项，出版作品集3本。

二、普特相融

同时，皇岗小学也是深圳市融合教育领域的先行示范学校，我主持的课题"基于核心素养视域下学校绿色艺术课程构建及评价体系的实践研究"开展二年来，针对每一个随班就读学生的特殊需求，为每个学生制订了个别化的美育教育计划，在每天下午时段开设了社交训练、作业治疗、手工训练、音乐治疗、非洲鼓等团体专项课的支持性辅导课程。

在"一二三"绿色艺术课程的育人模式中，皇岗小学资源教室学生通过专业教师的训练，强化实践与学习，整体提升了学生的艺术素养。学校在融合教育领域取得了显著的育人效果。

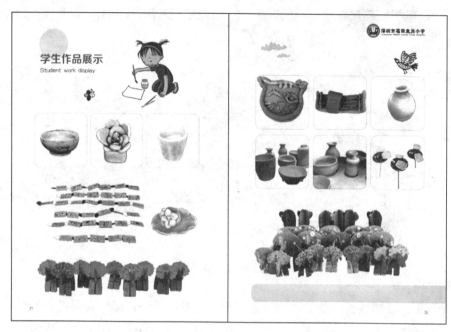

图2　学生作品展示

皇岗小学"一二三"绿色艺术课程是"一个目标、二个课堂、三个提升维度"的概括表述：所谓一个目标，其内涵包含坚持以美育人，以文化人，以美育德，面向全员，以提高欣赏美、发现美、表现美、创造美的能力。所谓"二个课堂"，是指"艺术学科课堂和社团活动及实践课堂"，是对美育工作阵地的深挖和拓展。所谓"三个提升维度"，是指"惠及全体学生关注个性发展扶持特殊学生"，切实贯彻"为了每个学生"的教育观念。

三、成果呈现

皇岗小学"一二三"绿色艺术课程构建包括分模块的课程建设以及评价体系的构建，是在校本艺术教育特色研究的基础上对小学艺术素质测评质量以及艺术教育课程构建策略的探索。学校通过整合"一二三"绿色艺术课程，为建立全新的艺术课程开发模式提供了样本，并带动了学校其他社团课程、学科拓展课程的建设和开发，为学校课程的整体规划和发展打下良好基础。具体而言，"一二三"绿色艺术课程构建实施了以下三项微改革：

微改革一：艺术教研活动提效率

每周五上午为艺术科组集体教研活动时间，厚植课堂，采用"互说、自评、他评"的方式进行研讨，听课备课评课做到规范化、集体化、制度化，促皇岗小学绿色艺术课程体现了课程化、系列化、常态化的特点。

课程化：组织开展不同类型文化讲坛、国学经典讲座、传统教育讲座、戏剧剧团表演校园等。通过一系列课程，全面提升学生的综合素养。

系列化：积极落实好学校既定的"我秀"艺术节系列活动，邀请名家、名曲、名剧目进校园……为孩子们搭建才艺绽放的舞台。在绚丽的舞台上，学生的综合素养得以展现，皇小的文化得以发扬。

常态化：学校开设20门+艺术课程，开设系列如何真正达到提升学生的艺术素养？我们实行每次活动都安排行政巡查，活动情况及时公布，由教务处组织协调展演时间，如在学期末开展一次同类别项目进行集中展演、各类别活动项目进行作品展示、六一文艺会演的专场表演，邀请社区文化站、校级领导、老师、家长、学生全程参与评价。在各项活动中，让所有孩子都能找到"我能行我绽放"的育人舞台。

微改革二：优化培训路径促提升

采用请进来走出去思路，内强素质外借智慧，浸润艺术课堂，展开实践研究。广泛地学习和交流，让专业自信、岗位自信、文化自信在教师心中扎根发芽。近3年来，学校外派艺术学科老师外出学习达10多次，在各级别赛事中，老师们也获奖颇丰。如我的课题案例"基于核心素养视域下学校绿色艺术课程构建及评价体系的实践研究"荣获广东省第六届中小学美育改革优秀创新案例二等奖，我撰写的课本剧《爸爸去哪儿了》《今天中午吃什么》参加市级比赛荣获编剧及指导特等奖；融合课例"我做错了吗？"获区特等奖……

微改革三：支持融合教育见实效

在教育"面向每一个儿童"的观念指导下，特殊儿童的学习问题日益突出，皇岗小学重视随班就读工作的规范落实，力图让随班就读学生在普通学校环境中受到应有的发展，使特殊教育和普通教育有机结合，互相渗透，共同提高。使特殊学生在德、智、体、美、劳等方面得到全面发展，为今后自立、平等地参与社会生活打下坚实基础。通过"一二三"绿色艺术课程教育模式的研究，皇岗小学构建了一条"城中村学校"美育发展之路，推动学校在创建城市文明工作之中获得了突出的成绩：

（1）艺术教育以不寻常的方法启发了那些通常的教育所开发不到的孩子，从而降低学生迟到、旷课和违纪的概率。

（2）艺术教育使学生能更好地与他人交往，更多地体会到友谊的可贵而减少打骂、讽刺他人和种族歧视的行为。

（3）艺术教育营造一个鼓励创造的环境，重新激发为填鸭式教育所困惑的学生的求知欲。

（4）艺术教育对所有层次的学生都提出了挑战，无论是先天不足的还是天资聪颖的，每个人都能找到自己的位置，表现自己的能力。

（5）艺术教育让学生与现实世界紧密相连，美术、戏剧、音乐及创造等艺术吸引了越来越多的参与者和欣赏者。

艺术教育是一种姿态，艺术教育更是一种美好，多维的艺术课程体系拓宽了学生的视野，激发了学生的各项潜能，学生在这片青绿中沐浴着文化的阳光，着力提升学生的综合素养，最终实现学生的全面发展、个性发展和主动发展。

（本文发表在《教育科学与研究》杂志 2022 年 1 月）

教学篇

魅力课堂从导入开始

提高学生的兴趣是一门教学的艺术。孔子说："知之者不如好之者，好之者不如乐之者。"在孔子看来，学习的最高境界是乐，在音乐课教学中，如何提高学生的学习兴趣，把音乐课堂由单纯的弹、唱、奏、演等转变为学生满足求知渴望、培养能力、陶冶情操、净化思想的乐园，是音乐教育所追求的目标，也是实施素质教育的要求。

精彩的课堂导入，虽然不是整堂课的教学中心环节，但如同一把开启学生兴趣大门的钥匙，可产生先声夺人的效果，像磁石一样紧紧地吸引学生的注意力，唤起他们的求知欲与兴趣，使他们全身心地投入课堂学习中来。所以，作为一名音乐教师应注意对课外知识的积累，善于运用激励的手段，精心设计、生动地导入新课。随着新课程的改革，课堂的导入法有了很大的创新与发展，以下几点是我在教学实践中的体会与大家一起分享。

一、自编小故事导入

苏霍姆林斯基认为："教学的起点，首先在于激发学生学习的兴趣和愿望。"利用故事导课，可激发学生学习的兴趣，也可以培养学生语言组织的能力，提高他们参与课堂的积极性，使学生很快进入学习"角色"。如教《小骆驼》时，我先利用多媒体打出一只小骆驼在茫茫无边的沙漠中行走的画面。（这时加上老师的故事：一只小骆驼在无边的沙漠中行走，突然天刮起了大风沙，使得它和妈妈走散了。于是，小骆驼只好孤独地一人行走，它又累又饿，心想要是妈妈在那该多好啊！记得妈妈说过，在沙漠的那头有一条河，那儿有许多的青草、花儿。"对！我一定要靠自己的力量走出困境。"于是，小骆驼信心倍增，踏着坚定的步伐朝前走）那么小骆驼它有没有走出大沙漠？我想，同学们学习《小骆驼》这首歌后就知道了。

二、多媒体课件的导入

在教学以应试教育向素质教育转轨并不断发展的今天，多媒体及MIDI音乐走进课堂早已成为新时代发展、音乐教育发展的需要。利用多媒体的"视觉"效果，生动形象的画面给学生提供理解歌曲的感性材料。如歌曲《如今家乡山连山》，这是一首农村题材的歌曲，歌颂了党的英明领导，反映了如今农村的大好形势。按传统的说教，对城市的孩子来说，无法进行想象、理解和感受。在新课导入中，我利用多媒体教学，制作了农村改革开放后欣欣向荣、五谷丰登的画面，田野里稻浪滚滚，农民在金色田野里开镰收割，稻谷场上堆满了谷垛，远远望去就像一座座金色的小山。学生被这形象生动的画面感染，犹如置身于硕果累累的丰收意境中，在美的意境中开始学习这首歌曲。

又如欣赏《码头工人歌》这首歌。剧情描写了旧社会码头工人的生活及饱受侵略者蹂躏的码头工人团结起来英勇抗争的故事。这对21世纪的孩子来说，很难理解、感受发生于20世纪30年代的故事。在上课前，我利用多媒体剪辑了一段乌云密布、雷电交加，旧社会工人们衣服破烂、身背沉重的麻袋、木头箱，还不时受到侵略者鞭打的影片播放，配上画外音及歌曲重点段落旋律演唱，学生很快就被这沉重的氛围感染。这样就很自然地进入新课教学。

三、巧妙谈话、设问导入

师生清晰简洁的设问、谈话，能使学生感到轻松、愉快，使学生产生良好的学习心境。如教音乐知识"井"——升号时，我说："同学们今天真精神！你看某某同学满脸笑容，穿得很漂亮，你们想看看吗？"生："想！"师："那就请这位同学站到前面小凳子上来（预先准备）。"师："真的很漂亮！哪位细心的同学发现他现在有什么变化吗？"生："长高了，升高了。"师："对！那他本身就有这么高吗？"生："不是。"师："这位同学因为站在小凳子上使他临时升高了，那在我们音乐的世界里，小音符就如小同学一样也能够临时升高。（出示课件'井'）——大家看，这像什么呀？"生："'井'字。""你别看它是一个小小的'井'字，它在我们音乐中的作用很大，它就是变音记号（升号）——表示将本位音升高半音（出示键盘图课件）。"

四、导言导入

导言，就像歌剧中的序曲，乐曲中的前奏一样，它的结构虽小，但却是音乐教学中不可缺少的重要组成部分。"万事开头难"，精巧、吸引人的第一句话，如同给乐器定好调，让教师与学生第一次碰撞精神火花进行情感交流。精心设计的导言能带动学生学习的兴趣，活跃学生的思维、想象力，又能激发学生学唱新歌的热情。如教歌曲《野玫瑰》时，师："我们深圳是一个美丽的国际花园城市，五颜六色的花朵无处不在，同学们都喜欢些什么花呢？为什么？"生答：……师："同学们想象力真丰富，回答得很好，刚才有几位同学提到喜欢玫瑰花，因为它的颜色很鲜艳，很纯洁可爱……那好，我们今天就来学习一首玫瑰的歌曲《野玫瑰》。"

魅力课堂，从导入开始，成功的导言是音乐教学的序曲，会给你带来春风扑面般的舒展；巧妙谈话、提问的艺术会给音乐教学以引人入胜、谐美丰富、徐疾交织的节奏……总之，音乐课的新课导入方法多种多样，教师应根据学生的年龄特征和心理特点，因材施教，灵活运用，带领他们进入教学内容，使我们的课堂教学更有魅力，从而有效地提高音乐课堂教学质量。

（本文发表在《读写算》教育教学杂志 2015 年第 49 期）

浅析"反思性教学"在应用中的探究与思考

我国学者熊川武教授认为："反思性教学是教学主体借助行动研究，不断探究与解决自身和教学目的，以及教学工具等方面的问题，将'学会教学'与'学会学习'结合起来，努力提升教学实践合理性，使自己成为学者型教师的过程。"

教学反思可以激活教师的教学智慧，探索教材内容的崭新表达方式，构建师生互动机制及学生学习新方式。"反思性教学"即教师对教师"教"、对学生"学"的反思，是指教师以教学目的制定、教学内容和方法的选择、教学过程的安排、学生学习方法的指导、学生学习能力的培养和学生学习效果为反思对象，进行主动探究，寻找和解决存在的问题，从而形成良好的反思习惯和反思能力，加强对教学过程和效果的监控，调动教学自主性和主动性，提高教学实效的一种教学方法。反思是一种手段，反思后则奋进，存在问题就整改，发现问题则深思，找到经验就升华。

我通过对"反思性教学"的探究与思考，在教学中取得了较好的效果，有以下几点与大家分享：

一、在备课环节介入反思

教师在备课中若能够做到心中有学段、心中有个体，教学时不以自己的认知为中心，不按自己的高度来设计；而是在备课时不急于写教案，先把打算构建的课堂流程在自己大脑中走几个回合，让自己作为教师与学生的双重身份体验课堂流程。在这样的体验中，教师会不自觉地联想到学生回答问题的状态，能够比较准确地判断自己问题设计的难易、提问角度的优劣，从而把教案编写得更加符合学生实际，更有利于学生学习，那么无疑是一堂成功的课。

如在设计"民歌"课教学方案时，就可以先给自己设计这样的几个问题以供反思。例如："学生对本课的民歌熟悉程度如何""怎样设计学习民歌的教学方式会更容易引起学生的兴趣""在学唱民歌的教学环节中会出现哪几种问题，如何对症"等。这样，在教学的过程中，教师就会有的放矢，备课也不会流于形式。如果在实施教学的过程中发现学生特别有兴致，或者无动于衷，就该问问自己是什么原因，积累经验教训，并在平行班尝试不同的教学方法，以求得最佳效果。

二、在上课环节检验反思

许多教师对自身的思维高度认知不准确，具体表现为思维重心低的教师往往认为自己思考的就应该是学生需要的高度，而思维重心高的教师又往往把自己的高度当作学生应该达到的目标。于是，前者嚼食育儿，后者揠苗助长，前者的课堂索然无味，后者的学生望洋兴叹。高度太低与高度太高都是制约课堂效率的重要因素。

因此，在课堂教学的过程中需要教师不断调整教学的方式方法，不断检验在备课时设计的反思，对症下药。课堂教学是一门遗憾的艺术，再好的教学也总有它不足的地方，有待于进一步改进，进一步优化。因此，在课堂上发生的种种"意外"，就可以成为很好的反思材料，提供教师在不断实践的过程中进行探索。例如，在欣赏《狮王进行曲》时，我事先考虑到学生喜欢扮演动物角色的心理制作了一些头饰，在欣赏的过程中让两名学生扮演狮王，其余学生扮演森林里的各种小动物，不料一个班级的小朋友竟无人愿意演"可怕的大狮子"，最后只好由我自己戴上头饰张牙舞爪地演了一回狮王才得以收场。而另一个班级的小朋友却争先恐后地要求演狮王，还有模有样地表演了狮王出场，小动物们四散躲避的场景。演了一遍不过瘾，要求再来一遍。两个班级的天壤之别让我领会到了反思的重要性。为什么会出现如此大的区别？是教师引导的方法不同引起的，还是学生的个性不同造成的？这都是反思中需要思考的问题。

三、在课后环节小结反思

课堂小结往往能够最迅速地使教师获取反馈信息，找出教学程序在具体实施过程中的成功和不足之处，研究产生不足的原因，思考今后改进优化的方向。课堂小结最有效的写作时间是在刚上完这节课时。因为此时的感触最为鲜明，要趁热打铁，如果隔了几天，可能感触就完全不同了，淡化了。而且每一个平行班的课程相同，效果却可能完全不同，应针对每一堂课的教学效果来写课堂小结。我写了下面一段文字："感受到一班、二班如此之不同，我是否应该思考一下引导的方式呢？对于平常就不太活跃的一班，我应该换一种方式导入，先让他们沉浸在音乐的氛围中，创设出威武庄严的狮王形象，或者用一段他们喜爱的动画片《狮子王》的录像来激发起他们对狮子的喜爱，而不是仅仅让他们认为狮王凶猛可怕，就不会出现没人愿意演狮子王的尴尬场面了。"

四、整体反思，提高教学效果

教学反思的目的是指导控制教学实践，经常性的教学反思可使教师从经验型教学走向研究型。教师对反思结果若能及时处理，对教学效益的提高将十分有益。认真研究一下教学到底应该深入到哪里、渗透到什么层次，认真审视自己的思维高度，让思维重心适度上移或下降。只有这样，课堂效率才能得到真正的提升。

五、在教学反思后的重新构建

教师对教学进行反思，是教师对自我的重新构建。教师构建自己的认识方法，构建自己对各种事物和观点的理解，构建自己的教育观和教学方法，能够比较客观地看待自己的教学过程，现教学过程存在的问题，然后寻找解决的办法和策略，监测实施策略的效果，真正地做到对教学的客观评估。

实践证明，凡善于反思，并在此基础上不断努力，提高自己教学效果的教师，其自身的成长和发展的步伐就会加快。在教学中，一旦教师熟悉教材，特别容易陷入机械重复的教学实践中，处在经验性思维定式、书本定式、权威定式和惰性教学之中。

因此，开展教学反思，加强教师自我评估和自律学习对教师主体的发展特别重要，教师只有把自我的发展看成是必需的和必要的，才会努力地去发展自我，建构自我，对自己的发展形成整体性的看法，从而不断促进自我学会教学，教会学生学会学习。在教学中不断地反思与提炼，从而发现问题，学会研究，不断地去提高教学水平，成为科研型、反思型的新型教学工作者！

（本文发表在《课程教育研究》杂志 2016 年第 5 期）

浅议音乐欣赏课中的创新意识和能力的培养

当今社会是呈现多样化的社会，提倡人们要建立不断创新的思想，才能促进社会不断发展和进步。而我们教师要培养学生的创新精神，就要让学生充分展示他们的个性特征，学生可以根据不同地点，不同时间，自己的不同情感去领悟音乐，再造音乐形象，所以就要求教师要尊重学生的差异性发挥学生的创造性，旨在发展学生的创新思维。

一、欣赏课中应有目的地培养学生的求异思维能力

求异思维即发散思维，它是指思维方向朝多种可能发散，并引发更新的信息，使思考者能从各种设想出发，不拘泥于唯一途径，不局限于既定的理解，尽可能地作出合乎条件的多种解答，主要目的就是求异和创新。在音乐欣赏课中，我设置了听音乐编故事的环节，老师直接给音乐，不出示标题，要求学生自由地展开想象。如听圣桑的《天鹅》时，学生创编了许多故事，有的故事充满温情和关爱；有的具有浓浓的伤感情绪和悲剧色彩；有的表达了对美好事物的向往，还有的故事却是童话般美丽。从每个故事中都可以发现学生的创造思维非常活跃，而老师不只从描写天鹅这同一模式和标准去指导和衡量学生。教师尊重学生思维方向的不同，充分显示了每个学生内心世界和个性的差异，这样就使得学生在变化中求创新，在创新中求发展。

二、欣赏课中应有计划地培养学生的联想思维

由于学生的生活经验，知识水平，家庭影响，个性情感，气质性格等不同，联想的内容也各异。比方说学生在欣赏木琴演奏的《小松树》这首乐曲时，要求学生联想松树的品格，有的学生说松树可以做房屋的栋梁，用它赞美建设祖国大厦的栋梁之才；有的学生说松树象征只讲奉献不求索取的高尚人格；也有的学生说他曾看到一篇关于松树的文章，文中就赞美了一个高尚品格的人；还有的学生说松树四季常青，我们也应像它那样不断进取将来做祖国的栋梁。这样学生在生动形象中找到了多个联想

点，他们的心灵也得到了净化。

三、欣赏中应有意识地引发学生思维的辐射性

学生欣赏音乐作品时，能领会基础知识、掌握基本技能，受到审美教育；教师在传授知识培养能力的同时注重提高学生的思维品质。为音乐写标题既能培养学生的归纳思维，更能激发学生的辐射性思维。要求学生为音乐写标题，标题要能反映音乐的特点，且言简意赅，词句优美，还要能激发别人再一次联想。学生在听音乐题目的过程中引起辐射性思维，他们能为同一首乐曲写出几十个不同的标题。每一个标题都能使人联想出色彩各异的画面，能从多个层面理解音乐，并能反映音乐的特点。如当学生欣赏《伏尔加纤夫曲》这一课后，他们又各自拟定了许多新标题，如《夕阳下的船夫》《冲向光明》《茂密的白桦林》等。

学生在有趣而富有创造性的辐射性思维活动中得到了知识和能力的双重提高，他们能按照自己的审美理想来独立思考，不局限于老师的单方影响，而是大胆取材构思，得到自己独到的结论。在音乐学习中，敢于创新，勇于独树一帜，充分张扬了学生的个性。这样，老师尊重了学生的个性，鼓励了学生勇于去思考，敢于去发现，充分发挥了学生的主动创造性，使学生的创新意识和创新能力得到加强和提高。

体态律动教学在小学音乐课堂教学中的应用

一、关于体态律动教学法的阐述

所谓体态律动教学法，就是指把音乐教学以及表现内容与人的身体动作相结合，让学生从肢体动作中感知音乐的一种创新教学法是由瑞士音乐学家雅克-达尔克罗兹（EmileJaques-DalcroZe）最早提出的，又被称为达尔克罗兹教学法。体态律动教学法主张在学生完成视唱练耳、乐理知识、和声演唱等基础上，还要训练学生用身体表达乐器，把听到的音乐因素，及获得的内心感受，用身体动作表现出来，训练学生对音乐敏锐的听觉和感知能力。体态律动中提出的用肢体动作反映音乐，也不是舞蹈动作中的概念，强调的是学生身体在放松、自然的状态下有规律的动作，并不要求姿态的优美。体态律动教学法的最终目的，是培养学生音乐节奏感，训练学生视听感觉，通过身体动作的方法表现音乐，引导学生对音乐产生直接的感受和体验。

二、体态律动教学在小学音乐课堂教学中的应用

（一）活跃教学氛围，激发小学生音乐学习兴趣

在小学音乐课堂教学中运用体态律动，能够迅速活跃教学的氛围，激发小学生学习音乐的兴趣。课堂教学过程中，小学音乐老师可以指导学生结合音乐的旋律、节拍，击拍手掌、身体或者跺动脚步，一边听赏音乐一边进行肢体动作，随着音乐的节奏动起来。让小学生感受音乐的旋律，体验学习音乐的乐趣。在体态律动教学法的带动下，还会对音乐形成深刻认识。

比如，小学音乐教学中《卖报歌》这首歌曲，曲调活泼、欢快，开始即以跳跃的节奏、简朴的音调模拟报童的叫卖声，生动地勾画出天真可爱、奔跑叫卖的报童形象，是四个乐句的单乐段结构。演唱起来朗朗上口。歌曲中的主人公与学生年纪相仿，比较贴近小学生的情感世界和心理特点。通过学唱这首歌曲应让小学生知道解放

前报童的苦难生活，教育学生应珍惜今天来之不易的幸福生活，努力学习。在这首歌曲教学中，为活跃课堂教学气氛，激发学生学唱的兴趣，我们可以在播放歌曲的同时，让孩子们跟着歌曲音乐节奏击拍手掌。随着"啦啦啦！啦啦啦！我是卖报的小行家，不等天明去等派报，一面走，一面叫，今天的新闻真正好，七个铜板就买两份报"等歌词演唱，有节奏地击拍，并用富有表现力的声音有感情地演唱歌曲。让小学生仿佛感觉自己走入音乐创设情境中，感受歌曲中活泼天真、乐观凄苦、奔跑叫卖的报童形象。

（二）表现音乐节奏，引导小学生深入感知音乐

小学音乐课堂教学中，节奏是表达音乐情感的重要方式，也是教学组成内容非常重要的部分。如，轻柔缓慢的节奏，表现的是沉稳、忧伤等情感和情绪，而快速热烈的节奏，则往往是表现喜悦、欢快的情感和情绪。由此可见，在小学音乐教学中，通过音乐节奏引导学生深入感知音乐，是非常重要的。然而实际教学中，很多音乐教师在表现音乐节奏的时候，基本上都是采用"演播曲目、欣赏聆听、讲解分析、练习演唱"的模式，在培养学生音乐节奏感知力方面比较欠缺。面对这种情况，我们就可以把体态律动教学引入小学音乐课堂，用体态律动的方法，指导学生随着音乐的节奏击拍或者扭动身体，在欣赏聆听中深入体验和感知音乐，感受音乐所表达的情绪。

比如，小学音乐欣赏课教学中的《掀起你的盖头来》这首歌曲，节奏轻快、跳跃、流畅，充满活力，具有维吾尔族民间舞蹈的风格。主要教学目标，就是让小学生在音乐欣赏中体验和模仿节奏，在学唱中学习运用这些节奏，并尝试用新疆舞蹈律动为歌曲伴舞。在本课教学中，我一开始并没有直接播放音乐让小学生们听，而是结合歌曲的节奏旋律，创编了一些简单的新疆舞动作，然后带领小学生们随着歌曲的欢快节奏跳动舞步。让小学生在体态律动中感受和体验新疆民歌的风格，培养学生的节奏感、韵律感和音乐感。

（三）运用体态律动教学表达音乐情感

小学生们理解和认知事物的能力还比较低，在小学音乐课堂学习过程中，对于音乐所表达出来的情感，感受并不是太深刻，对音乐的曲调、乐理、旋律等内容不容易理解。这时如果仅仅凭借给学生讲、让学生听，很难取得这方面的教学效果。为了让小学生深刻感受音乐所表达的情感，就可以借助运用体态律动教学方法，把音乐所表达的内容用身体动作形象表达出来，使抽象的音乐情感变得通俗易懂，并实现小学音乐课堂教学的寓教于乐。在音乐课堂上，我们可以结合教学内容，设计一些有意思的动作，随着乐曲的旋律巧妙融合其中。让小学生深刻感悟音乐所表达的情感，并加深对音乐知识的理解。

三、结束语

总而言之，体态律动教学在小学音乐课堂教学中的应用，小学生可以充分发挥自己的想象力和联想力，学会借助身体动作的肢体语言把音乐表达出来，培养他们音乐鉴赏能力和审美意识，促进小学生发展音乐思维。

参考文献

［1］张海韵.体态律动在小学音乐教学中的运用策略探究［J］.戏剧之家，2019（32）.

［2］罗羚嘉.试论体态律动应用在小学音乐教学中的有效策略［J］.科学大众（科学教育），2020（4）.

［3］王晓萍.浅析体态律动教学在小学音乐教育中的应用［J］.课程教育研究，2020（10）.

（本文发表在《中国教师》杂志2020年第8期）

合理运用电教媒体提高音乐课堂教学质量

电化教育是一种现代化教学手段，能直观形象地展示教学过程，使教学活动立体化，它对改革传统的音乐教学模式，提高课堂教学效率，培养更多的应用创造性人才，都有积极的、无可取代的作用。充分发挥电教媒体在音乐课堂教学中的辅助性作用，能激发学生学习兴趣，创造更多的机会让学生参与，从而在良好的教学气氛中丰富知识，增强技能，收到事半功倍的效果。

音乐课的特点集中体现在实践性强（以学生参与为主要教学活动方式）、内容结构丰富（包括歌曲、基本乐理、欣赏、基本技能训练器乐等）、技能技巧表现突出和富于艺术感染力等几个方面。如何使学生的整体学习音乐素质得以提高呢？教学实践表明，学生整体音乐素质的提高，与学生在学习音乐中对音乐授课内容的感受、体验、实践及兴趣密切相关。因此，作为现代教育技术的电教媒体，它传播教学信息的质量好、容量大、速度快、效率高，在一定程度上不受时间、空间、宏观、微观的限制，大大地丰富了学生的学习资源。科学的研究结果证明，它合理介入教学过程后，促使教育教学目标得以高质量快速的达到。不仅能促进教学模式的改变，而且对提高教学效果、提高学生音乐素质都起着积极的作用。

为此，我在教学实践中，充分利用电教媒体，优化音乐课堂教学，努力提高教学质量，有如下几点较为深刻的体会：

一、合理运用电教媒体，能激发学生的学习兴趣，改善学习心境

支撑学生学习的主要动力是兴趣。而合理地运用电教媒体，不但可以使学生欣赏美景陶冶情操、回味乐声，还能使学生的学习兴趣自然高涨。兴趣使学生喜欢音乐课，增加了学生学习音乐的积极性，使学生以愉悦的心情投入学习。人所共知好的心境与好的学习效果成正向关系，而这种影响是长久的，也就是说，良好的学习环境对音乐学习产生长久的积极影响，从而引起认知过程的一系列积极改善。

二、合理地运用电教媒体，可以充分引起学生的注意，增强感知效果

认知心理学告诉我们：学生对熟悉内容的感知十分容易。人的认知过程是对信息进行加工的过程，认知过程是一系列有次序的阶段，每一阶段都是反映认知信息的加工过程中的一个重要步骤。信息进入感觉记忆之后，若想得以保持，必须加以有意注意。人的注意能力是有限的，在接受听觉信息时，不容易同时注意两个有意义的信息，所以对那些熟悉的内容注意更为容易，而我们在运用电教媒体时，通常选择的是在学生熟知的基础上增加新颖的知识材料。另外，运用电教媒体呈现教学内容往往是在充分排除了干扰的前提下进行的，生动、形象地呈现在学生面前的内容立即引起学生注意。同时，如果听觉通道接受刺激，那么学生所接受的信息量就会加大，这样信息就会在大脑皮层中自然接触综合联系，这时有效的信息加工无疑起着重大的积极作用，也就是说，在听音乐或教师授课的同时放投影或录像，会更有效地增强学生对教材的感知效果。并且可以充分引起学生的注意。

三、合理地运用电教媒体，可激发学生的积极情感，可以产生愉快和鲜明的作用

短期记忆的活动十分活跃，这有利于充分激活学生通向长期记忆内知识的联系通路，从而使学生能够有效地提取有关信息，展开积极的课堂思维。学生越能对面前的情景充分感受和注意，短时记忆的信息量就越多，短时记忆的信息活动越充分，越能激活学生提取思维所需要的长期记忆内"库存"信息的通路，学生所提取的长期记忆的信息越多，课堂思维就越活跃和充分，构建新的信息网络就越丰富而完整，教学效果就越好。究其根源，这是由于电教媒体呈现教学内容的形象具体而突出，内容优美而真实，它对于引导学生思考和激发学生的积极情感，都起到了直接的有力的作用。

四、合理地运用电教媒体，有助于学生的思考和想象，往往收到教师口头表达所不能达到的效果

合理运用电教媒体给学生创造了宽广的理解模仿和想象的氛围，学生之间存在着个体差异，这在整班教学中是教师不容易顾及的。鉴于课堂教学的时限和学生之间情况的种种差异，给面向全体学生的教学原则带来较普遍的局限性。而以视听呈现方式为主的电教媒体，由于高质量水平的教学媒体在音乐课中出现，景中有情、情中有景、以情带声、以景激情、以声传情。情、景、声融为一体，学生能在同一情境下，按个人的理解去思考想象和发挥，往往会收到教师口头表达所不能达到的效果。

五、合理地运用电教媒体，能更好地获得反馈信息，把握教学中的难点和盲点

电教媒体在注重音乐课堂教学特点的前提下进行运作，充分考虑到学生的基本条件及发展的可能性，使其具有积极引导的目的性和适合学生心理发展水平的特点。教师授课时，在教学目标和学生水平之间，运用电教媒体构建一个直接的"桥梁"，会引起学生诸多形式的有效反应。教师在这些反应中，可以观察分析出学生对授课内容的接受程度。因为在学生通过电教媒体学习新知识时，学习行为更为直接和外显，反馈效果信息更为直接和及时，所以教师也更容易把握教学的难点和盲点。

电教媒体能充分地体现出教于学的综合性、整体性、联系性、动态性和可控制性等特点。教师、学生、电教媒体三者有机结合的教学活动，不仅可使呈现物真实形象生动，还能有效地减少使用语言和文字符号表达教学内容时所容易产生的信息损失和学生的厌学情绪，尽可能地保存原有信息量和学生长时间地全神贯注。这无疑对音乐教学的效果，起到了任何别的因素所不能替代的作用。

总之，在课堂教学中合理运用电教媒体，调动学生的各种感官，使学生提高了对学习音乐的兴趣，而学习兴趣的提高又使该科教学结构得到较大程度的完善，这是一个理想的良性循环，由此看来，合理地运用电教媒体，已成为音乐教师不可或缺的教学手段和得力助手。

（本文荣获全国第七届教师教育教学论文大赛一等奖）

落实新理念，培养创新素质

音乐学科教育是素质教育，它是素质教育中的审美教育，审美教育中的艺术审美教育，是以音乐构成的音乐作品为主要内容对学生进行情感、情操的音乐审美教育。新的教学理念提出，以音乐审美为核心，师生互动，学生自主学习，在潜移默化中培养学生美好的情操，健全的人格，培养学生感受音乐、表现音乐、创造音乐的能力。

创造、创新是人类社会进步和发展的动力和源泉，音乐教育在开发和培养学生的潜能和创造力方面，起着极其重要的作用。作为专门从事音乐教学的教师，应该以课堂教学为中心，将新理念、创新教育贯穿于课堂之中，进行大胆的尝试和探索，使他们从音乐中享受喜悦、乐趣，从音乐中得到启迪，智力得到开发，为他们今后的成长奠定良好的基础。

下面是我在音乐教学中落实新理念，对学生进行创造意识培养的几点体会：

一、营造愉快和谐的教学氛围，激发学习兴趣，培养学生的创新意识

新的教学理念要求我们以音乐审美为核心，教学形式和教学方法具有音乐审美特点，符合学生的年龄、心理、生理特征，让学生"动"起来。"动"一指身体的运动；二指思维的启动。小学生虽然不像成年人那样去创造发明，但是他们具有对事物或问题的好奇、好问、善于观察、善于思考。因此在课堂教学中我们要营造愉快和谐的教学氛围，培养学生的学习兴趣，使学生能被一种愉快和谐的气氛陶冶、感染，从而激发起他们敢想、敢问、敢表演的自信心，主动地学习，自主地探索，以培养他们的创新意识。

例如：在上一年级欣赏课"快乐的一天"时，我先让学生听赏描写早晨的音乐，边听边在多媒体上打出一幅晨景，并让孩子们根据自己的想象在黑板上贴上鲜花、树木、草、鸟、太阳。第一遍音乐听完后师生共同点题："早晨。"第二遍听赏让孩子们边听边贴上小动物图片，师生讨论这是一个宁静的还是一个欢乐的早晨，为什么？学生自主探索，后为乐曲命名《快乐的早晨》。第三遍欣赏学生自己扮演花、草、

树、小动物，进行即兴表演，使孩子们全身心投入音乐，与音乐融为一体。课堂上教师亲切的语态，设计新颖的内容，学生无拘无束地自由发挥和表演，使教师和刚入学的孩子们距离一下子拉近了，从而激发了他们学习音乐的兴趣，而且使创新意识得到很好的激发。

二、课堂上师生互动，引导自主学习，培养创新精神和能力

音乐教学活动应该是过程和结果并重。教师作为教学的组织者和指导者是沟通学生与音乐的桥梁。教师应在教学过程中建立民主、平等的师生交流互动关系，应以学生为主体，创设充满音乐美感的课堂环境。在新课程音乐教学中，要以学生的生活经验、兴趣为出发点，为学生提供学习、积累音乐文化的广阔天地，培养他们的创新精神和创新能力，促进学生活泼地全面发展，即使在一年级也要体现这一理念。

例如：学习第一单元"有趣的声音世界"中，首先让学生寻找生活中的声音，让他们注意到身边的各种音源、乐器、音响音乐。然后再让他们进行模仿，引起他们的兴趣和思考。此后在学习歌曲《新年好》中，应以学生自主学习为主，让学生充分展开想象，用舞蹈、打击乐为歌曲伴奏等形式，师生同乐。自己喜欢怎样跳就怎样跳，愿意怎样伴奏就怎样伴奏，使学生在快乐的气氛下学习音乐，达到师生互动的目的。这一过程实际是学生探索过程，锻炼听觉及判断能力的过程，他们会发现同样的物体，音高、音色却不同，引导学生进行联想。通过学生自己动手创作的过程中，培养学生积极思维，大胆探索，真诚交流，在寻找问题解决方法的过程中，不仅参与了知识的形成过程，而且使创新精神和能力得到有效的培养和发展，更重要的是学生从中体验到了创造性活动的乐趣。

三、创设开放性的环境，展示学生个性，鼓励提出多样性与众不同的独特问答

儿童具有创造力，这已被大量生活事实和众多的科学研究证实。而创造性个性，主要是指实现创新所表现出来的与一般人相异的心理特征。例：有自信心、好奇心、独立性强，等等，而健全人格的培养需要无拘无束的环境，只有在民主、平等、自由的环境里，在开放式的课堂教学中，学生才敢于发表自己的见解，提出自己的观点，才能争辩质疑、标新立异、积极主动地表现出强烈的求知欲和创造力。在日常生活中，我们常会见到这样的例子：有的孩子用积木和纸盒构筑出"卡车、桥梁、房屋、城市"，有的孩子看到"0"这样的符号，可以说成是太阳、洞口、球、车轮等，同是一样的东西却得出不同的结果。从儿童自身的心理结构和已有的知识水平来看，他

们确实具有新颖独特性。因此，我们应努力创造开放式的课堂教学，充分发挥他们的想象力和个性。

例如：欣赏《玩具兵进行曲》后，我鼓励学生用多种表现方法把自己对音乐作品的感受表现出来，放手让学生自由选择、自由分组、自由讨论。最后居然出现这样的结果：爱讲故事的孩子们组成了故事小组一起编故事；爱好舞蹈表演的孩子聚集在一起设计舞蹈动作；爱敲击乐器的孩子也组成一个小乐队，各自选择出了自己喜欢的打击乐器为乐曲编配节奏。孩子们表现出了极大的兴趣，特别是平时表现不太听话的孩子，他们对发挥自己的能动性创造表现得非常积极热情，也设计一些让我吃惊且欣慰的动作。这种教学活跃了课堂气氛，也树立起一种师生平等，勇于探索，不断创新的学习风气。

四、通过游戏来体验、感知、创作音乐，培养想象力和创造力

在轻松、愉快的音乐游戏中，孩子们的想象创造性思维均比平时活跃。为此，在音乐教学中，我根据一年级小学生的年龄，开展一些音乐游戏与活动，为学生创设一个活跃的思维环境，对发展想象力、创造力以及其他各种能力很有益处。

例如：一年级新教材"火车开了"学习中，让学生想象正在奔驰的火车的声音，启发学生用体态、律动、拍手跺脚或用打击乐器模拟奔驰中火车的声音，想象这列火车由远方开来，引导学生用节奏及力度对比来体现这一想象中的情节，及通过身体各种感觉器官的活动，充分运用节奏、速度、力度的变化来体现火车途经各站的情景。此时课堂气氛顿时活跃起来，孩子们个个跃跃欲试，在游戏中扮演司机、列车员、乘客等各种角色，使游戏更为形象，富有真实感，最后让学生试着把这列"火车"自由地开出教室，让学生心理得到满足，达到我们预期的教学效果。这样，情感也充分表达出来了，为学生创设了一个自由、轻松和谐的环境，让学生在"玩"中认识、体验、创造音乐，同时培养学生的思维能力、创造能力、想象能力，达到我们新教学理念的最终目的。

总之，只要教师注重突出以音乐审美为核心，以兴趣爱好为动力，面向全体学生启发学生的想象力、创造力，培养学生的参与、合作、探究能力，以学生自主学习为主，建立平等互动的师生关系，加强创新能力与实践能力的培养，让学生在生动有趣宽松和谐的学习气氛中体验音乐，探究音乐，表现音乐。那么，今后音乐课堂教学将会变得非常轻松愉快，从而达到落实新理念，培养学生的创新素质，全面落实素质教育的目标。

（本文荣获 2003 年全国第四届音乐教育论文评比三等奖）

音乐课改中"反思性教学"的探索

"反思性教学"是在《音乐课程标准》（以下简称为《标准》）指导下实施的，它以教师和学生的"思"为核心，以全体学生"学会""会学"为目的，教师通过反思来调整教学，学生通过反思来调整学习，并强调"思"与"练"的结合，通过补救性的训练来解决存在的问题，从而落实教学目标，提高教学实效。我通过对"反思性教学"的探索和研究，在教学中取得了较好的效果，具体操作措施如下：

一、反思主题的确定

本人认为教师对教学的反思，可以从"教什么""怎么教""学会没有"三方面去考虑。

（一）教什么

音乐教学中应该教给学生什么？这个问题的答案，可以从《标准》中去探寻。因此，我们必须根据《标准》来反思每一节课目标设计是否合理、到位，每一节课是否贯彻了《标准》的精神。但通过调查和分析，我发现当前许多教师在落实教学目标过程中存在着如下问题：其一，教学内容安排过多，造成"面面俱到"而又无法落实的被动局面；其二，教学目标没有落实到每一位学生。概括地说就是"目标制定缺乏科学性"。科学制定目标是提高课堂教学高效率的重要因素。科学制定教学目标必须注意大目标和小目标相结合。在每堂音乐课中，大目标是靠小目标去实现，小目标是靠大目标去统一，这是目标整体教学的原则。制定小目标必须注意，小目标要为实现大目标而服务，既要有针对性，又要有坡度，让学生的思维经过"爬坡"的过程，而不是轻而易举地获得成功。也就是在学生已知与未知之间架桥设梯，以不断激起学生"跳起来摘果子"的热情和欲望，开发学生的"最近发展区"。设定目标要贯穿一单元、一学期乃至小学阶段的教材中，以《标准》为纲，通过纵横比较，研究个性，明确其地位和作用，从而使目标的确定建立在科学分析的基础上。制定好目标，为优化教学创造了前提，在教学中，教师必须强化意识，并使之得到真正落实。

（二）怎么教

"怎么教"考虑的应是"如何将目标有序、分层进行落实"的问题。因此，在这一阶段，教师应通过反馈着重对教学的大、小目标问题的达成情况进行及时反思。及时反思有利于提高教学的针对性和实效性。如果教师在教学中不及时反思，不随机应变，课前计划就有可能与实际教学脱节，找不到结合点。因此，教师不能迷恋教学计划，应根据课堂实际，随时对目标的现实情况进行反思，以便及时调整计划。如：我在《我是草原小骑手》的歌谱教学结束后，让学生分组唱，个别唱，竟然反馈上来一些意想不到的问题：有的节奏不稳定；有的对跨度较大的音程唱不准；等等，我把这些典型问题归纳起来，有的放矢进行了辅导。由此可见，教师在完成一个小目标后，一定要注意检查，并对学生学习效果进行反思。这样既有利于培养教师对教学的反思能力，又有利于教师及时调整后续教学，提高教学监控能力。

（三）学会没有

对"学会没有"的反思也就是对教学实效性的反思，我们的教学必须对这个问题进行反思。因为，不少老师只考虑把知识传输出去，不考虑如何收集反馈信息，没有体现出"双边"活动意识，致使相关目标不能落实。又有许多教师总以为了解自己的教学效果，而实际效果与他们想象的却有一段距离。因为他们往往凭自己主观臆断，而忽视了对教学中所有学生的学习效果的反馈。为便于反思"学会没有"这个问题，我们必须全面了解教学效果，必须在教学中加强教学反馈。反馈只有在制定目标时预先考虑安排好，才能在教学中有计划、有目的地去实施。在教学中，可采用"学会的同学站起来表演→合作学习→组长检查"的程序和方法进行有层次的反馈。通过面向全体的检查，使教师能了解到每一个学生的学习情况，通过反思，就可以采取相应的对策。反馈原理指出："任何系统只有通过反馈信息，才能实现控制。"因此，教师只有通过反馈，通过对教学效果的反思，才能实现对教学的控制。对教学效果的反思是调整教学计划合理与否不可缺少的重要因素，是评价目标是否完成的基本途径，也是优化目标，调节后续教学的有效手段。

二、及时处理反思结果，提高教学效果

教师对反思结果若能及时处理，对教学效益的提高将十分有益。如：教师通过对学生学习效果的反思，及时有针对性地组织训练，教学效果肯定会得到提高。教师通过对教学各环节的反思，发现自己语言组织水平差或音乐素质差，若能自主训练，也一定会有所提高。

我在未实施"反思性教学"前，总以为每节课的效果都很好，而实施了"反思

性教学"后，才发现教学中漏洞百出。"反思性教学"改变了我原来的从教师的主观感受出发进行教学的弊端，它使我能正确认识和评价自己的教学工作，通过反馈，不断反思自身的缺点，反思教学中存在的问题，并努力提高自身素质，提高课堂教学水平。在实施中，我深刻体会到"反思性教学"的效果还受到了教师、学生起初水平的影响，但"反思性教学"最大的好处是让不同起点的学生和老师得到不同的发展，因为它呈现了一个"实施—反思—指导实践"的过程，它所发挥的效果是螺旋式上升的。相反，对于一个从不反思的学生和教师来说，他的发展一定是缓慢的。

　　"反思性教学"是有实效、有价值的教学思想和方法，是值得大力推广的。

音乐课堂"教与学方式"的多元化探索

长期以来，音乐课堂教学基本是以教师的教为中心，把音乐教育固化在一个区域内，学生的学处于被动的地位，其创造能力、创新意识和喜爱音乐的情感受到极大的抑制。在新的教育理念下，教师的"教"、学生的"学"多与从前有很大的不同，如何激发学生的音乐灵性，如何改进教学设计和教学方法？以加强音乐基础知识教学和基本技能训练，培养学生的音乐表现能力、感受能力和鉴赏能力，来提高音乐教学质量，是进行音乐"教与学方式"改革的现实课题。

通过多年的音乐课堂教学，以下几点是我在教学实践中的体会与大家一起分享。

一、开放音乐课堂，为音乐知识注入生活气息

音乐教育家柯达伊认为："音乐教育首先要通过音乐与身体结合的节奏运动唤起人们的音乐本能，培养学生的音乐感受力和敏捷的反应能力。"这一理论说明音乐具有动态的特征，应加强音乐运动与身体运动之间的联系。通过学生的行、走、跑、跳、拍手、点头等动作来感知和掌握音乐的节奏。

（一）时值的探索

在教乐理知识二分、四分音符时值时，一般教学只讲"二分音符唱二拍，四分音符唱一拍"，这些概念对于低年段的学生来说既抽象又枯燥。因此，在教学"小动物走路"时，我根据学生的年龄特点，创编出很多符合音乐审美的舞蹈动作。如："小兔走路，蹦蹦蹦蹦跳；小乌龟走路，慢吞吞；小花猫走路，静悄悄；小鸭走路，嘎嘎嘎嘎叫。"歌词具有很浓的生活气息，这样及时引导学生联系生活实际，运用多种充满生活气息的教学方法进行教学收到了良好的效果。

（二）节拍的探索（二拍子、三拍子、四拍子）

（1）球训练节拍。

（2）拍手训练节拍。

（3）脚训练节拍：四二拍脚跟、脚尖；四三拍脚跟、脚尖；四四拍全脚、脚尖、

脚跟、脚尖。

（三）节奏游戏

"奏"是音乐课堂教学的重要环节之一，它能让学生充分参与到音乐活动中来，体现面向人人、主体参与的教学原则。

1. 用人物走、跑代替单纯的"dada"练习

如：× × × × | 0000 | × × × × | 0000 |

　　　跑跑跑跑　　止　　跑跑跑跑　　止

通过跑跑、走走、拍拍、念念，让学生在愉悦的氛围中掌握× × × ×以及休止符的知识，帮助学生建立节奏速度感，以达到节奏训练的目的。

2. 结合语言进行节奏训练

如教学"滴哩啤"时，我先引导学生从生活中寻找节奏：

× × × × | × × × × | × × × × | × × × × |

快点快点，大家快来，跑过来呀，跑快点呀；

再借助朗读、视谱、拍手、拍腿、跺脚等动作学欢快、活泼的节奏。学生在自己熟悉的语言、儿歌中训练节奏，提高了学习兴趣，避免了节奏练习的平淡无味，在愉快的学习中达到了教学要求。

二、开放音乐课堂，培养学生的想象思维和创造思维空间

音乐家冼星海说过："音乐是人生中最大的快乐，音乐是生活中的一股清泉，音乐是陶冶心情的熔炉。"让音乐成为人生中最大的快乐，将新理念、创新教育贯穿于课堂之中，进行大胆的尝试和探索，使学生从音乐中享受喜悦、乐趣，从音乐中得到启迪、智力得到开发，为他们今后的成长奠定良好的基础。为此，我在教学实践中进行了积极、大胆的探索。

（一）让音乐与活动沟通起来，给予自由的想象思维空间

"学起于思，思起于疑。"音乐最具不确定性，解释的自由度是最大的。在音乐教学过程中我十分注重通过音乐活动过程的展开，来激发学生创新的潜能，给他们探询知识的空间，让他们大胆想象、自由创造和表现。如：我在教《我们爱老师》这首歌时，先让同学们想象春天的美景，探寻春的气息，根据歌词自由创作律动。伴随着美妙的音乐，学生们唱着歌词与律动完美地融合，学生们很快进入歌曲的意境之中，曲调掌握也非常快，课堂气氛十分活跃，收到了良好的教学效果。

（二）让音乐与生活沟通起来，营造广阔的创造思维空间

音乐本来就是从生活中创造出来的。我们在音乐教学过程中根据教学需要，实现

教师、学生、教材、教具、教学环境与生活多方面横向联系、相互作用和影响，让音乐回归生活、回归自然。如：我在教《洗衣歌》这首歌时，抓住小朋友很想帮爸爸妈妈做事的想法，准备了道具，让学生亲身体验劳动的辛苦，从而进行爱父母、尊敬长辈的教育，在活动中巧妙地将歌曲教学、创编表演有机地结合在一起，让学生亲身体验、主动参与，取得良好的教学效果。

（三）让音乐成为师生沟通的情感纽带

教育心理学认为，如果教师与学生之间能形成友好信赖的关系，那学生就可能更愿意和教师相处，接受老师的教诲。我在课堂上经常鼓励那些比较内向的同学大胆说、大胆想、大胆唱、大胆演。这种鼓励支持的态度、期望性、肯定性的语言，能树立学生进步的信心，让学生在宽松友好的学习氛围里感受美、体验美。

三、开放音乐课堂，让学生感受舞蹈中体态律动之美

舞蹈从其本质上说是人体动作的艺术。从体态律动的内容与舞蹈的关系上看，体态律动的节奏、时间因素，可以在舞蹈的动作中体现；体态律动中的动作、空间因素可以在舞蹈的动作、造型中体现；体态律动中的力度、速度、幅度可以在舞蹈动作中找到相应的联系。在音乐教学中，把民族舞蹈引入课堂，让学生感受到民族的风土人情以及民族音乐风格特点，在其同伴的交流中情绪互相影响，让学生感到身心愉快，获得审美体验，会促使他们更加热爱音乐艺术。

总之，要上好一节音乐课，只运用几种教学方法是远远不够的，还需在整个教学手段、教学环节的设计和课堂布局上进行精雕细琢。只要教师在音乐课堂"教与学方式"的多元化探索中多动脑筋想办法，采取多种多样生动、通俗的方法进行教学，一定能使学生顺利而准确地掌握教材中所规定的技能。

（本文发表在《启迪与智慧》杂志 2016 年 1 月中旬刊）

磨课之路，我们一路同行

随着近几年中小学开展新课程改革以来，上精品课、上好课成为学校对教师的要求，成为一个上进教师的追求。为了上好一节课，教师要进行大量的课程研读，必要知识准备，磨课就是其中的一个环节。

本人有幸就参与了深圳市福田区教科院二附小尹翠老师的磨课指导，其课例"侗家儿童多快乐"荣获中国教育科学研究院教育综合改革试验区第六届"高质量课堂展示"活动中，荣获"教学改革创新"一等奖。

大家也许只知道，尹翠老师这次赴成都参加课堂教学比赛取得了令人羡慕的成绩——一等奖，却不知道一等奖背后是一个强有力的磨课团队（市区音乐教研员以及教科研专家团队都在参与等），大家只知道课上得很精彩，却不知道我们磨课有时因为一个细小的环节还要争论到晚上11点半，不瞒大家说，光大型的磨课就有不下十次，小的就不用说了，就在第二天要参加比赛了，前一天晚上还在磨课。

第一次磨课：雾里看花

课例"侗家儿童多快乐"老师的表现非常完美，又是唱又是跳，而且也非常动情地进行解说……但是一堂课下来听课老师反馈，课堂教学新颖有趣，吸引力强，设计巧妙，总体感觉比较顺畅，除了对老师的印象比较深刻外，学生对学的歌要么唱不全，要么是唱着就跑调。用一句歌词总结：雾里看花。同时让尹翠老师清晰地认识到，教案设计得再好也要通过实践来检验，实践是检验真理的唯一标准。

于是，当天晚上即刻根据大家提的建议和意见进行了第二次备课。第二次上课一开场，尹老师就用歌曲的伴奏音乐带领学生们走进音乐的世界，在聆听中加深歌曲全面的印象。在朗朗上口的音乐中，让学生们跟着音乐用"啦、噜、嘣……"各种不同的衬词去哼唱音乐，让学生们在初听的基础上，反复去哼唱旋律，等旋律十分熟悉了，歌曲演唱就会自然流露，在这样一个循序渐进的过程，旋律就自然地流淌在孩子们的心里。

第二次磨课：其实你不懂我的心

在三（1）班进行第二次磨课，同科组老师随同听课。这节课下来，听课老师们觉得整节课流畅，但整体印象却不如第一节课好。那问题出在哪里呢？我们又坐下来琢磨、讨论。结论是，孩子们聆听音乐的习惯不好，没有按照老师的指令引导去聆听，这样导致学生的感受不在音乐应有的画面里，第二节磨课，用另一首歌曲名字总结：其实你不懂我的心。她知道，还得多努力，多注意细节问题。

找出原因后，晚上再继续不知疲倦地加班加点，进行了第三次修改。课中巧用柯尔文手势进行教学《侗家儿童多快乐》，为了让学生对音符的音高有个很直观的形象，达到更好的课堂效果，她带着学生巩固了柯尔文手势中的"136"三个动作。在课堂教学推进中，不断强调柯尔文手势的位置，加深学生们的音高记忆，达到聆听、视觉、记忆三重方式的完美融合，这样就牢牢地抓住了歌曲旋律的基本音乐元素。

第三次磨课：没那么简单

在三（5）班展示课中，发现学生的歌唱音准又出现了问题以及呼吸方法也不对。她意识到因小学生气息比较浅、比较短。特别是低段学生气息力量不够，所以在发声的时候气息不稳就造成唱的音不稳，于是唱出的音就跑调了。还有的学生歌唱时呼吸方法不正确，是"自由式"歌唱，任由自己尽情歌唱。唱到哪没有气息就随意断开，造成高音唱上不去，长音不能支撑，于是唱出来的声音也是音准不到位。针对这个问题，她依旧让学生们聆听，听老师的范唱（老师可以夸张地演唱），观察出老师在哪里留下了气口？再通过学生们自主找出来的气口处加以标识进行加强练习。

学生们熟悉了整首歌曲旋律后，就利用歌曲的难点部分，让学生们聆听，模唱出歌曲旋律，并再次通过聆听，视唱出歌曲旋律。因为难点之处是合唱，她仍旧让聆听穿针引线，把歌曲两个声部旋律渗透到学生的耳中、心中。学生们的头脑中有了旋律的走向和音高概念，再要求他们轻声、连贯地唱出歌曲音乐，这样一来，歌曲合声音乐就初见雏形了。

第四次磨课：掌声响起来

比赛的时间如期而至，展示课思路与教学设计与前面的多次磨课大致相同，但由于诸多细节的调整与方法的处理，课堂表现十分好，达到了预期的效果。最终获得"教学改革创新"一等奖的好成绩。

一次次的磨课，多次地修改教案课件，突破自我，敢于尝试不同的教学风格。在沉甸甸的荣誉背后，也是整个团队的努力。教研员张定远老师带领的区内优秀音乐教师组成的团队认真参与，从听课到磨课，从紧扣课标到重难点的突破，不断创新，群策群力为她取得本次比赛的佳绩奠定了坚实的基础。

　　磨课是一个艰苦的反复修正的过程。要求执教者对于磨课过程中其他教师所提出的中肯的教材分析、精彩的教法设计来精化自己的课堂务必使课更加精益求精一些。年轻教师"经得磨",能使自己早日成型;老教师、骨干教师"经得磨",则更能磨出精品课、更艺术的课。让我们在磨课中,"磨"出教师把握教材的深度;"磨"出教师合作交流的默契;"磨"出学生主体求知的需求;"磨"出教师创新思维的火花;"磨"出教研组团队的理性思维水平的提升。也只有这样,磨课才会在美丽动人的瞬间邂逅一个个精彩的生命!

（本文发表在《教学与研究》杂志 2020 年第 21 期）

音乐课堂管理小艺术

课堂管理的涉及面非常广，不仅是简单的课堂纪律管理，而且是与课堂教学内容、教学内容的设计、教师教态、教学环境以及于音乐课堂管理技巧等因素相结合。把这些综合因素结合在一起，巧妙地运用到教学管理中。这些综合因素的结合，需"刚中有柔"才能更好优化课堂管理。就像我们音乐教学中，必须要严格把关，但不是单一死板，而是可以随着学生、教学进度等灵动变化的教学方法或课堂管理技巧。其中教学设计的安排，教学内容的丰富，教师个人教态的表现，课堂中的课堂常规要求等，这些都是关乎音乐课好差的重要元素。只有做好这些工作，学生才更喜欢上音乐课，更乐意投入教学内容的音乐海洋中，学生注意力集中，学习情绪高涨。学生的种种良好表现，就会直接优化课堂纪律，优化课堂管理，课堂管理才更容易操控。

一、做好教学设计，丰富教学内容

最佳的课堂管理诀窍是让音乐课能够真正吸引学生。怎样才能让课堂内容吸引学生呢？那么教师在课前首先要充分做好备课工作，为每一节音乐课做好教学设计。教学过程的设计一定要考虑好每一个教学环节中的教学任务和活动内容。是不是符合学生心理，能不能把学生的注意力抓住，能不能激发起学生对每个教学环节的兴趣。例如：学唱歌曲《勇敢的鄂伦春》，在歌曲学习前，教师模拟马蹄声，让学生随着节奏来进行拟声练习。学生在拟声中节奏得到了练习，又为接下来的教学做好了铺垫："小朋友们，我们快去看看，森林中到底发生了什么事情？"教师通过故事和精美的图片，把学生带入故事情境中，激发起学生对歌曲及歌曲人物的情感，点燃学生学习歌曲的兴趣。在接下来的歌曲学习过程中，请小朋友们按自己喜欢的角色，进行学唱。既抓住了学生的兴趣，又丰富了学生情感。使得学习效率有所提高。在歌曲学会后，加入打击乐器，鼓励学生到台前表演自己喜欢的角色，进行表演唱，既满足了学生的表演欲，又锻炼了学生的表现力。

二、组织教学活动，面向全体学生

在教学过程中，很多时候会出现这样的情况，课堂中那些爱表现的学生积极参与教学活动，其他大部分学生，却只能被动观看。如果教师没有对那些观看的学生实施巧妙的管理，那么没有参与活动的学生可能会做一些与教学无关的活动。那么很可能影响表演的学生，严重的甚至影响教学的进度。每一位学生都希望被关注，教学只有满足了每一位学生的需要，学生才能积极地投入教学活动中去。所以教师在备课的时候一定要考虑到，教学活动的设计一定要面向全体学生，越全面越好，教学活动应当尽量面向全体学生。比方说，由几个小朋友上台表演，请其他的小朋友为他们轻轻地歌唱。在表演和歌唱结束后，请几个小朋友对台上的小朋友或者自己刚才的表现进行点评。不管他是在台上还是台下，老师一定要对表现好的小朋友进行表扬，对表现不是很好的小朋友要给予鼓励。在这样全面的活动中，每位同学都能够自我表现，自我评价，最终还得到了教师的认可，那么他们的学习积极性更高了。另外，教学活动的设计一定要关注学生的兴趣，使学生对教学活动感兴趣，乐意参与其中。这样才能保证学生能保持较长的注意力，使课堂管理无声胜有声。

三、规范课堂行为，严格遵守常规

俗话说得好："不以规矩，不能成方圆。"音乐课堂也要有属于自己的课堂常规，必须要求学生严格遵守。陶行知先生说："教育学生，应当严格的地方便当严格。"教师平时要注意音乐课堂常规的管理，对学生的要求，要有连贯性，长期性。不能只求一时严格，但求长期督促强化。让学生在长时间的规范中，形成一种"教育惯性"，使学生走进音乐，便能约束自己。比如：在音乐教师上第一节音乐课时，告诉学生用音乐的形式规范课堂行为，比如：听到《两只老虎》的音乐，就表示安静坐好。那么同学们在听到这首歌时就知道要安静坐好。弹到音阶上行的时候，表示要站起来。音阶下行的时候表示坐下等。同时还要强调学生，严格遵守音乐课堂中的行为规范，让学生明白什么能做，什么不能做。比如说：歌唱时，绝对要全神贯注，身体坐正，头放平，不能交头接耳。有的学生趁着歌曲间奏的时候说话或做小动作，影响第二段的歌唱，这样是绝对不正确的。课堂常规需要简单实用，并要在平时的课堂中随时发现错误，随时提醒学生，使学生在潜移默化中形成一个良好的音乐课堂习惯。

四、增进师生情感，构建和谐课堂

增进师生情感交流，是学生能够轻松学习的有利因素。而我们管理的目的也正是要在良好的学习氛围中，使学生乐于学习音乐。音乐课堂教学管理应该是师生共同参与，使师生关系民主和谐。要处理好师生关系，首先教师本身必须要有正确定位，了解自己在音乐课堂上所起的作用。音乐教师在课堂上首先应该是一位组织者、传授者和控制者，更应该是一位交际合作者，甚至能够充当学生忠实的观众和听众。以欣赏的眼光来拥戴这些小演员。有时候学生的表现也会让你很失望，甚至抓狂。这时，教师就要对自己的情绪和行为进行管理，特别对于一些突发事件的处理，教师更要稳定情绪，理智处理。如果教师情绪失控导致做出不理智的行为，那么会直接影响学生的学习情绪和行为。所以说教师只有管理好自己的行为与情绪之后才能管理学生，管理好教学的过程。由此可见，良好的学习环境，轻松和谐的师生关系，教师的情绪也是直接影响学生学习效率。只有正确把握这些教学中的"刚"和"柔"，才能为优化课堂管理做好基础工作，在这样有利的条件下，教师与学生之间才能更好地合作学习，促进课堂学习效率。

音乐教学管理虽然是一门很深的艺术，但是我们也要坚强而温和地抓好这条缓绳，只有这样我们的教学才得以顺利进行。让"刚柔并济"融入音乐教学管理中，在不断摸索中，对课堂管理进行有效的分析和研究，不断发现、探究出新的课堂管理技巧，把这些课堂管理技巧，巧妙、合理地运用到音乐教学的实践中，潜移默化地与学生进行磨合，优化音乐课堂管理，优化音乐课堂，最终实现真正的素质教育。音乐课堂的组织与管理虽然有可以遵循的基本规则，但没有固定的套路或模式照搬运用。在"有法"与"无法"之间如何实现科学与艺术的有效交融，取决于教师驾驭或调控课堂的能力。所以良好的课堂组织与管理是提升教学有效性的重要条件，而营造有效的学习环境氛围则有助于学生进入学习状态。

音乐课堂游戏化教学一二三

想要让小学音乐课程的教学游戏化，可以从很多方面展开。教师可以在节奏训练时穿插有趣的游戏，这能够很好地简化教学知识点。在进行音高训练时也可以以游戏的形式展开，这将能够更好地提升学生对课堂的参与。此外，教师还可以设计各类游戏化的模拟训练，这将会让学生们在趣味化的音乐训练中得到更多收获。

一、游戏化的节奏训练

如果能够通过游戏的形式制造一个让学生自身感受、想象的音乐环境，从而将"拍子"的抽象概念进行化解，这将会很大程度提升教学效率。首先，可以让学生们先分辨出声音的长短：火车汽笛声音长，汽车喇叭声音短，猫叫声音长，狗叫声音短等，使学生对于声音的长短得到直观的感性认识。接着，让学生闭眼聆听老师发出的不同节拍的走路声和跑步声，由学生用拍手、跺脚的方式把听到的模仿出来，从而完成由声音感知到动作感知的过渡。为了巩固已学的概念，我把几段风格各异的儿歌，让学生按一定节拍的规律朗诵出来。这样加入游戏形式的教学学生不仅感到新鲜、有趣，而且对于相关教学内容也学得透、记得牢。

二、游戏化的音高训练

音高是小学音乐教学中另一个基本的领域，在培养学生们对于音高有基本的认知时，通常会采用练耳的教学模式。练耳训练的目的在于培养耳朵听觉对声乐和器乐具备良好的识别记忆能力，目的在于培养并发展学生对音乐的听辨能力和记忆能力，从而丰富和提高其内在听觉，加深对乐谱的实际理解和音响效果的想象力。练耳训练为的是锻炼学生的基本功，这项训练也是非常有必要的。然而，常规模式下展开的练耳训练对于小学生而言是相对枯燥的，学生们很难接受那种枯燥乏味的训练模式，那样的训练效果往往也不高。在小学音乐教学中，完全可以将练耳训练借助游戏的形式展开，可以在游戏中有效锻炼学生对于音高的辨识，进而培养他们具备更好的音乐素养。在课堂教学中我会将音阶比喻为小动物的活动，对于不同音程的音阶也会给予他们特定的比喻。例如，小跳音阶我会比喻为小兔子蹦蹦跳跳，大跳音阶我则比喻为小猴子翻筋斗。这两个比喻非常形象，通常很难让学生们来分辨小跳音阶和大跳音阶的差异，但是这两个比喻却很好化解了这个教学难关。学生在想象小兔子蹦蹦跳跳和小猴子翻筋斗时就很直观地感受到这两种音阶间的差异，后者明显会比前者跨度更大，这也是需要学生们明白的小跳音阶和大跳音阶间的差异。为了巩固学生们对于知识的掌握程度，我会让学生们以游戏的形式展开对于教学点的实际应用。我会用钢琴弹奏出不同的音阶，一段音阶结束后会让学生们分辨，这个是"小兔子跳"还是"小猴子翻筋斗"呢？这个方法非常实用，学生们借助这个小游戏能够很清晰地辨识出不同的音阶，音高训练也潜移默化地展开，过程中学生们的音乐素养也在一点点提升。

三、游戏化的模仿训练

小学音乐课本中的很多教学内容都是在引导学生对于各种不同的音乐类型展开欣赏，在于借助美好的音乐不断陶冶学生的情操。很多教学内容都和大自然有着很直接的联系，无论是自然界中存在的各种美好的声音，还是各种不同动物的歌唱。这些教学内容都能够在引导学生对于不同的声音有更好认识的同时，让学生的基本乐理知识得到积累。在培养学生对于各种不同的声音有更好感知的过程中，可以借助游戏化的模仿训练培养学生的音乐感知力。"欢乐谷"这一章的教学重点在于让学生们关注日常生活中的动画音乐，加强学生们对音乐节奏、音色、旋律的感受能力，能与大家分享可爱的卡通人物和好听的卡通片歌曲。在课堂教学中我会让学生们借助小铃、沙球、三角铁等课堂中常见的音乐器材来模拟他们熟悉而喜爱的动画音乐。很多学生们对于这个游戏都非常感兴趣，很兴奋地模仿出各种声音，手中的乐器起到了很好的辅助作用。模仿到尽兴处有些学生会情不自禁地唱起来，还会主动模仿那些自己非常喜爱的动画人物的讲话。很多学生听了后哈哈大笑，越来越多的学生们参与到游戏中来，课堂氛围异常活跃，学生们在轻松愉快的游戏中很好地锻炼了自己的音乐模仿能力。

用艺术的语言来阐述艺术

语言是教学的工具，教学语言更是一门独特的艺术。教师通过教学语言，把知识传授给学生。教师的教学语言水平，是课堂教学能否取得高效的一个关键。教学语言要准确、简练，要富有节奏和韵律美，要做到有声语言和肢体语言的和谐运用，要亲切自然，富有激情，音乐速度有快、慢之分，音乐力度有强弱之别，音乐的表情有优美抒情与愤怒和悲伤。在教学过程中，教师与学生之间大量的信息传递和交流都是靠语言来实现的。

如果一堂音乐课，教师只是滔滔不绝地把知识"倒"给学生，或者简简单单地告诉学生要聆听些什么或者歌唱些什么，这是绝对不行的。一名合格的教师不仅要有较高的知识、道德修养，还应该追求恰如其分的课堂教学用语，语文、数学如此，作为具有美感、具有艺术性教学内容的音乐课更应如此。"用艺术的语言来阐述艺术"，来激发学生兴趣，让学生在艺术的氛围中感受美、探索美、创造美。

在课堂教学中，语言是架起"教"与"学"的桥梁，一堂优秀受学生欢迎的课，其课堂语言一定比较亲切、自然。语言是教学的工具，在教师教学过程当中，教师与学生之间大量的信息传递和交流是靠语言来实现的。语言艺术的目的是这一交流达到最理想的状态。音乐教师的课堂语言表达，将会像音乐作品一样的美，给学生以艺术和美的启迪，以最大限度地激活学生学习的主动性和创造性，课堂语言艺术无疑是直接关系到课堂教学这一双边活动的效果。音乐课是对学生进行美育教育的课，音乐教师应重视美的教学，积极设计其美的氛围，用美的语言向学生展示教学内容，用艺术的语言来阐述艺术，来激发学生兴趣，来启发学生思维，来陶冶学生情操，让学生在艺术的氛围中感受美、理解美、鉴赏美、表现美。

一、导入语——简要精练

俗话说得妙："话有三说，巧说为妙。"课堂语言也不例外，良好的开始是成功的一半，教师亲切、巧妙的导语首先得形象生动，能够吸引学生的注意力，激发学生的兴趣，为学生成功的学习做好铺垫，愉快的学习环境，则使学生对学习产生强烈的愿望，教师就容易把学生的注意力吸引到教学内容上来。因此，教师的语言要亲切自然并富有激情，通过教师富有激情的、亲切自然的声音把学生带入音乐情景之中，激发学生的想象，并为之动情，感受其美。

二、提问语——启发思维

妙语生花，打开沟通的桥梁。教师的提问艺术真的很重要。课堂提问是引起学生反应、增强师生之间相互交流、相互作用的主要手段。教师从提问入手，设计有价值的、学生有兴趣的思考题，可以调动学生参与的积极性，活跃课堂气氛，让学生"思而后得"，留下深刻的印象。教师的课堂提问，不是交谈时的随想而问，而是事先精心安排设计好的。具有明确的目的性、较强的针对性，还要能启发学生去思考和探求。我们需要好好学习，细心研究，不断积累课堂提问的艺术。因此教师知识的渊博程度和课堂语言是相辅相成的两个方面，知识渊博但语言表达能力差的人就是"茶壶里煮饺子，有货倒不出"。也是很难达到令人满意的效果的。

三、评价语——树立自信

教师的评价语言是一门艺术，它植根于很深的教学功底。莎士比亚说过："赞赏是照在人心灵上的阳光。"现实生活中，每个人的内心都渴望得到阳光，不管哪个学生提出问题或回答问题后，总是希望得到教师的赞扬与肯定。其实我们教师本人也会有这样的感觉，因此，我们在评价学生时，要多一些尊重，多一些赏识，多一些鼓励，调动学生的积极性、主动性，使学生有被认可的满足感，逐渐树立起自信心。

教育家苏霍姆林斯基说过："你在任何时候都不要给学生打不及格的分数。"表扬总比批评有力量，使每个学生露出笑脸是评价的成功，也是教育的成功。教师不应渴求学生观点的完美性，而应尽量去纠正、鼓励学生，注意学生的情绪导向：答对了，可正面表扬；答偏了，可肯定其求异思维；答错了，称其积极参与亦可贵；没有回答，则可解释为学生为求深思熟虑。

别小看一句评价语，俗话说得好，一句话使人笑，一句话惹人跳。只有我们用真情、用爱心，多鼓励每位学生，善于发现学生的潜在问题，多寻找他们的闪光点，这样才能让学生体会到教师对他们的关注和期望，体会成功的喜悦，树立起信心，从而激发学习的潜能。

四、结束语——发人深省

所谓课堂小结是在完成某项教学任务的终了阶段，教师富有艺术性地对所学知识和技能进行归纳总结和转化升华的行为方式，它常用于课堂的结尾。完美的小结，可以使知识得以概括、深化；可以使整个课堂教学结构严谨，浑然一体，显示出课堂教学的和谐和完美；可以诱发学生积极思维，进行深入探究，从而余音缭绕，余味无穷。可见课堂小结是课的重要部分，甚至能起到"画龙点睛"的作用，但有些音乐教师不以为然，课堂小结随随便便，或者干脆没有小结，于是就给学生一种不完整的感觉。通常一位经验丰富的音乐教师在课堂小结时将教学过程中比较零散的知识概括整理成有条理、有系统的知识，帮助学生把握教学重点，储存知识，提高教学效果。

课堂上教师高超的教学语言，对学生来说是一种享受，更是一种快乐。艺术性的语言可以令人赏心悦目，可以牵引学生的目光，抓住学生的心，吸引学生的注意力，让他们在愉悦、快乐中感受到学习的乐趣。因此教师的每句话都要反复推敲，不仅要正确深刻、富有哲理，还要亲切、自然如话家常。作为一名优秀的音乐教师，除了重视音乐教学法的研究外，更要不断提高自身的艺术修养与文学修养，使有声语言与肢体语言在每一节课中完美结合，用语言给学生创设一个良好的学习音乐的环境，激发他们表达思想情感的欲望，进而专心致志地上音乐课，只有这样，音乐课才能以其独到的魅力吸引学生，让学生在充分感受美的同时达到美育的目的。

利用电教媒体优势 构建优质高效课堂

现代电教技术进入音乐教学课堂，极大地丰富了教学手段和教学资源，给教学带来了生动活泼的新局面。如何使学生整体学习音乐素质得以提高呢？教学实践表明，学生整体艺术素养的提升，与学生在学习音乐中对教学内容的聆听感受、创意实践及学习兴趣密切相关。科学的研究结果证明，电教媒体合理介入教学过程后，促使教育教学目标得以高质量快速的达到，不仅能促进教师对教学理念的改变，而且对提高学生学习效果、提升学生音乐素养都起着积极的作用。

一、合理运用电教媒体，激发学习兴趣，改善学习心境

俄国教育家乌申斯基说："没有任何兴趣，被迫地进行学习，会扼杀学生掌握知识的志向。"心理学认为，兴趣是心理活动的倾向，是学习的动力，是开发智力的钥匙。孔子说："知之者，不如好之者；好之者，不如乐之者。"可见，兴趣是推动学生主动学习、积极思维、探索知识的内在动力。电教媒体的最大特点就是生动性、形象性和直观性。而合理地运用电教媒体，不但可以使学生欣赏美景陶冶情操、回味乐声，还凭借其形象性、趣味性、新颖性，调动起学生学习的兴趣，它使音乐课堂声画并茂，形象生动、有声有色，可以对人的听觉、视觉、心理触觉产生全方位的刺激，集中学习的注意力，使学生积极投身到学习当中，提高教学效果。所以在教学中通过营造一个充满童趣的课堂氛围，吸引学生的注意，从而激发学生的兴趣，这一点尤为重要。

二、合理运用电教媒体，引起学生注意，增强感知效果

眼睛是心灵的窗户，是我们探索发现的重要信息来源，我们对世界信息的认识，很大程度上依赖视觉信息。而随着现代科学技术的进步，尤其是多媒体和互联网的出现，更加强化了人们对视觉感官的依赖。学生课堂学习注意力是有限的，在接受听觉信息传达时，不太能同时接收两个有意义的信息，因此对那些熟悉的内容相对来说会

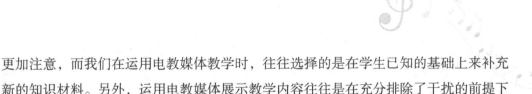

更加注意，而我们在运用电教媒体教学时，往往选择的是在学生已知的基础上来补充新的知识材料。另外，运用电教媒体展示教学内容往往是在充分排除了干扰的前提下进行的，活泼生动、形象直观地呈现在学生面前的画面更容易引起学生的注意。

三、合理运用电教媒体，激发积极情感，活跃课堂思维

思维一般都从问题开始。学生在学习中其短期记忆会十分的活跃，这有利于充分激发学生走向长期记忆内知识的脉络通道，从而使学生能够及时有效地摄取相关知识内容，打开想象的课堂思维。学生若能对已学过的场景充分感受和关注，那么短时记忆的摄取量就越多，就越能激活学生提取思维所需要的长期记忆内"库存"信息的通道，课堂思维越活跃越充分，其构建的新信息网络就越丰富而完整，呈现的教学效果和课堂氛围就会越好。究其根源，这是因为电教媒体呈现的老师教学设计形象具体并且明显，内容丰富犹如身临其境，它对于牵引学生思考和激发学生的内心情感，都起到了直接的作用。

比如《大鹿》这首歌曲，从歌曲曲调上看比较平淡，而且音准不容易掌握的"4"多次出现，如果直接教唱，学生不易学会。根据这种情况，我先给同学们介绍了歌曲的内容，再看视频展示小兔和大鹿的动画，然后找两个同学分别扮成小兔和大鹿，模仿视频随着优美的旋律进行表演。扮演小兔的同学充分表现了兔子为了逃命的那种急切心情，扮演大鹿的同学也表现出那种乐于助人的精神。游戏表演进行得顺利而愉快，课堂气氛非常活跃。

四、合理运用电教媒体，拓展思考宽度，挖掘想象深度

著名科学家爱因斯坦说过："想象力比知识更重要，因为知识是有限的，而想象力概括着世界上的一切，推动着进步，成为知识进化的源泉。"小学生天真烂漫，想象力丰富，只要教师引导得法，让学生展开丰富的想象，就能很好地培养学生的想象能力。因此，在小学音乐教学中，为了让课堂成为学生充分展示生命智慧的舞台，教师要为学生提供平等、宽松、自由的课堂氛围，给学生提供一个自由活动的空间，让他们插上想象的翅膀，尽情地施展自己的才华。我认为要让学生充分发挥自己的思维优势去想象，教师须尽可能地为学生提供创设这种情景，而电教媒体就是一种最好的辅助手段。

比如：我在教《春天在哪里》这首歌时，先让同学们想象春天的景色，然后播放春景幻灯片和"鸟语泉鸣"的录音。伴随着美妙的音乐，学生们看到了碧绿的田野、烂漫的山花、快乐的小鸟、飞舞的蜜蜂，听到了潺潺的流水声，仿佛置身其间，感受

到了浓郁的花香和青草气息，加深了对歌曲内容的理解。可见，借助电教媒体进行想象训练，不仅有效地培养了学生的想象能力，而且使学生的观察说话能力得到切实提高。

　　综上所述，电教媒体运用于音乐教学、构建高效优质音乐课堂的优势是显而易见的。不过，电教媒体在音乐教学中，不能取代教师的角色，它永远处于辅助地位，否则就会喧宾夺主，不仅不能构建高效优质的音乐课堂，反而会导致音乐课堂的低效局面。一个人所拥有的潜在独创力与想象力是无穷的，作为老师，应该利用电教媒体优势，充分挖掘学生潜在的思维能力，调动其学习积极性，提高学习的效率，从而构建优质高效的课堂。

（本文发表在《科教导刊》杂志 2015 年 12 月下旬刊）

浅谈奥尔夫教学法在课堂中的运用

奥尔夫教学法是当代世界著名的音乐教育体系之一，其培养全人格发展和创造性能力的宗旨，及生动活泼、丰富多彩的教学形式得到世界各国同行的高度赞誉和喜爱，更深得儿童的欢迎，因而在世界广泛流传。自20世纪80年代初，卡尔·奥尔夫学校音乐教育体系被介绍进我国，使我们在音乐教育改革之初，就迅速与世界音乐教育的发展接轨，起点高、发展迅速，对促进我国音乐教育改革起了巨大的作用。

奥尔夫认为："表达思想和情绪，是人类的本能欲望，并通过语言、歌唱（含乐器演奏）、舞蹈等形式自然地流露，自古如此。这是人原本固有的能力。"音乐教育的首要任务，就是不断地启发和提升这种本能的表现力，而表现得好不好则不是追求的最终目标。而我们传统的音乐教育认识却不是这样，我们的课程一直是把通过学习歌唱和乐理以及相关的音乐技巧和能力作为美育的手段和目标，目光集中在如何学得好上。

其实，学生在音乐学习中，本能地唱、奏、舞蹈并不是很难的，甚至可以表现出一定的水平。因为出于本能的唱、奏、舞蹈是符合人的天性的，在这样的过程中，学生没有担心"学不会"而挨训或丢面子的精神负担，因而都会得到各种不同程度的满足感。这种自然流露的形式还有助于促进学生即兴发挥的创造力的萌发。由于这种创造力的萌发和得到激励，所以造就了学生学习各种音乐技巧和能力的最佳状态，教师在这样的教学过程中，必然成了学生学习的引导者、诱导者和参与者。愉悦身心、学习艺术，二者相得益彰。这正是奥尔夫教学法的重要特点之一。

我国音乐教育原先的模式是单纯地教唱歌，教材也主要是以一首一首的歌曲出现的，后来有了少量变化，少数学校也学一点器乐技巧。学生主要是模仿着现成的音乐艺术作品，很被动。教师呢，也是认真地追求着"出成果"，严厉地对待学生，学生自然会感到一股莫名的压力。由于在音乐方面人的先天素质客观上有着很大差异，就我国原有的课程要求来说，总会有一部分学生离教学要求甚远，于是他们自然对音乐"敬而远之"，教师也束手无策。对此，奥尔夫的教学理念和体系应该能使我们从中得到很多启示。

　　要学生"动"起来，"综合式、即兴式"学习音乐，这是奥尔夫特别强调的又一个重要原则。然而，这和我国音乐教学的所谓"综合课"完全是两种概念。卡尔·奥尔夫指出：学生在学习中必须动脑、动手、动脚，全身心地感受和表现音乐。于是他发明了一套"元素性"的奥尔夫乐器（注），是一组很容易掌握的打击乐器。同时，他还充分运用人体各部位可能发出的声音参与演奏，并冠以"人体乐器"的美称。音乐教师都会有这种体验，学生在课堂上一"动"起来，气氛就活跃多了。学生在课堂上在教师的引导下作音乐性的"动"，必然沉浸在一种游戏般的欢快之中，他们在不知不觉地接受着音高、节奏、听辨、协调统一等综合音乐能力的训练。应该指出，这种综合能力的培养，也是完全符合我国面向全体学生培养全面发展的一代新人的方针的，对改变我国教育长期以来以知识传授为主要属性的落后面貌也是大有裨益的。下面是我就奥尔夫教学法在中学教学中的运用，浅谈的几点看法：

一、结合音乐课程"新标准"的要求，把奥尔夫原本性教育理念根植于教学过程的始终

　　新课标提出要培养学生自信的演唱、演奏能力及综合性艺术表演能力，挖掘学生的创造能力，发展学生的表演潜能，使学生能用音乐的形式表达个人的情感并与他人沟通、融洽感情，在音乐实践活动中使学生享受美的愉悦，受到情感的陶冶。针对这些要求，在音乐教学过程中，可以从以下几个方面着手：

　　（一）精心设计巧妙导入

　　一堂精彩生动的音乐课离不开成功的导入，成功的导入能使学生精力集中、兴趣盎然。奥尔夫教学观念中精彩的一面就是它的切入点和开始总是简单而又引人入胜。它取材于生活，亲切又生动。当我们设计教学时就要本着贴近生活、适于开端的原则，以简洁巧妙、新颖独特形式导入新课。充分体现出音乐新课程以兴趣爱好为动力的基本理念。下面我们来看一下一年级上册知识点"声音的强弱"以律动导入，二年级上册唱歌课《数蛤蟆》以节奏模仿导入。

　　（二）加强综合、注重体验、寓教于乐

　　"展开"意味着铺展、发展和放开，是深入学习的阶段，是学生开始发现探究、实践操作、活动体验、情感投入的阶段。这个阶段需要我们采用多种方法激发学生的学习兴趣，促使教学内容层层展开。以往我们的教师在此阶段中总是强调反复练习，方法单调而无味。而奥尔夫教学过程中采用的方式、方法是多种多样，富于变化的。这一环节通常从视觉、听觉、触觉等各个方面全方位来调动学生的身心，来帮助学

生认识问题、分析问题。如四年级上册欣赏《大海啊，故乡》时，老师可以用毛线来表现音乐的旋律，要求学生用自己的声音唱出自己的旋律（毛线所显示的状态），简单的一个问题就使学生进入了发声练习状态，开始了对音高的表现，对音乐形象的塑造，对声音的探索……同时采用绘画、模仿表演等方式来帮助学生逐渐认清所要表现和描绘的教学对象，例如一年级上册唱歌课《大雨和小雨》就可以用图画来表示歌词。

奥尔夫认为，从来就没有孤立的音乐，只有与动作、舞蹈、语言同时存在的音乐。综合性是奥尔夫原本性音乐教育理念最重要的原理和原则之一。同时，奥尔夫还强调"元素性"音乐教育就是一种人们必须自己参与的音乐。学生不是作为听众，而是作为演奏者参与其间。让所有学生都可以亲自实践音乐，主动参与到音乐活动中来。由此可见，奥尔夫的教学思想非常符合新课程"以音乐审美为核心，提倡学科综合，理解多元文化"的基本理念。我们本着这一教学要求，综合运用各种艺术手段，创设情境教学，以一种喜闻乐见的形式，让所有学生都能积极参与到教学过程中，体验学习的快乐。例如三年级上册欣赏课《打枣》我们可以把它变成一个小故事，有人物有声音模仿，这样学生的注意力就开始集中了。

（三）综合拓展、面向全体、鼓励创造

即兴创造是奥尔夫音乐教育最吸引人的构成部分。课堂中的创作和创新是在一定程度和条件下出现的，是在学生经过发现探究等活动后，兴趣盎然、尽情发挥，并以某种方式展现出来的教学结果。奥尔夫教学强调发挥学生的想象力、创造力和表现力。它经常是对学生说："你想怎样做？"而从不说"你做错了""你该怎样做"，从而给学生提供了一个自由开放无忧无虑的音乐天地，激发学生的创造欲望，让学生在轻松快乐的游戏过程中完成即兴创作。

面向全体学生，注重个性发展，重视音乐实践，鼓励音乐创造，这是我们音乐新课程的基本理念。因此我们更要大胆地吸收和借鉴奥尔夫教学的成功经验，在教学中，体现学生为主体，让学生亲身实践，尽情发挥，破除"创作"的"高难"技巧性，以一种简单易行，趣味十足的形式，让学生体验创作的快乐和感受集体的智慧。兼顾全体学生张扬不同个性、培养学生在实践中创新进取的开拓精神。

（四）注重情感交流，内化教学内容，拓展教学效果

奥尔夫强调："重要的只是'做'的本身，怎么做，做得好不好，无关紧要。"以往我们的教师通常以概括一节课的学习内容、总结学生学习情况等方式来结束教学。这种方式内容重复，更缺少情感的沟通与智慧的启迪。我们要注重学生的情感体验，可以采用灵活多变的方式来结束课堂教学。比如我们可以采访式的交流心得体会，用学生的口说出获得了什么体验。让每个学生从不同角度、不同层次理解和诠释课堂所学知识，使大家在交流中相互影响、相互启发，达到内化教学内容、拓展教学效果、延伸情感态度、突出教学浅效应的目的。

二、灵活运用奥尔夫的教学方式，切实做到与实际相结合

奥尔夫教学方式是灵活多样的，它寓教于乐、富有趣味性和思想性，我们要用严谨治学的态度结合音乐教学实际，对奥尔夫教学的方式方法加以吸收，借鉴和改造。但不是照搬照抄，全盘纳入我们的课堂。

（一）游戏环节

音乐游戏是一种行之有效的教学形式。在音乐教学中，游戏和音乐必然兼而有之。针对低年级的学生爱动、坐不住的特点，选择以游戏为主的教学方式，寓教于乐。我今年教一年级，所以开学第一节课我并没有着急上课，而是和他们做游戏，游戏的名字就叫作"开始和停止"，要求是：音乐开始你可以在教室随意走动、做动作、唱歌跳舞，当音乐停止时你要马上停止任何动作和声音。孩子们非常喜欢这个游戏，而且我每节课都会和他们做这个游戏，所用的音乐就是本节课所学的歌曲，这样的导入不生硬，不刻意，而且有时候学生们会要求做好几遍，这样也加深了学生对音乐的熟悉，很自然地就引入了主题；针对高年级学生不太爱动，有时表演起来也会难为情的特点，可以选择活动范围小，需要动脑筋，有挑战性的活动。比如声势训练，打击乐创编等，也会使课堂气氛活跃，学生情绪高涨。一开始我们可以针对本节课的内容设计一些多声部卡农和声势训练，例如五年级上册唱歌课《祝愿歌》，在学练提示中有这样几点要求：①在老师的指挥下，准确起唱。②唱一唱下面的旋律，体会休止符的作用。根据这两条要求我们可以先做一个互动。节奏由简至难，节奏掌握好后，学生伴奏，教师加入旋律演唱，慢慢地把学生分成演唱组和声势组，最后教师可以用乐器伴奏学生来演唱，最终学练提示中的前两个要求就完成了。

（二）节奏练习

节奏是音乐的灵魂。奥尔夫特别强调从节奏入手进行音乐教育。节奏练习是与音乐、语言、动作、打击乐器等相结合的综合练习，是富有生命力和表现力的。形似单一地重复操练某一节奏型只会让人觉得枯燥无味，因此，我们应该综合运用各种形式使节奏训练有声有色，兴趣盎然。

首先，要注意节奏与语言的结合。语言本身就有旋律和节奏因素，根据我国各地的方言声调的轻重缓急各有不同的特点，我们可以开阔思路结合方言，以及说唱音乐等来开展节奏练习。

其次，要注意与肢体动作的配合。动作和音乐的结合，是人性的本能和自然结合的体现。发挥通感作用，增强协调能力，可以大量采用律动，声势教学，大胆借鉴我国少数民族的舞蹈、舞步，让学生感同身受地体会艺术来源于生活的道理。

最后，要注意与器乐的结合，利用简单的打击乐器，让学生乐于演奏。此外，我们还可以就地取材，将我们身边的生活用品"请"到课堂上来，鼓励学生开动脑筋自己创制简单的乐器，使学与做紧密结合，提高学生的增长知识才干的能力。例如五年级上册《森林狂想曲》可以让学生根据森林中出现的声音来创作声势参与到音乐中去。例如六年级上册唱歌课《美丽的夏牧场》学练提示中提到设计其他演唱形式，并分组表演。而在音乐知识中又提到了骨干音，我们可以就音筒来结合节奏设计演唱形式，既加深了对骨干音的学习，又培养了学生的对音程的初步学习。

（三）歌唱表现

歌唱是人们表达思想感情的重要方式，是人的本性表现。奥尔夫教学法注重歌唱的表现力，加强了多声训练。采用重唱、合唱、伴唱等形式，培养学生的试听、演唱以及集体创造的能力。我们在实际教学中，也应遵循这一理念，结合学生的理解能力设计一些简单易行的歌唱、多声部合唱、伴唱等形式，提高学生的多声部思维，充分发挥音乐教学培养人、塑造人的作用，陶冶性情、完善人格。奥尔夫教学法是灵活多变的，它强调与本土文化相结合，没有固定格式，我们需要针对不同教育环境和教育对象，创造出更多灵活的方式，使我们的教学过程以一种强调过程而采用的"隐性的、简略的、开放的"状态呈现出来。例如七年级上册有一个合唱练习，选自奥尔夫《学校音乐教材》，这个练习既训练了音准问题又训练了节奏，和声部之间的配合，是一个很好的练习。

综上所述，在倡导提高全民素质，培养综合型人才的当今，奥尔夫教学法原本性的教学思想与我国音乐新课程以人为本的教育理念"不谋而合"。我们应该从更加理性、更加深入的层面来理解、把握和运用奥尔夫教学法，充分把奥尔夫教学法的先进教育思想运用到我们的音乐课堂，在音乐课堂向深度教学绽放精彩中不断前行。

"成长课"中的灵动与色彩

——观工作室学员陈烨晴老师"老爷爷赶鹅"课后随想

　　欣赏着富有朝气的风姿，聆听着青春的育人语调，我找寻着自己。和你们一样，曾经我也是多么急于想上好一节课，比赛拿个好名次，来证明自己是有教学实力的教师，或者为自己的存在获得一丝呼吸的空气，更想获得听课者高度的好评与赞美。

　　为自己能跟名师及专家同台竞课，为自己能有机会站在大家的眼前，我会激动上好一阵子。然后是害怕，我能上好一节课吗？我能得到自己想要的教学效果吗？我能讲得精彩吗？一段反复试讲的折磨，教学环节一次次地被质疑，自尊和自信也一次次地被摧残，就这样夜不成寐地熬到同台现场。等别人的铃声其实更是折磨，两个铃声之间的十分钟，不是时间，是空间，是渐渐缩小而挤压的空间。你仄仄地被逼进死胡同，想过放弃，又觉得该去美丽一次，生或死，只要不虚脱都可以。然后，你会紧张、抽搐、陶醉，其实都不是真实的你。

　　走下课堂，你就是别人的了。你将活在评价的眼神里，你很认真地愧疚着，你觉得让别人浪费了宝贵的时间是一种多大的错误。可是，没有一个人的眼睛在注意你的不安。其实，所有真诚或敷衍的点评你都听不进去，你记得的永远是一个个失误的片段、一个个脱链的环节。

　　课堂，似乎总有一只魔手在拉扯你，把你拉向没有理智的地带，把你拽进缺失合理的黑洞。因为这只手，回到家里，你又开始继续折磨自己。自己怎么样，其实我们都知道，可年轻的心总希望有一种承认、一种鼓励推动我们行走的身板。

　　教与学，是一件多么不容易的事情，我们互相催促着，又无路可退。我不会肆意评论，我知道，随意说出的言语会击倒一颗成长的心。可是，我不能敷衍我欣赏或挑剔的眼光，它的每一次着陆都应该是实质的，你可以触摸到，可以咀嚼出。

　　一张张精美的图片，一段段悦人的音乐，还有你美丽的肢体语言，我知道，我要尊重你，尊重一颗努力过并且还在继续努力的心。多少个夜晚，你一次次修正自己的材料，一次次寻找名家的实录，你脸上的疲惫已经是你获得尊重的最好理由。一堂课的背后，是我们永远的疲倦。可是，我还是得表达我沉甸甸的担忧，即使我的眼睛掠过你疲惫的脸庞。我们也许走错了，走错了方向，那应该不是音乐。

音乐课传递给我们的音乐美、欣赏美、创造美、表现美，才是最本真的音乐营养。音乐课似水，是灵动的。音乐的灵动在于环节的设计。"像山那样思考，有没有触动到人的心灵？"我有点震惊于这样的触动，它能睿智地直入目标内核。

一、音乐课的灵动在于对话的意义

戴维·伯姆在对话之间看到了一条溪流，流动的，前进的。"对话并不仅仅局限于两人之间，它可以在任何数量的人之中进行。甚至就一个人来说，只要他保持对话的思维与精髓，也可以与自己进行对话。这样来理解对话，就意味着对话仿佛是一种流淌于人们之间的意义溪流，它使所有的对话者都能参与和分享这一意义之溪，并因此能够在群体中萌生新的理解和共识。"

我们也有"对话"，可往往是逼供的、被动的；有话而不对，则是若即若离的、恍惚破碎的。它仅仅停留在形式上的问答、理解上的表层。那不是有意义的溪流，无非是寂寞人说自己的寂寞，各说各的，没有融汇，更不会碰撞。

二、音乐课的灵动在于悟材的震撼

我教的是音乐，不是教参。所以，教参只有教师才拥有。缺失了个性的深度思考，我们就找不到音乐的色彩。于是，灯下，我继续悟材。音乐如水，越流动越深邃。

优质课，不是幼稚课，是成长课。没有谁可以要求你必须怎样、必须这样教，只是你必须明白：走出课堂后，我和我的学生是否因为我这样的教学成长了，西地平线上的落日或者山那边的狼嚎是否延伸进了我们生命的内核？阳光洒满课堂，飞翔的心是否布满天空？我不是评委，我是听课者，也是成长者。我可以不赞同你的观点，但我誓死捍卫你发表观点的权利。于是，我微笑地注视你走下讲台的身姿，尽管，你看不到。

三、音乐课的灵动在于聆听时的尊重、捕捉与提升

水在敲击岸时，有温柔有宁静，有激昂有高亢，真诚的接触不会阻拦水流的奔涌，但流水的韵律会更美，前行的信心会更足，奔流的气势会更盛。没有聆听时的真

诚与细心，想的都是下一步该怎么样，学生的回答你只会敷衍成"请下一个同学再来说"，精彩就在溪流中伫立消瘦。其实，你等的不是下一个同学，而是你的下一个步骤。快速有时意味着不够大气、不够自信，一如这浮躁前行的时代。

四、音乐成长课的灵动历程

（一）教学之初，我追求教学有格

有格课堂的主要特征是：目标明确、层次清晰、方法得当、主体突出、拓展迁移、训练到位、启迪思维、和谐共振、促进智慧生成、不乏妙趣横生、双边活动活泼而有弹力。

1. 讲求适度

即教学目标恰如其分；教学内容深浅恰切；教学结构层次清晰，教学中的提问的难易和时间的把握让学生思之有味。

2. 讲求信度

即通过创建有意义的师生交流，促进思维碰撞从而产生真实观点、促使学生掌握知识，习得技能，发展智力，形成良好的态度和价值观等相应的品质。

3. 讲求温度

通过有温度的教学语言，对学生进行情感的点化，心弦的拨动，达成师生情感的融通，教学方法得当，让学生的注意力、兴趣点、热情度始终随教师高低起伏、和谐共振。

4. 讲求深度

在课外把备课功夫做足，通过深入研究、精心设计、推敲打磨，彰显个人对教材的深度理解，有了深度才能引导学生从"教材表面"进入"教材底层"，去感悟、触摸教材的灵魂，激活"智慧潜能"，发展学生思维的深度，给予学生美妙课堂的精神享受。

5. 讲求广度

广度是一种大容量的思维方式，所以要注重对音乐的处理，善于抓住关键问题，从多方面，多角度进行思考，既不忽视对事实的本质的分析，也不放弃对具体细节的考虑，思路能围绕关键问题展开，使学生的思维获得更广阔的发展。要做到课堂教学有广度，核心在于教师对教材开掘的力度。

6. 讲求效度

有意识地关注教学活动结果与预期教学的吻合程度（有效果）教学产出与教学投入的比值如何（有效率），教学目标与特定的社会和个人的教育需求是否吻合以及吻合的程度（有效益）。能够在和谐的课堂氛围中，把预设和生成统一起来，既有高水平的预设，又注重动态的生成，体现出个人素养"积累度"，备课的"充分度"，授课中知识处理的"浓缩度"，执教艺术的"磁力度"，调动学生的"参与度"，处理教学难点的"多角度"，授课环节的"清晰度"，讲课节奏的"疏密度"等。

（二）教学成长过程中，我追求品位课堂

有品位的课堂的特征是：沉着稳健、智慧应对，从容不迫、张弛有度、美不胜收、妙不可言、是精彩厚重的课堂；是在立体的学习中积淀底蕴的课堂；是在全面的筹划中展示预设与生成的课堂；是在丰富的音符中拓宽视野的课堂；是在和谐的旋律中演奏诗意情趣的课堂。有品位的课堂要求教师必须有深厚的文化底蕴、广阔的学术视野、娴熟的教学艺术、灵动的教学机制，我会要求自己以儒雅、神韵、气质、魅力、领悟影响学生，感染学生，吸引学生，以自己文化的、精神的、心理的、内在的、主体的体验和学生进行心的交流。

1. 有个性之美

我会千方百计融入教材，平心静气融入音乐，和音乐亲密接触，和音乐情感相应。让自己的生命融入音乐，使自己的文化底蕴和智慧在教材研磨中光焰闪烁。

2. 有相机点化之巧

我会把那些超出预设的事件作为课堂教学进一步开展的契机，引出不确定性中存在的确定性，以构成教学中相互尊重、共同参与、共同营造的空间，从而造就课堂教学中动态生成的巧妙。

3. 有艺术审美性

我会努力发挥教学的创造力，充分展现教学的艺术性，会把课堂教学作为一门艺术，给学生以审美的愉悦，给学生创造高昂的美感体验，以便于学生在心灵豁然开朗之时，对音乐有种入木三分的印象，产生久久难忘的情感。

4. 有诗意的浪漫

我希望营造的课堂诗意是那种叫人流连忘返、依依不舍的情趣；是那种耐人寻味、思之无穷的情味。是自然的，连接着生活的源泉；是梦幻的，让人遐想联翩；是神奇的，熏陶着学生的灵魂；是智慧的，给予学生们无穷的力量；是一种幸福的享受，人格的提升，思想的撞击，一种生命的感悟。

（三）教学成熟过程中，我追求自然润泽课堂

自然润泽课堂的特征是：遵循自然法则和人的自然本性，情感上，不做作、不拘束、不呆板的，同时又以爱与尊重为精神内核，在民主、平等、和谐对话过程中、在丰富灵动的教学活动中、在个性化的音乐课程中，用感染、熏陶、浸润的方式，水滴而石穿、润物细无声、以心灵推动心灵、以情感启迪情感，以智慧催生智慧，不留痕迹地点化润泽生命，化教育于无痕，在无形中涵化学生的艺术素养。

让课堂充满灵动的色彩，我们仍在锤炼和打磨中，永远行走在音乐的路上……

《对鲜花》教学设计

一、教学理念

引导学生学会感受音乐、表现音乐是音乐新课标中的教育基本理念。歌唱教学作为音乐表现领域的组成部分，是通过歌唱形式实践审美体验的，情感教育也就成为演唱教学的重要目标。本节课，在每个教学环节的设计上，贯穿了"以音乐审美为核心，兴趣爱好为动力"的基本教育理念，通过律动、演唱、表演、创造等音乐活动形式，逐步引导学生用心感知音乐，用情表现音乐，提升学生们的审美感知，审美情趣。

（1）弘扬民族音乐。歌曲《对鲜花》是流行于我国北方的一首汉族儿童歌曲。歌唱者以互相问答、对猜花名的方式来比智慧、娱乐嬉戏。本课选定经典的北京民间歌曲作为教学内容，旨在通过学习民族音乐，激发学生热爱祖国的音乐文化，增强民族意识和爱国主义情操。

（2）以音乐为主线，以审美为核心。教学过程中以音乐为主线，引导学生在听、辩、唱、奏等活动中感受民族音乐的风格，加强学生对速度、力度、节奏、情绪、音色等音乐要素的理解，逐步积累感受音乐的经验，从而提高学生的音乐审美情趣。

（3）以学生为主体，以兴趣爱好为动力。针对三年级学生的特点和认知规律，进行创设形式多样的音乐实践活动，给学生提供了多方面参与活动的机会，充分调动学生的主动性和积极性，学生在愉悦的氛围中感受、体验音乐。

二、教学目标

（1）情感态度与价值观：能熟练演唱北京民歌《对鲜花》，感受歌曲活泼、诙谐的情绪，唱出民歌特有的韵味，并了解对唱这一演唱形式。通过学习歌曲，感受民族音乐与民俗风情的丰富多彩。

（2）知识与技能：能认识并唱准附点四分节奏"×．×"，引导学生用不同方法体验歌曲的音乐要素，用轻松自然的声音演唱北京民歌《对鲜花》，用创编动作的方法让学生熟悉歌曲并了解大自然。

（3）过程与方法：采用情景对歌的教学方法，通过聆听、模唱、创编等音乐实践活动来感受体验歌曲。

（4）逐步养成细心观察身边事物的习惯，可以不断从对自然的观察中学习丰富的知识。并根据同学们对各种花知识的了解为歌曲创编歌词。

三、教学重难点

（1）教学重点：能用一问一答的演唱形式表现出歌曲活泼、诙谐的情趣。

（2）教学难点：歌曲情绪的表达以及切分节奏和附点节奏的区分。

四、教学准备

钢琴、多媒体幻灯片课件。

五、教学过程

组织教学，师生问好！

（一）新课教学

1. 导入新课

师：同学们，欢迎你们来到今天的音乐课堂。你们在生活中是不是认识了许多花，老师现在出一个谜语，有谁能告诉老师这是什么花呢？

叶子像葱又像蒜，根儿像蒜不分瓣，

寒冬腊月花盛开，阵阵清香送人间。

生：水仙花。

师：对，真聪明，那么谁还能说一说你还看过什么花？

生：迎春花、菊花、油菜花……

设计意图：通过猜谜语的方式抓住学生的独立思考能力，并集中注意力，使学生投入新课的学习中，激发学生的学习兴趣。

2. 学习歌曲《对鲜花》

师：大家说得很好。今天，老师带来了四种花，请同学们来看看有没有认识的，如果有认识的请你来告诉老师这都是些什么花呢？

（出示课件：逐一播放四种花师生共同了解四种花的外形特征。出示节奏谱）

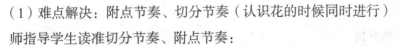

（1）难点解决：附点节奏、切分节奏（认识花的时候同时进行）

师指导学生读准切分节奏、附点节奏：

师：什么呢｜开花儿｜在水｜里—｜什么呢｜开花儿｜像木｜耳—｜

生：菱.角｜开花儿｜在水｜里—｜凤.仙｜开花儿｜像木｜耳—｜

师：什么呢｜开花儿｜红满｜山—｜什么呢｜开花儿｜满身｜刺—｜

生：山.茶｜开花儿｜红满｜山—｜蔷.薇｜开花儿｜满身｜刺—｜

师：你们觉得第一句中的哪个字节奏不一样？师讲解切分节奏。

师：那么第二句呢，在字旁边的小圆点叫附点，这样的节奏就叫附点节奏，加了附点的音符叫附点音符，请同学们用声势动作来表现一下附点节奏。在唱附点音符的时候，前面一个音要唱得长一些，后面跟着的音要唱得短一些。

全体同学一起进行节奏读拍练习。

（2）初听范唱，感受歌曲旋律及内容。

师：我们认识了四种花，想不想听一听有关这些花的歌曲呢？今天，老师就带来一首北京民歌《对鲜花》，请同学们认真听赏歌曲，并思考两个问题：①这首歌曲的情绪是怎么样的？②这首歌曲在演唱时跟平时的歌曲有什么不同？（听歌曲完整范唱）

生：情绪是欢快的，演唱有一问一答。

师：对了，像这种有两个或两组演唱者以一问一答的形式来演唱的歌曲就叫作对唱。在很多的民歌里，经常会出现对唱的演唱形式。

（3）用la随钢琴模唱歌曲旋律。

（4）试着填上歌词演唱歌曲（第一段）。（老师及时提醒演唱不到位的地方）

（5）师讲解注意点，全体同学再来一次。

（6）歌曲是对唱的形式，现在咱们分男女组，把第一段唱一唱。（女生坐着，男生起立）

（7）学唱全曲。

师：歌曲其实有四段歌词，这回请你们看着歌词，请随钢琴跟着音乐自学后三段。

（8）完整地随钢琴演唱歌曲。

设计意图：钢琴伴奏便于学生进行学唱这一环节，主要是让学生对整首歌曲进行学唱。唱准切分节奏、附点四分节奏"×.×"，引导学生用不同方法体验歌曲的音乐要素，加强学生对速度、力度、节奏、情绪、音色等音乐要素的理解，逐步积累感受音乐的经验，从而提高学生的音乐审美情趣。

3. 歌曲处理

师问：歌曲最有特点的地方是哪儿呢？怎么样演唱才能表现出歌曲的意境呢？

生答：①"什么"两字要加重语气，唱出一定要难倒对方的心情。②"瞒不了我"一句要唱出得意之情。③结束句的衬词用富有弹性的声音唱出回答上问题后的高兴与得意。

师：对了，那现在我们就按照同学们说的再来完整地有感情地演唱一遍。

设计意图：引导学生用心体验感悟音乐，用心表现音乐，培养学生爱好音乐的情趣，发展学生音乐感受鉴赏能力、表现能力和创造能力，提高学生的音乐文化素养。

4. 拓展延伸

（1）分组创编。

师：同学们演唱得都很好。但歌中只唱了四种花，百花园里可不止这四种花，我们能不能把它们也编到歌曲里呢？下面我们以小组为单位，看哪个小组编的歌词最好，演唱得最准确。

生：分小组讨论，创编歌词。

（2）展示创编成果。

师：哪一组愿意把自己创编的歌词表演一下？

师：选出一组到前面表演（十人左右）。

生：被选中的组在讲台前表演，一个人领唱问句，全组唱回答句，其他同学观看。

师：小组表演完了，大家来评价一下他们的创编和表演怎么样。

生：举手发表自己的看法。（如果时间允许，可再选一组来展示，并评价）

设计意图：通过自己对生活中所认识的话来进行创编，以激发学生的潜能，培养学生的创造精神。既丰富了学生的自然知识，又增强了词曲演唱能力。

（二）自我评价

同学们通过今天的学习有什么收获，学到了什么知识，一起来说说看。

（三）课堂小结

同学们说得很好！今天的课上我们学习了歌曲《对鲜花》，又进行了歌词的创编，使我们知道了很多种花的特点。同学们不但唱得好，编得也很好。希望大家下次课能有更出色的表现。

六、教学反思

抛除与音乐无关的花架子，在真实、质朴的课堂上实施有效的教学活动，坚持

"以音乐为本、以学生为本"的教学理念，是我们一线音乐教育工作者值得关注和思考的重点。《对鲜花》是一首北京童谣，看似简单的一首歌，里面却蕴藏了丰富的民族文化，如：北京方言中的儿化音，衬词的运用及演唱、对唱这一独特演唱形式的特点、歌词合辙押韵的规律等等。如果以简单说教的方式教给孩子们这些知识，那么音乐课堂就失去了其独特的特点和魅力！

创编歌词进行表演是本课的一大亮点。我利用了具体直观的教学卡片来帮助学生理解歌词"合辙押韵"的特点，在创作的过程中，充分调动了学生学习的主动性，鼓励孩子们在轻松愉快的氛围积极大胆进行音乐创作，同时也特别注重全体学生的参与和创造能力的培养，及时对孩子们的表现给予恰当的评价，鼓励引导学生之间进行互相评价，孩子们都兴趣盎然地参与到音乐活动当中，通过新编歌曲《对鲜花》的创作，同学们建立了学习音乐的自信，体验了音乐创作的乐趣！

从课堂反馈的效果来看，教学的三维目标已达到，教师的主导与学生的主体作用发挥较大，师生配合也较默契，大部分学生的积极性与兴趣较高。感觉器官也是积极的，不同目的、不同任务的"听"与"唱"使学生活跃在学习的前沿，主动参与到音乐活动中。以音乐审美为核心、重视音乐实践是设计这节课的基本理念。在教学中师生共同体验、发现、创造、表现和享受音乐美的过程贯穿整节课的学习。

七、教学点评

脉络鲜明，重点突出是本课的特色。为了体现以"花"为主题的目标，选择的教学内容都与花有关，通过环境布置让学生在"花的海洋"中进行听花、闻花、唱花、赏花等一系列与花有关的活动。而这些活动最终又是为"对花"准备的。在这一过程中学生不但了解了民间音乐的绚丽多彩，而且掌握了"对"花的技巧，通过实践享受到了创造的成功体验以及民俗风情中的欢乐情趣，喜爱民族音乐的感情油然而生。

设计环节紧密联系、层层递进是本课的另一特点，不但帮助学生理解歌词的含义，更主要的是培养学生的一种思维方式为后来的创造活动做了准备。再比如巩固歌曲时老师故意打乱歌曲顺序与学生"对"歌，这其实比平时一般意义上的巩固歌曲更深一层，这实际是在巩固一种"对歌"技巧，从而真正达到"对"的目的，而不是毫不动脑地一味地看着书唱。这种训练方式为接下来的创编活动打下了良好的基础，起到了事半功倍、水到渠成的效果。

（本教学设计发表在《当代教育实践与教学研究》杂志 2016 年 12 月）

《我做错了吗？》教学设计

——粤教版《品德与社会》三年级下册第二单元第二课

一、教学理念

《品德与社会》是以儿童社会生活为基础，促进学生良好品德形成和社会性发展的综合性课程。"我做错了吗？"这一课的内容是让学生学会与朋友相处，学会反思自己的行为，并找到化解矛盾的方法。

我以《好孩子要诚实》这首歌曲导入开始，创设情境，引导学生参与活动。本节课我打破单一、呆板、严肃的课堂模式，以学生生活为资源，以小品表演的形式，通过学生交往中产生的心灵感受来体验同学之间互敬互让、互相帮助，营造民主、愉悦的课堂气氛，让学生学得主动，学得自然，学得快乐，真正成为认识的主体，学习的主人。

本节课我采用的教学方法是创设情境与生活体验相结合的方法。学生的学习方法是：在小品表演中讨论交流，学会合作学习。

二、教学目标

（1）知识和能力：①当别人不高兴时，懂得反思自己的言行。②对朋友以诚相待，实话实说。③学会化解生活中的矛盾。

（2）过程和方法：创设情境法、合作探究法，让学生在体验中成为真正的学习主体，潜移默化地学会做人、得到真知。

（3）情感态度价值观：①在与朋友交往的过程中，懂得反思自己的言行。②当与人发生矛盾时，能够主动与人沟通，消除误解。

三、教学重难点

（1）教学重点：在与朋友的交往的过程中，懂得反思自己的言行。

（2）教学难点：学会处理生活中的矛盾。

四、教学策略

针对学生年龄偏低、认知水平尚浅并偏重于形象思维的特点，教师应避免太多的理论说教。我尝试结合小品表演的形式，把发生在学生自己身边的具体事例，通过创设情境与生活体验相结合，以扩充课文内容。使学生在小品表演的体验中，在讨论交流中，懂得反思自己的言行；当与人发生矛盾时，能够主动与人沟通，消除误解。

五、教学准备

多媒体课件、小卡片。

六、教学过程

（一）歌曲导入

师：同学们好！戴老师第一次来给我们三（3）班同学上课，我给大家带来一份礼物，一首好听的歌曲《好孩子要诚实》，我们一起来唱唱吧！（播放音乐）

师：同学们唱得真好！歌曲中的小朋友冤枉了小花猫打碎了花瓶，他做错了吗？

生：是的。

师：我们应该做一个知错就改的好孩子！

（二）情景体验

师：现在，老师请同学们看看一个发生在校园里的故事……

（旁白）：在学校运动会班级运动员选拔时，体育委员何同学发愁没有合适人选参加接力赛，这时，新来的张同学自告奋勇地报名参加，由于太紧张，接力赛时把接力棒弄丢了，因这一失误，班级只获得第三名。体育委员何同学很生气，一边哭、一边埋怨张同学，不会接力就别逞能嘛！

李同学看到张同学哭了，就和同学们跑过去安慰着张同学，在同学们的帮助下，张同学不再哭了，但心里还是很委屈……

运动会结束后，几位同学又发生了一些事情，请看课本剧《我做错了吗？》

李同学（出场）：往前走……

何同学（出场）：李××，你听见张×在背后说我的坏话了吗？

李同学（出场）：（做摇头的动作）……你自己好好想一想？

何同学（出场）：你不说，就不跟你做朋友了！（气呼呼地掉头就走了……）

李同学（出场）：（做出难过的表情……）看着何同学走了……

张同学（出场）：李同学你怎么了？

李同学（出场）：运动会接力赛你失误了，何同学责备和埋怨你的事，他问我，我没有说！他生气了，说不跟我做朋友了。

张同学（出场）：没关系！还有我呢！

李同学（出场）：可是，我一直把何××当作我的好朋友……

……

表演者暂停！

（三）讨论交流

活动一：好朋友要不要实话实说？

（1）请同学们说说李同学心里委屈吗？

（2）请同学们根据以上表演的情节，说一说李同学要不要对何同学实话实说。

（3）联系实际说说自己有没有碰到过类似的事情，自己又是怎么处理的？

现在，我们再来看看3位小同学是怎么处理这件事情的呢？

……

表演者出场！（给出答案！）

李同学（出场）：（看见何同学跑过去）……何××……（一只手拉住何同学的手说）对不起！我当时没有及时把张×心里受委屈，以及生你气的原因告诉你，是怕你更生气，你们的误会、矛盾会更深！

张同学（出场）：走到他们中间……（一只手拉住何同学的手说）。何××，对不起！运动会接力是我的失误，你的责备和埋怨，我不怪你！

（结尾）三人握着手一起说：没关系！都过去了，以后我们还是好朋友！

设计意图：坚持贴近实际、贴近生活、贴近儿童的原则。从学生实际出发，合理地利用、开发学生身边的课程资源。让学生在生动具体的情境中学习，寓教于乐，循序渐进。引导学生说真话，吐真情，重友情。在交友过程中，要懂得：以诚待人！

现在，再来看看发生在你们班的2位同学的故事：

张同学（出场）：李×，你把我借给你的笔弄坏了，你真讨厌！讨厌！讨厌！以后再也不借你文具了！

李同学（出场）：不借就不借！有什么了不起的！

……

表演者暂停！

活动二：学会化解生活中的矛盾

（1）你会用什么方法化解他们的矛盾呢？

（2）说说自己与好朋友闹矛盾的经过。

（3）如果现在还有矛盾，你打算怎么做？

现在，我们再来看看这2位同学是怎么处理这件事情的呢？

……

表演者出场！给出答案！

李同学（出场）：张×，对不起！我弄坏了你的笔，我不是故意的。我爸爸说，弄坏了同学的东西，是要赔的，今天，我买了一支新笔送给你！

张同学（出场）：没关系！我爸爸也说了，你不是故意弄坏的，同学之间要互相谦让，和睦相处，男子汉要大气、更要大度！我还有很多笔，你就拿着自己用吧！

（结尾）

李同学（出场）：那好的，谢谢了！

张同学（出场）：不用谢，我们还是好同学，好朋友！

设计意图： 在与好朋友发生矛盾时，无论是不是自己的过错，即使受到误解，也应该主动寻找机会和解，并且用实际行动帮助自己的朋友、使朋友认识到自己行为的不当。在交友过程中，对朋友：宽容豁达！

活动三：让我们大家帮你想办法。说说自己被人冤枉的事

（1）回忆自己有没有被人误解的事情，当时的心情是怎样的。

（2）请同学们帮忙分析一下自己为什么被误解。

（3）今后该注意些什么？

活动四：讨论当错不在自己时，要不要主动与人和解

从自身角度和他人角度说，如果出现争议，可以在小组内进行讨论。

活动五：祝福语展示

请在你准备好的贺卡上面写出自己收集到的友谊的名言，也可以写上对好朋友的祝福。写好了，请读给大家听一听，再把小卡片送给你的朋友！

设计意图： 根据学生的实际，努力超越教材，活化教材，积极创设情境，联系生活实际，"有意识地"把儿童带回到真实的生活中去，体现"多一点活动，少一点说教，多一点开放，少一点呆板"的教学理念，真正做到让品德与社会课"活"起来，激发学生的思想道德情感，提高学生的道德认识。积极调动学生自己已有的生活经验，通过讨论交流，让学生意识到与朋友交往的过程中，一定要多多反思自己的言行。

（四）课堂小结

师：看到同学们的表演和讨论，我心里非常的高兴，同学、好朋友之间就是需要大家互相关心、互相帮助、以诚相待。多一分理解，多一分尊重，凡事多多反省，宽容豁达，你就会有更多的朋友。

那么，今天老师要送给大家一句话：希望你们朋友之间的感情天长地久！

师：最后，就在《好朋友》这首歌中结束我们的课吧。

七、总结反思

（1）通过这节课的学习，引导学生在与朋友相处的过程中，探讨还有哪些不懂或者需要注意的地方？

（2）听了大家的办法，让朋友之间相处有问题的同学们，找到了解决问题的办法，即让我们互相谦让，互相帮助，当与人发生矛盾时，要反思自己的言行，找到化解矛盾的方法。在与好朋友发生矛盾时，无论是不是自己的过错，即使受到误解，也应该主动寻找机会和解，并且用实际行动帮助自己的朋友、使朋友认识到自己行为的不当。

（3）学生对教学内容做进一步的感悟，使他们的认识从"到位、内化、升华"，达到"课有余而意无穷"之实效。

（本设计发表在《教育现代化》杂志 2016 年 7 月下半月）

民族管弦乐曲《翻身的日子》教学设计

一、课型

欣赏课。

二、教学内容

欣赏民族管弦乐曲《翻身的日子》。

三、教学目标

（1）感受民族管弦乐曲《翻身的日子》热烈欢腾的情绪，初步了解乐曲的创作特点——"螺丝结顶"和"对答呼应"，从情感上喜爱这首乐曲。

（2）通过听赏，让学生了解民族乐器中的板胡和管子的演奏方法，引导学生听辨板胡、管子演奏的音乐主题，并能随音乐做不同的律动。

（3）提高学生的欣赏能力和学习民族器乐的兴趣，激发学生热爱民族音乐的情感。

四、教学理念

感受是音乐学习活动的基础，教学中应该采用多种手段激发学生听音乐的兴趣，用多种途径引导学生听音乐，给学生养成良好的聆听音乐的习惯和方法，从而逐步积累感受音乐的经验。《翻身的日子》运用明亮的板胡和善于模拟人声的管子，对答呼应的创作手法以及欢快的速度表现了农民翻身做主人的喜庆场面。在本课中，没有作太多的讲解，而是给学生提供了许多参与活动的机会，如模仿板胡演奏、欣赏演奏视频、模唱管子旋律、对答比赛等，使学生在活动中逐渐加深对作品的理解。

五、教材分析

（1）《翻身的日子》是作曲家朱践耳1952年为大型纪录片《伟大的土地改革》写

的一段插曲，广为流传。乐曲以火热的情绪、流畅的旋律和活跃的节奏以及所反映的时代变革而引起人们感情上的强烈共鸣。这首乐曲具有较强的艺术生命力，它音乐形象鲜明、生动，乐队配器色彩丰富、协调统一。乐曲中领奏旋律均由个性色彩较强的板胡、管子担任，因而能表现出强烈的欢乐情绪。

（2）全曲由三个部分和引子、尾声组成。先由乐队合奏出热烈欢腾的引子，然后板胡奏出富有陕北风味的主题，明亮活泼。

第一部分主题在变化反复时加入了板胡，表达了抑制不住的喜悦之情。主题末句由乐队复奏一次，形成一唱众和、一呼百应的生动效果。

第二部分主题选用山东吕剧音调，由管子领奏，并与乐队对答，幽默诙谐，富有情趣。

第三部分的旋律借鉴了河北吹歌的发展手法，乐队分成两组，对答呼应，句幅递减；之后，由管子和板胡不断吹奏更换着的长音，而乐队演奏围绕这些长音旋转的短小音型衬托呼应，这种民间音乐中常用的"紧拉慢唱"的手法使音乐有层次地展开，抒发了农民欢天喜地庆翻身的热烈情绪。

尾声是引子的变化再现，首尾呼应，一片欢腾。此曲曾由（储望华）改编为钢琴独奏曲。

（3）历史题材的音乐作品，由于年代久远的原因，远离学生生活经历和文化视野，很难与其产生共鸣、引起兴趣，尤其是高年级学生，年龄阶段的心理特征决定了他们对课堂反应的被动。因此，既能调动学生兴趣，又能达成教学目标是我备课时把握的主要原则。

六、教学重难点

（1）感受作品欢快喜庆的情绪，了解作品风格。

（2）听辨板胡、管子音色。

（3）熟记并表现对答主题旋律，配声势、肢体参与等手段。

七、教学准备

钢琴、多媒体课件、相关图片及音像资料等。

八、教学过程

学生在音乐中走进教室、师生问好！

（一）节奏导入

师：在生活中你们见过敲锣打鼓是怎么敲打的吗？请学生模仿老师的节奏（或生展示）。

播放引子音乐，师生随音乐打出节奏。

师：人的情绪有很多种，有时高兴，有时不高兴，音乐同样能表达人的情绪，那这一段音乐，它表达了什么样的情绪？（欢快喜庆的）

设计意图：从情绪入手，让学生在轻松愉悦的环境下对本课产生兴趣，为接下来的学习主动性奠定了良好的基础。

（二）新课学习

1. 总体情绪感受

完整播放《翻身的日子》，学生听完说出自己想了解的问题关键词（曲名、作者、速度、演奏形式、情绪、旋律、乐器等）。

设计意图：指导并培养学生发现问题、提出问题的能力，积累欣赏的方法。

2. 分段欣赏

（1）欣赏作品第一主题。

①听辨是什么乐器演奏的？（板胡）

②出示图片，认识板胡，找出二胡和板胡的异同。

③出示板胡旋律谱（第一主题），边听音乐边在标有节奏的地方拍一拍。（再次认识实体板胡，师拉一拉，生模仿拉一拉）

④欣赏演奏家演奏板胡的视频。

⑤随主题音乐，模仿演奏家拉一拉板胡。

⑥从三个音乐小片段中，分辨板胡音色。

设计意图：带着不同的要求完成一次次的欣赏活动，学生在不知不觉中熟悉板胡主题旋律，在对比中巩固板胡音色，潜移默化中感受乐曲风格，达到将复杂的内容简单化的目的。

（2）欣赏作品第二主题。

①播放音乐，学生说说演奏的乐器。

②出示管子及演奏姿势图片，欣赏管子独奏音乐，感知管子音色。

③欣赏吹管乐合奏片段，模仿吹管乐器演奏姿态。

④学唱（哼唱）管子演奏的第二主题旋律片段。

设计意图：对管子的认识采取视听结合，学生在参与中获得了体验、获得了知识。

⑤风格归纳：

a. 为什么作品中用到板胡和管子这两种北方民族乐器？

b. 梳理民族管弦乐队的组成。板书：民乐合奏。

（3）欣赏作品第三主题。

①师生用拍手做对答游戏，在欣赏第三主题中找出相似之处。

②简介螺丝结顶的创作手法。

③学生用各种形式表现对答段落。（出示对答旋律谱）

④师讲解乐曲的创作背景。

设计意图： 在参与中理解音乐、发现音乐的规律，从而更好地表现音乐，达到熟记音乐主题的目的。在学习方式上再一次体现了"以学生为主体、教师为主导"的理念；通过背景的讲解，加深学生对作品喜悦情绪的理解。

3. 再次完整欣赏全曲

（1）播放全曲，师跟着音乐板书画图，生边听边跟音乐作出相应的动作。

设计意图： 再次完整地聆听一遍音乐，加深对全曲的印象、对作品的理解。

（2）解决欣赏前学生提出的问题。（曲名、作者、速度、演奏形式、情绪、旋律、乐器等）

设计意图： 从部分再次回到整体，给学生重新进行一次知识的梳理，巩固达成本节课的教学目标，也是对学习效果的检验。

（3）欣赏某钢琴演奏者的演奏视频，通过对比再次感受作品带给我们的喜庆情绪。

设计意图： 从学生熟悉和敬仰的人入手，让学生了解作品的不同表现手段和形式，进一步感受作品给我们传递的喜悦之情，再次激发学生对民族音乐的情感。

（三）课堂小结

师：大家都认识这位演奏者吗？

对，这是一位出色的青年钢琴演奏家，在国际上都享有盛名。我们刚才欣赏的形式是钢琴独奏，在前面我们还欣赏到了民乐合奏以及视频里面民乐与打击乐配合的演奏家的合奏，不管是哪种演奏形式，他们表现的情绪都是一样的，欢快喜庆的！

这节课同学们表现得真好！老师希望大家在课后，能通过网络再找一找，《翻身的日子》除了我们在课堂上欣赏到的有民乐合奏这种表现形式外，还有其他的乐器演奏形式吗？在下节课和同学们一起分享。

设计意图： 通过了解不同的演奏形式，植入现代音乐元素及配乐风格，让学生的思维更开阔，激发学生热爱民族音乐的情感。

九、教学反思

《翻身的日子》是一首离学生生活很久远的作品，学生不易理解创作背景及作品表达的情绪，为此，我整个教学过程紧紧围绕"听赏板胡、管子"这一主题音乐展开，利用网络资源，为学生展示了不同形式的演奏风格，让学生享受民族音乐的同时扩展他们的视野，有意发展学生的创造性思维。同时抓住作品中出现的特色乐器和对答的创作手法跟学生一起交流，注重学生多方面的参与，整个教学过程比较流畅，教学设计突出新课标的基本理念，有利于学生感受美、表现美等能力的培养。学生在课堂上感受到了作品传递给我们的快乐和愉悦，在与同学的配合中体验到了合作的成功。同时，学生认识了北方常用的两件民族乐器，掌握了欣赏音乐的方法，积累了民族音乐主题。

十、教学点评

这节课能基本体现音乐课标的基本理念；课前准备较充分；教学组织较严密，教学环节、时间的安排较合理、紧凑；教学目的较明确，基本达到教学目的，能突出教学重难点，也能灵活运用多种教学方法和学习方法；能注重学生的情感体验；知识与技能的学习安排也较合理，整堂课的教学效果良好！

学生从走进教室一直到走出教室，音乐都在他们的身边。老师一方面课下收集了大量的相关音乐素材，如果只是让学生反复聆听同一首乐曲，哪怕该乐曲再优美，学生的兴趣也很难保持长久，因为书上的内容很少，想要使其变得丰富，必须挖掘教材内容，充实教学内涵。为此，教师把与《翻身的日子》相关的不同乐器演奏形式都收集起来了。在进行教学设计的时候，有针对性地对其进行了巧妙的优化组合。所以教师的设计是一次音乐与民族相结合的尝试，学生沉浸在《翻身的日子》喜庆欢快的旋律中，我相信通过本课的学习，他们肯定会对我国的民族音乐更感兴趣，无形中提升了审美和创造美的能力。

育心篇

涵育有生命力的教育，凝聚学校
高品质发展的增值力

进入新时代，踏上新征程，教育事业该如何发展？党的十九大报告指出："建设教育强国是中华民族伟大复兴的基础工程，必须把教育事业放在优先位置，深化教育改革，加快教育现代化，办好人民满意的教育。"落实立德树人为根本任务，发展素质教育，推进教育公平，培养德智体美全面发展的社会主义建设者和接班人。

教育要有新作为，意味我们不仅要关注教育的未来，更要关注时代的未来。在专注教育内部变革的同时，要有更宽的时代视野和格局，要找准基础教育时代坐标系的新定位，而非仅仅把目光放在自己学校内部。当前，人民有着更好的教育期待，优质和公平是教育重要的时代命题，所有担当的学校应当承担起这方面的责任，为教育事业整体的平衡和充分发展竭尽全力。把知识、生活、生命高度融合，建设有生命力的教育，这是教育的重要使命，也是理想教育的最高境界。

皇岗小学在"敬业修德"办学理念引领下，以"树立新理念、确立新思路、谋求新发展"为领导素质目标；以"修炼高境界、锤炼高本领、追求高品位"为教师素质目标；以"培养好品质、发展好个性、奠基好人生"为学生素质目标。坚持"育人为本，德育为先，能力为重，全面发展"的工作方针，强化基础教学，培养创新能力，注重全面发展，突出个性培养，努力形成办学特色，把皇岗小学发展成为充满"办学活力、办学实力和办学魅力"的现代化学校。

一、在"共识"中启程，夯实文化育人的思想基础

（一）大格局，理念先行，找准文化的根

校园文化是一所学校在长期的办学实践中积淀而成的育人条件、历史传统和校园氛围等诸多方面的总体反映。良好的校园文化对于整合育人资源、拓宽育人渠道、强化育人效果、提升文化品位具有重要作用。皇岗小学建校86载，教学楼以厚德楼、尚

德楼、崇德楼、敬德楼的重构，传承历史文脉，厚重学校底蕴；新生入学首先学习皇岗村史、校史；校园"敬德"石碑、科技墙，校训、教风、学风墙、丰厚的绿色植被园……无不渗透着学校文化理念，充分发挥以文化人的潜移默化功能。

（二）大高度，顶层设计，用目标和共识凝聚人心

学校要发展，就要提高管理效能，就需要教师们有一个共同的目标，让学校成为教师的一个"幸福的家"。这个"家"还要倡导"包容、快乐、高效"的六字理念，倡导包容，才能更好地团结在一起做事；倡导快乐，才能带出快乐的学生；倡导高效，才能更好地享受生活。学校集众人之智慧，集众人之力量，制定了皇岗小学学校章程、皇岗小学"十三五"发展规划、皇岗小学制度汇编等。有鉴于此，第一年，和谐稳定，迈出坚实的第一步；第二年，稳定发展，力求办学质量稳步提升；第三、第四年，发展提质，争取办成区域内知名学校，走到舞台的中央。"独行快，众行远"，有了美好的愿景，朝着共同的目标，一群志同道合的人，在一个大家庭中，齐心协力，共同努力，快乐做事，一定能创造出教育的奇迹。

（三）大空间，注重文化育人、实践育人、服务育人

立德树人从来不是对人单一的影响，而是一种熔炉式、360度全方位的感染、教育、引领。学校从各方面开拓各类校园文化活动的阵地和载体，为学生的成长成才提供良好的文化环境，以达到通过各类实践活动来提升学生的综合素养和核心素养。

（1）组织开展各类文化讲座活动、法制和安全教育讲座、心理健康教育讲座、人文素养讲座、国学经典讲座、感恩讲座、红色教育讲座、戏剧进校园展演以及各类德育主题班会的讲座等。通过讲座，提高学生的综合素养。

（2）组织学生研学旅行，根据教育部等11部门印发《关于推进中小学生研学旅行的意见》，皇岗小学将研学旅行纳入课程教学计划。研学，行走的课堂，让孩子们走出校门，走入电视台、污水处理厂、粮食加工厂、高科技企业，融入大自然和现实社会的"大课堂"，学会团结、学会独立、学会思考，学会解决问题。我们期待，人的创造力被唤醒！

（3）组织落实好学校既定的"三节两会"暨缤纷艺术节、创意科技节、快乐体育节；班主任德育研讨会、教育科研研讨会。"三节两会"，是学校文化的悦动音符，是皇小历史长河的生动乐章。在舞台上，老师、学生的综合素养得以展现，皇小的文化得以弘扬。

（4）组织落实好"阅读的我最可爱"读书月活动。阅读，能成就一个人的精彩人生，阅读能成就一所书香校园。继续实施阅读升级计划，推进学生大量阅读和背诵经典。低年级和中高年级分类诵读经典，由教科室和语文科组确定推进计划，确定阅读和背诵内容，利用升级计划，评比阅读小状元，小榜眼，小探花。

（5）组织好家校共育，打造学校教育同盟军。为了引领家长很好地实施好自己的职责，学校要求家长进行角色转换，由旁观者，变为参与者；由监督员，变为合作者。并提出家校合作的理念为：同一颗心，另一只手；两只手，分工不同，但任何一只手都不能缺失。实施四共工程：亲子共读书、共运动、共游艺、共游历。组织全校家长会、开设春晖家长学校，给家长开设培训课程，征集家庭教育建议，采取论坛、专家讲座等方式，全力帮助家长提升教育理念，把家长变成学校教育同盟军。

二、在"共创"中共赢，构建永葆童心的课程体系

课程是学校教育的核心要素，是学校教育思想、教学理念的集中体现，也是实现办学目标、提升办学质量的重要载体。学校以创建"为培养合格公民打好基础"为办学目标，以建设"皇小课程"为核心目标，形成极富特色的四维课程体系。学校将以社会责任、国家认同、科学精神、审美情趣、实践创新等核心素养融入课程之中，推动学生基础性学习、发展性学习、创造性学习的发展，满足学生全面有个性的发展需求。

（一）以国家课程为核心课程

核心课程体现国家教育意志，面向全体，是学校全部课程的核心，为其他课程提供示范引领。各学科教师研制适合本学科的课堂教学模式，形成学科教学"专业公共契约"，规范教师的教学行为。以课堂研讨为中心增设课堂"预习检测"和"当堂检测"两大课堂教学环节，分别用以督促学生前置学习和辅导学生课后巩固提升，形成"前置学习—课堂研讨—课后巩固"的教学新格局。加强对基础性课程进行样本化改造，以适合学生进行自主、合作、探究性学习的需求。

（二）以生命力课程为拓展课程

面向全体，以"四点半课程"实施社团活动校本课程开发。由课程本位向学生本位转变，改变校本课程以完成课程为目标、缺乏优化与选择的状况，强调课程建设服务于学生成长，以提高学生的素养和丰富学生的内涵，让每个学生都能发现自己的生命价值，释放生命的能量，绽放童心的光彩。鉴于此，通过"四点半课程"开发了近50门课程，供孩子们选择。目前，生命力课程分为四类。学习研究类：主要有服装设计、24点、英语趣配音、玩转电学等；实践类：小小实验家、3D打印笔、纸艺、展能兴趣班等；综艺类：戏剧社、舞蹈社、合唱社、葫芦丝社等；益智类：足球社、篮球社、羽毛球社，武术、街舞、棋类等。

（三）以绿色艺体课程为研究性课程

面向全体及部分学生。构建"一二三"绿色艺体课程教育模式：一个目标（以立德

树人为根本任务……）、二个课堂（艺体学科课堂、社团活动及实践课堂）、三个提升维度（惠及全体学生关注个性发展提升艺术素养）。实现以美育人、以文化人的育人目标，通过校园文化创建、艺术课程教学、课外和校外艺术教育等艺术活动，使学生在艺术感知、艺术表现、艺术创造活动中，提高审美情趣，形成审美素养，进而建构起完善的艺术审美心理结构，并最终形成健全的人格。

（四）以融合教育课程为隐形课程

面向极少数学生。学校根据上级要求，为做好特殊儿童随班就读的工作，学校建立了一个60平方米的资源教室，配备一名专业特教老师以及根据需求安排多名特教老师助教，制定专门特教课程表，纳入学校课程教学体系。在市区随班就读工作精神的统领下，学校探索出一套外合内融、情智共生的校本化实施路径。一是打造"舒适"与"建构"的生活环境；二是构建"自主"与"协同"的适性课堂；三是建设"专业"与"跨界"的教师团队；四是开发"丰富"与"适性"的专属课程；五是建立"动态"与"系统"的评价体系。

三、在"共培"中成长，创新队伍建设的培养机制

（一）规划学校发展的高度

学校发展是一个永恒的命题，如何发展、如何评价却是一个不变的话题。发展学校关键是发展教师，不是一个教师、几个教师，而是一个群体。教师专业发展是一个长期、连续、复杂的发展过程，是高水平教师成长的必由之路。学校应成为教师成长的生态平台，在一所学校里，当教师成长同时带来各方共赢的生态时，才有可能具有持久的生命力。学校发展维度如图1所示。

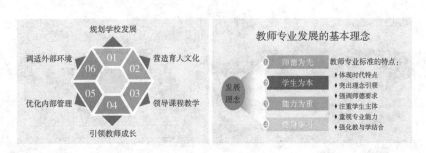

图1　学校发展维度

（二）规划教师发展的宽度

教师队伍建设之于教育，之于学校到底有多重要？那么学校到底该如何为教师搭建成长平台？教师实现专业成长又需做到哪些努力？教师成长步骤如图2所示。

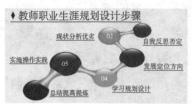
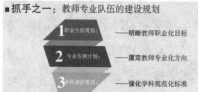

图2　教师成长步骤

（三）规划教师发展的深度

皇岗小学以借助名师工程、青蓝工程、读书活动、皇岗杯赛课、科组研讨课、评课议课、主题阅读、课题研究教育教学活动等，大力推进教与学方式转变，促进教师专业化发展，提高学校教育教学质量。让"自主、合作、探究"成为课堂主旋律，以创建"自主互助学习型课堂"实现教师与学生两个主体的最优发展。教师个人发展规划如图3所示。

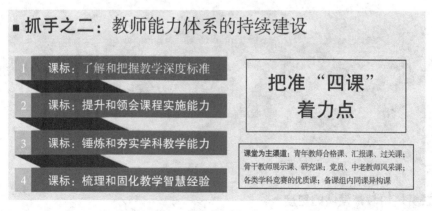

图3　教师个人发展规划

（四）规划教师学习的厚度

只有改变教师，才能改变学生；教师成长了，学生自然就会成长。教师的境界决定学生成长的高度，唯有深度学习，才能以一棵树摇动另一棵树，一朵云推动另一朵云，一个灵魂唤醒另一个灵魂。皇岗小学采取"请进来、走出去"的方式，多批次邀请张健部长、杨坚校长等专家来校讲座，前后20多批次派老师赴南京、武汉、浙江等地交流学习，深推教师发展。L教师年度学习进修的专业发展安排如图4所示。

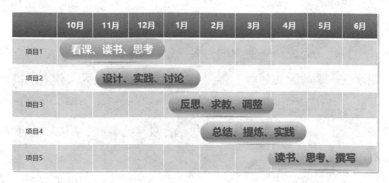

图4　L教师年度学习进修的专业发展安排

四、在"共享"中发展，提升规模办学的综合实力

（一）学校教育背景

皇岗小学属于城中村学校，非深户学生比例占到82%，根据《2015福田区教育质量健康体检项目皇岗小学报告》解读，父母受教育程度，我校学生父母高中（职高）及以下学历占比较高，受教育程度明显低于福田区平均水平，家庭在艺术素养的教育与培养上仍相对薄弱，受重视程度相对较低。我校与社会行为有关问题的调查，亲社会行为，我校略微差点，本区/本校（86.42%/85.29%）。我校对艺术课的喜爱程度略高于本区，但用于艺术兴趣班时间明显少于本区，对艺术课满足自身兴趣比本区有更高的认同。语文、数学及科学未达到课程标准基本要求（C）的占比本校与本区的差距不大，甚至优于全区；家庭教育资源方面，我校家庭图书量明显低于我区，我校课外阅读量略低于我区。父母参与子女日常交往，我校略低我区。以上就是我校学生家庭背景及教育概况。

（二）提升教育品质

福田区为实现教育优质均衡发展，全面优化教育供给体系，协调和整合影响学校和学生发展的有利资源，提高学校管理水平，统筹学校的力量，成立福田区城中村品牌学校创建联盟，皇岗小学也搭上了规模办学、品质提升的快车道！2年来，3名教师先后获得深圳市优秀教师、深圳市优秀班主任光荣称号；老师多人次获得市区各项能力大赛特等奖、一等奖、二等奖；学生获得各级奖项100多人次；皇岗小学"脸谱艺术软陶社团"被评选为2017年深圳市中小学生"优秀社团"。

"教育的关键是用匠心唤醒灵魂和润泽生命。"优秀的教育工作者，除了要有诗人的情怀，更要有匠人的手腕，要不断用匠心去思考教育的本质、领悟教育的本义、探索教育的实践、加强教育的感染……而教育工作者的匠心主要体现在职业精神、职业素养、职业技能等方面，具体表现为爱心、耐心、专注、坚持、专业和敬业等。具有教育特质的匠心，不仅是教育工作者的良心拷问和责任担当，更是引导和感召教育工作者迈向理想教育、完成历史使命的必要条件。皇岗小学拍摄的教师宣传片《灵魂的工匠——记改变孩子的天使教师》得到了区教育局以及区人大代表的高度认可，一致认为这样做教育做到了细、小、实。是教育综合软实力的体现，是城中村教育品质的体现，是促进公平，提高质量的体现，我想，对这些真心、用心做教育的教师，灵魂的工匠是对他们最好的褒奖词！

学校将以皇岗小学学校章程、"十三五"规划为指引，积极推崇理性管理，即刚性的制度管理与柔性的人本管理有机融合。在师生中实行多元、动态、双向评价，激活每一位师生寻求自我发展的内需，为每位师生撑起展现个性、自主发展的空间，增强其认同感和归属感。努力实现着"让每一个学生都有发展的空间；让每一个学生的潜能都得到开发；让每一个学生都能在学校快乐地生活和成长"的目标。进一步激发学校的办学活力，谱写教育改革的新篇章，开创教育发展新局面，站在未来教育的高点，建设有生命力的教育，为福田教育"建成标杆、走在前列"做出新的更大的贡献！

（本文发表在《中外教育与研究》杂志2018年4月）

聆听花开最深处的拔节

　　音乐有最强烈的力量浸入心灵的最深处，并使性格也变成高尚优美。中国古语有"致乐以治心"，意思是说音乐以它的情感陶冶性格、塑造人的心灵。这正是课程目标中所说：音乐课程的重要价值是审美体验价值，通过聆听音乐、表现音乐和音乐创造活动，使学生充分体验蕴含于音乐音响形式中的美和丰富的情感，与之产生强烈的情感共鸣，使音乐艺术净化心灵、陶冶情操。

　　而在我们实际教学中很多时候是音乐教育工作者在实际教学中片面地理解了音乐教育的内涵，把培养音乐才能放在了核心地位。试想，学生不喜欢唱优秀的儿童歌曲，却喜欢唱一些电视插曲、通俗歌曲，而且一学就会；不会欣赏中外几千年积累下的宝贵音乐文化遗产，却爱听所谓的流行音乐，且相当投入。这难道不是和教师在音乐课堂上不研究学生特点和情感发展的规律，一味地空洞说理有关系吗？答案是肯定的。

　　在唱歌教学中，我们花大力气训练学生的发声方法、咬字吐字等技能，而歌曲的二度创作、表现处理却草草了事，没有深层次的审美内涵的表达，认为学生能唱就完成了目标。在这种教学思想的影响下，学生的注意力只集中在发声、咬字这些技能的掌握上，审美能力得不到相应的发展，更谈不上心灵的陶冶和人格的塑造，欣赏教学也存在类似的问题。这些课堂教学中的"重技轻艺"是对音乐教育的育人作用认识不足的表现，因此导致了学校课外音乐活动中"应付比赛、重视比赛结果和成绩、忽视音乐活动本身的育人要求"的现象产生，也使一些家长盲目要求孩子学习这样那样的乐器、盲目地追求一些功利性因素所起作用的给孩子加压的活动，忽视音乐教学审美能力的培养与育人功能，这与音乐课的人文性和新课标的精神是不符的。

　　那我们怎样在课堂中关注学生的发展呢？

一、课的开始阶段，吸引学生情感投入

　　当学生进入教室，看到的是美的形象、事物，他们的注意必然集中在眼前的景

象中，随即心底会萌发一种美的渴望与赞叹，身心掠过一种愉悦的情绪。因此，音乐教室的布置应该符合学生的年龄特点、兴趣爱好。墙上的卡通动物图片、多彩的五线谱；安排有趣的座位；形象生动的教学手段如录像、多媒体课件，都会引发学生在视觉上的注意。音乐是声音的艺术，有着动人心魄的音响美和旋律美，它虽然看不见，摸不着，但着实可以将人的情感带入一个丰富多彩的世界。课前精心选择各种不同情绪的音乐，有计划地分阶段地让学生听，可以从听觉上不断引发学生的渴望。从另一个角度说，音乐教师富于感染力的教学语言，在学生听来犹如美妙的乐声，优雅的仪表，或许在学生眼里是一个"美的使者"。因而，教师在音乐课的准备开始阶段，向学生提供审美化的音乐教学环境，运用审美化的视觉、听觉环境和音乐教师的形象，唤起学生的音乐情感注意与渴望，这是基于学生的兴趣、需要、认知发展水平、知识经验水平等而定的，即基于人的发展而考虑设计的。

二、课的教学过程，培养学生情感能力

音乐课教学过程处处蕴含了情感要素，教学内容和教学环节的安排、教学形式和教学方法的选择，都应充分重视学生情感探索的活动，通过多种感官的参与、体验，努力使学生处于音乐感知和想象的状态中，将教学过程与学生的心灵感悟合二为一，与人的发展一体化。优化唱歌、识谱教学的审美过程，我们可以采用"先唱歌后识谱"的方法，通过多听几次录音，用听唱、模唱的办法来学，等学生对歌曲情绪、节拍、力度有了一定的体验，对歌曲达到"似曾相识"而还不十分"熟悉掌握"的状态，再让学生识谱。这时视唱出的就不光是干巴巴的音符，而是富于美感的音乐了。通过聆听歌曲模唱它的旋律，感受它的情绪，想象它的艺术情境，进而表达歌曲所抒发的情感，促进音乐与心灵的沟通。

其实在任何的音乐教学中，我们都要把有声的音乐变成学生无声的情感体验，紧紧抓住形象性与情感性的结合，引导学生实现审美想象，在聆听美妙的音乐之声的同时，陶冶内心的情操，架起音乐与心灵的桥梁。在歌曲《树叶儿飘飘》的教学中，为了诱发学生的想象，首先采用看彩图、即兴编写小诗的形式导入，接着师生共同朗诵歌词，把握音乐的形象性。等到打开录音，那优美的音符流进了孩子们的心田，他们审美想象的翅膀也随即张开，飞向了那秋意盎然的树林。这时，音乐的形象性与情感性融为一体，在听音乐的过程中，学生内心热爱大自然、热爱生活的情感便油然而生，音乐进入了人的心灵。

一堂出色的音乐课离不开构思精巧的教学设计，那些精彩的铺设、诱人的导入、游戏性的组织教学也会不断唤起学生的情感感知。如在游戏中渗透情感，加上教师的

积极引导，及时巩固学生刚建立起的这种内心情感体验，使之逐渐发展成为他们自身良好的性情、高尚的情操。

三、课的复习阶段，升华学生情感体验

音乐教学的复习阶段，是师生在感知与想象的基础上使情感得到陶冶、升华。几乎所有的孩子都喜欢动画片、电视剧中的音乐插曲，如果音乐教学很好地运用这种"百听不厌"的效果，就能使学生产生新的情感体验。在复习中当他们发现歌声比上一遍要好，更具魅力，他们便会感受到理解创造的欢乐，获得美的享受，甚至产生"启迪""顿悟"的效应。在《树叶儿飘飘》的唱歌教学中，当学生已经能用心去唱时，我说："秋天的落叶看似清冷，在小动物眼中却别有一番韵味，树叶儿真美，让我们换种心情看事物，会发现另类美丽世界，我们一起来说说你的发现。"同学们都积极发言，在交谈中他们都体会到"落叶"的另一番美。

我们的工作是生命对生命，让我们用生命的全部、用音乐在孩子们的心里画出一片蓝图！

走 心

——一道美丽的雨后彩虹

今天是我本星期来最"黑色"的一天，从上午第二节课开始就安排得满满的，共有五节课，而且还是四、五、六年级来回的"跑"，所以下午第6节六年级的音乐欣赏课，我就在疲于奔跑间抱着"老脚本"匆忙上阵。上课一开始，我先播放了一段录像，请学生观看由卡拉扬指挥的西洋管弦乐曲《新世界》片段。提问："这些乐器中你能说出几种乐器名称？"由学生的回答导入今天的新课——西洋管弦乐队。我先简单介绍了管弦乐队的编制，然后再简介弦乐器及其中各个成员的特点，介绍小提琴独奏《思乡曲》的曲作者、作品的创作背景，最后打开音响，请学生欣赏这首小提琴独奏《思乡曲》。这时，只感觉到整个教室的气氛是闷闷地、沉沉地，学生像是提不起一点兴致去听、去感受。到《思乡曲》放完，有些学生已经开始坐立不安了，交头接耳有之，打瞌睡的亦有之……我终于按捺不住内心的怒火，罚他们坐了小半节课，并对他们进行了一番"思想教育"，下课铃声响后再继续后面的欣赏，算是对他们上课态度不端正的惩罚。

课后，我进行了认真的反思：这无疑是一节极失败的音乐欣赏课。而责任并不在学生，在我自己：首先，那天在已经上了四节课疲惫不堪的情况下，自己思想上有了偷懒、松懈的想法，从情感上来讲，显然对学生也造成了一种负面影响，教师的一言一行无法感染学生，又怎能上好音乐课？其次，在教学方法上问题也很大。一开始，就把枯燥的音乐知识灌输、说教式地强加给学生，学生当然不能接受。这种传统的音乐欣赏教学模式，仍然把教师作为课堂教学的主体，导致学生参与性极差，十分被动。再说他们当天也是在上节课疲惫不堪的情况下来到音乐教室，如果课堂上不能调动起学生参与的热情和愉悦性，教学效果很难理想。痛定思痛，我决心重新备课，好好研究教材教法，争取能让另外两个班的学生积极参与本课的欣赏，体验感受弦乐特有的艺术魅力。

在下一个班级上课一开始，我在多媒体上出示了诗人的一首《乡愁》。请同学们自由朗读，体会这首诗的情感意境。然后设问："假如现在请你配乐诗朗诵，你会选择什么样的音乐？""抒情柔美的旋律比较适合""略带忧伤的旋律""思乡之情嘛，应该选择速度较为缓慢一些的乐曲""思乡一般都是游子单独在外，感觉孤单的时候产生的感情，所以我认为音乐应该选择安静些的，最好是独奏曲，而不是合奏。"我赞许地说："很有道理！那么你们认为由什么乐器演奏的音乐更合适呢？""钢琴""小提琴""二胡"同学们七嘴八舌地争论着。于是我让他们欣赏几个预先准备好的音乐片段，一段是较为抒情的钢琴独奏曲，一段是小提琴独奏《思乡曲》。"猜一猜你现在听到的是什么乐器？你认为哪一段更适合为这首《乡愁》配乐？"学生静静地聆听，轻轻地朗读。在自主体验、分析比较后马上争先恐后地举手。"两首都可以！""小提琴更合适！""为什么呢？"我马上不失时机地问道。一位同学说："小提琴拉奏时弦发出的声音是那么的缠绵、哀怨，与人心底的思乡之情最为吻合""你说得太好了！……"

在欣赏体验中，学生通过自主探究主动掌握了小提琴的音色特点，及表现性能，而在猜乐器的时候，也有同学把小提琴说成了二胡。因此我在肯定他能听辨出弦乐器的同时，因势利导把西洋管弦乐器与民族乐器作一比较，自然而然地导入了本课的重要知识点，学生掌握起来既清楚又轻松。

导入欣赏时，我说："乡愁是绵延于游子心中永远的痛，更是诗人笔下历久不衰的主题。同样，音乐家借助小提琴特有的柔美、缠绵的音色特点，用小提琴独奏这一形式，来表现他的思乡之情。"然后简单介绍了音乐家生平和书上的小故事，这时教室里寂静无声，我和学生一起被音乐家的爱国精神深深地感染了。

紧接着我让学生带着问题欣赏这首《思乡曲》："全曲可以分为几个部分？欣赏时，请你展开丰富的想象，在你的脑海中会展现怎样的画面？请选择其中最能打动你的画面，把它描述出来。"请学生分小组讨论后交流：

"全曲好像有三个部分，第一部分和第三部分基本相同，都比较抒情，而第二部分显得略为激动。""最能打动我的是第二部分，她使我联想起台湾同胞站在大海边遥望祖国，心绪如海水般汹涌澎湃！""其中最打动我的是最后一部分，旋律虽然与第一部分相似，但速度更慢，显得更为缠绵，就像是在回忆童年时光，追忆往昔的岁月和欲说还休的乡愁。"

学生的想象力原来是那么的丰富，他们投入地欣赏、专注地思考、动情地回答，连我都被感动了。在这一课里，我借助直观的文学作品，创设与音乐作品相吻合的氛围，从情感体验入手，引领学生尽快入境。在此基础上，有了一定的感情积累，再引导学生通过对乐曲情感的把握，通过自主参与的方式，使学生轻易地掌握了如何根据乐曲的节奏、速度、情绪等变化来分析曲式结构。通过欣赏，感受到了乐曲理不清，斩不断的思乡之情，也体验到小提琴缠绵、哀怨地诉说能把乡愁表现得绵延悠长，淋漓尽致的丰富表现力，而这种在教师指导下的学生自主选择的新的教学模式，也正体现了新课程以人为本的新的教学理念。

育人先育心，只有走进学生心灵世界的教育，才能引起孩子心灵深处的共鸣。如何做到"行动与思想不背离，措施与目标不远离，方法与效果不偏离？""我思，我行。"

音乐学科实施"课程育德"的路径探究

　　根据中共中央办公厅印发的《关于培育和践行社会主义核心价值观的意见》，对小学教育的核心任务有了系统的指示。要求学校要紧抓学生的社会主义核心价值观的培育，通过教学的各个步骤，完成立德树人的根本要求。其覆盖目标为学校的所有学生，主体除了学校之外，还要求社会、家庭等共同发力，形成多元一体的全方位教育模式。学校应遵循这一统筹性指导，以其为教学的核心目标，探索各学科教学中"课程育德"的有效模式。

　　德育绝不是突击性的教育，而是以水滴石穿、细水长流的方式渗透于学生学习的全方位之中。根据《中国教育改革和发展纲要》的指示，道德教育应该贯穿教育全过程，并强调要发挥教师的模范楷模作用，以其自身为榜样，成为学生们的学习范本。在音乐学科教育中渗透德育的内容是符合音乐教学的应有之意的，音乐学习本身是对学生艺术修养及品德情操的培养，其中自然应该包含对学生的道德教育。学生通过对生动愉快的音乐作品的学习，同时欣赏音乐作品其中蕴含的道德内涵，以完成对学生德育的根本目的。

　　但仅以目前的音乐学科教学体系而言，完成新时代对"课程育德"的全新要求是不足够的。还需要教师把握住社会主义核心价值观，以此为价值导向，对教学体系进行一次全面的升级。充分发挥课程教学功能的基础之上，有效完成课程育人的根本目标。结合各学科不同的特点，充分发挥各学科优势，以不同的角度完成对学生的道德教育。本文旨在探索音乐学科教育中，如何基于音乐学科教育的特点，在学科教育中完成育人教育，以实现"课程育德"的教育目标。

一、以音乐学科教学内容为本，挖掘育德教育新路径

　　在现有的音乐学科教材中，其内容本身就有很多的育德元素，需要教师在备课时对教材的教学内容仔细挖掘。有一些教师认为在音乐学科教学中加入德育内容需要教师自行在教材之外收集教学素材，其实不然，音乐教材中本身就有大量的德育内容。

只要善于发现，那么每一节音乐课堂上都能够在教师的引导之下完成德育的任务。

音乐课程中最丰富的内容在于选择的教学曲目，中小学的教学曲目可以说是百花齐放，同时也朗朗上口，被中小学生喜爱的。通过这些不同的曲目，就可以达到对学生的品德教育。一些较为明显的曲目如《我和我的祖国》《爱我中华》等，都是直接将爱国主义作为歌曲的主题。学生通过这些曲目的学习，自然能够激发出其内心的爱国之魂。还有一些歌曲的主题是没有明显的爱国主义色彩的，如《看龙船》《茉莉花》《我的家乡》等歌曲。但是只要教师深入挖掘，一样能够发掘出其中的爱国情怀。以《看龙船》为例，其讲述的是端午节赛龙舟的激烈场面。而端午节是纪念爱国诗人屈原的节日，在讲述屈原的故事的时候，自然就对学生进行了一次爱国主义教育。同时这首歌也体现了我国的传统文化的沿袭，作为历史悠久的文明古国，同样可以激发出学生的文化自信以及对中华文化的认同感。

二、在教学中把握德育教育的最佳渗透时机

音乐学科教育与数学、物理等学科教育不同，是对学生审美情趣的培养及提高。教师需要在音乐教育中完成对学生音乐欣赏、艺术鉴赏能力的有针对性的训练。这是通过教师对每个教学曲目的作曲背景、歌词含义、旋律、节拍等多维度进行细致的分析，带领学生更加深入地理解曲目背后的文化。学生不再简单地认为歌曲的旋律是美好的，更在美好的旋律之外感受到了其背后强大的人文关怀。

其中国歌《义勇军进行曲》就是典型的能够通过对歌曲背后的故事讲解达到激发学生内心的爱国激情的曲目。在授课过程中，教师可以对这首曲目的时代背景进行详细的讲述。这首歌曲激昂的旋律很好地表达了当时人民被不断压迫所表达出的内心的愤怒。学生在学会歌曲唱法的基础之上，还能通过歌曲背后的精神激发其内心强烈的爱国情怀。

除了这种立意鲜明的爱国主义歌曲之外，其他歌曲也可以通过这种方式来引导学生进行德育教学。比如《如今家乡山连山》是讲述的农村在党的领导下生活越来越好的一首歌曲。学生们从小生活在城市里，可能无法理解和感受歌曲背后的情感。但是教师可以改变教学模式，在传统的教学之上，可以采用多媒体教学。给学生观看当时农村和如今农村的对比影响，让学生了解美丽新农村的建设是多么地令人感动。与学生共同感受农村丰收时节的美好景象，共同体验丰收的喜悦。

三、丰富教学模式，增加实践类教学

音乐学科绝不仅是机械地被动学习理论知识，更应该加强学生的参与感。因为以

音乐本身的特性来说，是学生素质教育中重要的一环，同时能够更好地将品德教育植入学科教育之中。这就需要学生对音乐产生兴趣，对教学的模式有了全新的要求。在教学模式的创新方面，可以考虑以组建乐队、合唱团等形式，鼓励学生主动加强音乐学习，并且将学习内容贯通至日常生活之中。通过这种互相协作配合的合作方式，同时还可以让学生了解合作共赢的重要意义。认识到人在社会上不是孤立的个体，只有懂得与他人合作才能够获得成功。通过这种方式能够在音乐学科教育中完成对学生的集体主义教育。老师起到引导启发的作用，主要的学习内容是学生自发地完成的。

老师可以选择一定的曲目，为学生设定作业目标，引导学生设计创作。要求学生对歌曲进行合唱，并且在合唱过程中加入一定的舞蹈动作。同时对歌曲中的旋律和歌词进行一定程度的创新与改编。还可以将班级的学生分成不同的小组，最后分小组展示成果，并在小组间进行优秀改编的竞赛评选。这些创新的实践教学模式，都可以鼓励学生主动参与课堂的教学内容，激发学生主动学习的热情，使得学习效果更好。并通过这种方式可以完成德育教学中重要的一部分就是集体意识教育。

四、创新教学内容，增加德育教育接受度

传统的教学课堂是单向式的，教师对学生教导，而学生只是被动地接受。这种填鸭式教学不利于学生掌握课本中的知识，更不利于学生主动接受品德教育。基于音乐学科生动活泼且有互动性的特点，可以创造出创新式课堂，使学生的课堂参与感更强，更喜欢主动接受音乐学科中的品德教育。同时还可以激发学生的创造性和创新能力，让学生通过音乐学科的学习树立自信、激发活力、培育品德。

例如，教师可以组织学生收集歌曲背后的故事。在教授每个歌曲之前，可以让学生主动通过网络搜索、翻阅书籍等方式收集歌曲背后的故事，除了正史之外还可以鼓励学生多讲述一些趣闻野史。通过不同学生对故事的讲述，让学生增加主动了解历史故事的积极性，同时还锻炼了学生的表达能力。其中的一些爱国故事也能够给学生留下深刻的印象。

还可以针对不同的曲目设置游戏。学生对游戏的热情是极高的，以游戏的模式更能够激发学生的学习激情。在游戏中，学生需要相互沟通配合，对学生的沟通协作能力是一次锻炼的机会。同时学生通过游戏的形式，能够对一些枯燥的知识有一些全新的理解，留下更加深刻的印象。

结合一些节奏感强、有少数民族性的教学曲目，可以组织学生进行舞蹈活动。尤其是有民族元素的歌曲来说，尤为适合这种歌舞活动。每个民族歌曲都会对应本民族

有民族特色的舞蹈，学生在学习民族歌曲和舞蹈的同时对各少数民族的文化有了更深的了解。同时对民族大团结有更深的认识。

教师在教学的过程中除了教书之外更重要的是育人。教师本身应筑牢社会主义核心价值观，以其自身为领路员，带领学生共同进行品德教育。在新时代的背景下，通过对教学内容、教学形式的不断创新，将德育教学以更容易接受的方式被呈现出来。同时要讲德育教学覆盖至全学科、全学校，将育德教学贯穿始终。坚守"课程育德"的核心思想，结合不同课程、不同年龄的不同特点，有针对性地将育德教育的内容渗透至教育的方方面面。学生通过中小学阶段的学习，深刻筑牢社会主义核心价值观，最终实现学校的"立德树人"的培养目标。

参考文献

[1] 阮沁汐，李臣之. 教学的德育性何以彰显？——学科教学的育德路径探讨[J]. 中小学德育，2019（10）.

[2] 许淑君，王莹. 小学音乐教学如何渗透德育[J]. 学周刊，2017（24）.

[3] 邓建珍. 浅谈在小学音乐教学中如何渗透德育[J]. 北方音乐，2017（10）.

（本文发表在《华夏教师》杂志 2021 年 7 月中旬刊）

在音乐活动中如何实施音乐美育教育

音乐美育教育是学校实施美育的重要手段之一，有其独特的功能。比如，乐曲的旋律美、歌词的语言美、音响的意境美、表演的体态形态美、演唱演奏的情感美，是其他学科难以比拟的。它既能陶冶儿童情操，丰富联想、开启智力、活跃思想，又能鼓舞士气，奋发向上，激发创造、影响世界观的形成。由此我通过多年音乐教学实践，结合新课程标准的学习与实践，就音乐教学和美的关系做以下管窥。

一、唱游学习中感受美，以美塑形

唱游是小学低年级必不可少的教学内容，它包含着强烈的节奏感和韵律美，它是音乐形象的反映，形体艺术的表现。泰戈尔说：韵律起着河岸的作用，赋予诗以形式美和特征。其实，何止是文学，其他姊妹艺术的美又有哪一种能够摆脱节奏和韵律的约束呢？每当学生感受到律动音乐的音高、音色、力度和节奏变化时，他们就会情不自禁地手舞足蹈，其自身的动作与音乐律动产生协调一致的美感，给人带来音韵的和谐、节奏的铿锵，让你获得美的享受。

二、歌曲学习中认识美、以美悦情

俄国大文豪契诃夫说："歌声是太阳，没有歌声的生活就像没有太阳的生活一样苍白，淡化。"学习唱歌和歌曲欣赏是学校音乐教育中的重要环节之一，它是学习者情感的表达，灵魂的体现。当学生对其乐作品产生强烈的情绪时，就会潜移默化地提高他们的道德修养和思想境界。以随风潜入夜，润物细无声的方式浸透他们的心脾。

在国歌的学唱和欣赏中，学生知道它是中华民族形象的标志，联想到中华民族五千年的文明史，他们可以说出许多：中国的今天、明天、中国的改革开放……今天对祖国说话的是澳门，三百年长久的呼唤，"祖国母亲我要回来"。包含着酸甜苦辣。喜泪挂在笑脸上，奋斗抗争、渴望，随着音符的跳动从心底里流淌出来。香港的呼唤，让祖国母亲看到东方明珠今天更加美丽。但是，还有一个子女日夜牵挂着母亲的心。"海龙王"你能架起彩桥，把鼓浪屿和基隆港连起来吗？郑成功的子孙们面对台湾，遥想当年"雄风"。"快快见到"的急切心情感染着学生，这情，是母子情、思恋情、思归情，通过歌曲的教唱和欣赏，谁不受到感染，他们听着、唱着，爱国之情油然而生，在教与学的过程中，他们的情感、态度和价值观得以提升，道德情操随之升华。拉近了教材与学生的距离；拉近了老师与学生的距离；拉近了学生与社会、与生活的距离。因此不难看出，音乐与文学艺术的整合在这里发挥到了极致。丰富的歌词和优美激进的歌曲旋律大量蕴藏着美。然而，美和善是一对孪生姐妹，教师在教学中要善于引导学生去辨别美、感知美、认识美、发现美、尽量为孩子们营造以美扬善的氛围，启迪领悟学会做人的真谛。

三、乐曲欣赏中孕育美，以美扬善

乐曲欣赏是音乐教育中必不可少的重要手段之一，其目的是培养学生通过听觉聆听音乐作品，从中获取音乐美的享受，满足精神的愉悦和理性的提升。然而，音乐以其音响的魅力，给人以各种美的感受。它的旋律在起伏变化，抑扬顿挫，迂回曲折中，在动与静、高与低、快与慢、紧与松的对比组合中无一不蕴含美的因素，显现出它独有的魅力，从而唤起人们对美的追求和向往，激起人感情的波澜。它以其音响本身的美，去滋润孩子们的心田，陶冶他们的情操。

四、音乐活动中体验美，以美怡心

音乐有着强烈的愉悦功能，"凡乐于欣赏音乐，就能够倾心赏美，便是乐于接受教育的表现，人的精神愉悦了，就会产生积极向上的情绪，焕发出异彩"。我在器乐教学活动中，坚持"以学生为主体"的教学模式，培养学生动手、动脑、创新的能力，让学生自己去认识美、感受美、体验美。

五、音乐实践中表现美，以美导行

音乐是对青少年思想教育的自律工具，也是实现德育功能的重要途径。音乐作品的艺术性和思想性融为一体，隐性的德育教育因素潜移默化相互渗透。如在课外合唱、器乐合奏排练中，因合唱队、乐队由多人组成。相互间协同配合很重要，不但要求大家唱、奏要整齐，而且要求必须齐心协力才能表现好作品，在整齐的基础上特别强调多声部的唱、奏，不仅声部整体和谐，而且更讲究方方面面的协调配合，才能把艺术性很强的声乐和器乐作品完美地表现出来。在此基础上，教师因势利导，对学生进行集体主义教育。"以美导行"在这里所产生的效果，是最直接、最有说服力的事实。由此不难看出，集体主义意识在合唱、合奏音乐活动中是何等的重要。相互配合协调这种显性意识正是我们学校德育教育中重要的内容。

让课堂充满智慧与灵性

林语堂说："鹤足的挺拔之美是逃离危险的结果，熊掌的雄壮之美是捕捉食物的结果"，音乐的艺术之美也许就是陶冶情操的结果了。音乐是积聚灵感、催发情感、激活想象的艺术，它是实施美育教育的主要途径之一。在优美的旋律中，我们不仅能感受到其中的诗情画意，而且能陶冶情操、提高素养。然而，实践证明：传统的教学模式并不能有效激发学生热爱音乐的本性。在新的教学理念下，如何点燃学生的音乐审美，以满足学生的"自我感知""自我创造"的需要？如何让音乐课堂焕发生命活力呢？

一、开放音乐课堂，为音乐知识注入生活气息

开放的音乐教学是指音乐教学的多元性，它不拘于一种固定的模式，是学生对音乐的认识与对音乐的实践。小学生，特别是低年级的学生，他们天性活泼、好玩好动、好奇心强、想象力丰富。他们对音乐的感受总是通过各种动作表现出来。因此，在小学音乐教学中，我们教师要根据儿童好动、好游戏的心理特点，把少儿的音乐学习与游戏、舞蹈有机结合起来，把抽象的音乐概念、复杂的音乐原理以及枯燥的技能训练，转化成生动有趣的游戏、舞蹈，使之形象化、具体化，让少年儿童通过自身的活动，把听、视、触等各种感觉活动和运动、唱歌、表演、游戏、舞蹈等结合起来，从而把他们从座位的束缚中解放出来，让他们既要动口、动手、动脚，也要动脑，蹦蹦跳跳地进入音乐世界，在轻松愉快的气氛中获得音乐知识、技能，培养思维能力，同时也受到美的熏陶。

在教学《小动物走路》时，我根据学生的年龄特点，创编出很多优美的舞蹈动作。这首歌的歌词是这样的："小兔走路，蹦蹦蹦蹦跳，小鸭走路，摇呀摇呀摇，小乌龟走路，慢吞吞，小花猫走路，静悄悄。"歌词具有很浓的生活气息。因此，我引导学生联系生活实际和知识背景，运用多种充满生活气息的教学方法进行教学。模仿小鸭走路时，有一个小孩抬起屁股，左右扭动，双手还放在嘴边"嘎嘎嘎"叫，他的

这一举动，全班同学笑得眼泪都流出来了。在学习小花猫轻轻走路的动作时，孩子们个个猫着腰，脚步很轻巧地走着，还做出安静的手势提醒伙伴不要说话。这时，我及时对他们进行生活常识教育，让他们知道在别人休息、学习、工作时，我们走路应放轻脚步，说话也要小声点，不要去打扰别人，力争做一位文明的、城市化的好小孩。当孩子们的动作有一定的协调度时，我把孩子带出教室，在操场上进行表演。孩子们很兴奋，都争着表演不同的角色，而且他们还创编了许多自己喜欢的动作及表情，甚至有些同学还创作对白，设计动作造型。他们的神态是那么的认真，动作是那么的优美，节奏是那么的整齐。

在这种自编、自导、自演的实践活动中，音乐不再是抽象的、虚幻的知识，而是充满魅力和灵性的造物，与生活息息相关。在音乐课堂上，把生活经验音乐化，音乐问题生活化，在音乐与生活之间架起一座兴趣桥梁，激发了学生对音乐浓厚的兴趣，树立了自信心，学生的身心得到了发展，天真活泼的个性得到了解放。在这种开放愉悦的学习氛围中，学生通过歌唱、表演、创作，达到对歌曲的体验，师生之间平等互动，增进了彼此之间的交流合作。他们完全沐浴在优美的情境中，充分感受音乐的趣、音乐的美，激化和深化学生心中对音乐美的熏陶。

二、丰富情感体验，培养学生对生活积极乐观的态度

音乐是一种善于表现和激发感情的艺术，可以说，音乐欣赏的过程就是感情体验的过程。它既是欣赏者对音乐的感情内涵进行体验的过程，同时也是欣赏者自己的感情和音乐中表现的感情相互交融、发生共鸣的过程。无论是对于普通的音乐听众，还是对于音乐的专家来说，感情体验都是在进行音乐学习时不可缺少的一种心理要素。音乐是情感的艺术，它的魅力在于能给人们驰骋想象的空间。任何一首歌曲或乐曲都是艺术家的情感产物，它通过音乐特有的方式来表现，或活泼或婉转或庄严或凄凉的情感，使人们受到美的熏陶，情感的陶冶。教师应充分挖掘音乐形象中的情感因素，引导学生由浅入深，由简单到复杂，去体验音乐中的情感，使学生的情感体验在音乐的审美实践与创造中逐步发展与丰富。由此，在音乐教学实践中，我首先以自己的情感去拨动学生情感的琴弦，用爱心与激情在学生的情感世界里播种出绚丽的彩虹。让他们带着一份真情去体验音乐，享受音乐带给他们的乐趣。使之产生共鸣，愉快地进行教学。

童年时，我学会了《世上只有妈妈好》这首扣人心弦的儿歌。教会我这首歌的老师是我的爸爸。爸爸是我们四年级的音乐老师。当时，学校没有任何音乐器材，连一台录音机也没有。在唱歌之前，爸爸给我们讲了一段关于母爱的故事，说的是一位

母亲为了筹备子女上学的钱，多次卖血导致卧病不起的故事。我们被故事中感人的情节感动了。爸爸以带唱的方式教我们学会了这首歌，虽然教学方式很简单，显得很枯燥，但达到"以情动声，以声带情"，爸爸怀着感恩的心把我们带到了爱的暖窝。从爸爸深情的带唱声中，我们对这首歌有了更进一步的体会。当时，爸爸眼中打转的苦涩的泪花，只有我能体会其中的点点滴滴。自此以后，我开始学会如何去理解别人，如何去关爱别人，我的同学们也跟我一样，经常说起生活中的妈妈。

没想到，同样的一幕在我的课堂上发生了。一首《爱的奉献》把我的眼泪推向悬崖。那一刻，课堂格外安静，学生的情感完全被我的感情牵引着，连平时爱在课堂上捣蛋的学生也一个劲儿深情地望着我，也许他们也能体会到爱的价值了。是的，爱是一个永恒的故事，只有开始，没有结束；爱是一根接力棒，他传给你，你传给我。作为新时代的教育导航，我们只有把爱一代一代传下去，用爱的魅力感染学生，完成"治人先治学"的使命。

情感教育是人格教育的核心，音乐就是情感的艺术。通过音乐教学活动，塑造孩子美好心灵，在实践中加深情感体验，进而产生对音乐的共鸣，使其灵魂得以净化、情感得以升华，最终实现音乐教育陶冶情操、净化心灵的作用。新课堂理念下的音乐课堂教学，不仅应使学生获得知识与方法，更应使学生人文素养得到提高，应从生命教育的高度关注学生的情感体验。这样的课堂才是充满认知情趣，这样的课堂才能放飞学生的个性，这样的课堂才能焕发生命的活力。

自闭症儿童在奥尔夫音乐课融合教育探析

奥尔夫音乐教育体系是当今世界最著名、影响最广泛的三大音乐教育体系之一。在奥尔夫的音乐课堂中，孩子们有机会进入丰富的艺术世界，音乐不再仅仅是旋律和节奏，而是与儿歌说白、律动、舞蹈、戏剧表演甚至是绘画、雕塑等视觉艺术相联系。他们可能在老师的引导下去关注特定的一个声源，去倾听，辨别，想象来自生活和自然界的不同的声音。运用奥尔夫音乐教育体系的教育原理对小朋友进行的潜能开发课程，具有开启学生智慧、促进学生认知、稳定学生情绪、点燃学生激情等作用。在音乐疗愈课堂上面对一名有问题行为的自闭症儿童，深入分析其产生异常言行的主要原因，并结合奥尔夫音乐特点，采取针对性强的教学策略，取得了较好的干预成效。

一、个案基本情况与问题概述

睿睿（化名），9岁，自闭症谱系障碍。家境较为殷实，但由于父母工作非常忙碌，很少陪护孩子，两岁半岁时被诊断为自闭症谱系障碍，语言表达及社交、心理发展等与同龄人相比严重滞后，学前在康复机构进行康复干预3年，各方面有明显进步。

目前，睿睿由陪读老师入校伴读，口语表达能力及语言理解能力较弱，词汇量较少且书写不工整。睿睿的构音不准确导致无法明确描述所想，难以与他人沟通，性格孤僻且容易焦虑。由于睿睿发展较慢，信息处理能力及归类、运算、逻辑推理能力较弱。在学习过程中，睿睿的注意力不集中，较难理解互动规则，无法适应突发事件。在自理能力方面，睿睿的动作模仿能力较弱，饮食、穿衣、洗澡等日常活动大多数不再需要他人的协助，能够独立完成，对于基本动作的掌握情况较好。

二、在学校课堂上的主要问题体现

（1）不喜欢与人交流，只关注自己感兴趣的话题，不会回应他人的话语，对他人的关注度较弱，对物体的关注度较高，面对老师的提问会答非所问。

（2）说话没有感情色彩，只能简单地把内容告诉对方，缺乏社交礼仪常识和社交技巧。

（3）不会称呼他人，较难产生信任感，较难与同学建立同伴关系，有时会有行为表现，常做自我刺激性行为，如咬指甲、摇晃椅子、四处走动，此外还会突然大声说话甚至有自伤行为。

三、问题行为成因分析及辅导策略

（一）问题行为成因分析

（1）语言交流障碍，自闭症儿童的核心障碍之一便是语言交流障碍，由于前期缺少父母陪护及日常户外活动，缺少语言表达的引导练习。

（2）社会交往障碍，自闭症儿童的核心障碍还包括社会交往障碍，这与自闭症儿童社会性功能有关，缺乏社交认知和互动技巧，在群体生活中缺少自信。

（3）问题行为频发，进入小学的睿睿面对新的校园环境、老师、同学以及新的学习作息要求，他感到焦虑不安。因此出现不停地咬指甲、摇晃椅子或者是四处走动等行为，伴读老师有时对学生要求松懈，导致他常规能力较弱，自控能力较弱。

（二）问题行为辅导策略

（1）建立学生常规促进融合，良好的常规建立能给自闭症儿童的学习和行为形成带来好处。因此每节音乐疗愈课我都设定了固定的流程并设计了有趣的常规指令，帮助睿睿熟悉音乐课常规，减少学生焦虑。如每次上课前我都会伴随音乐节奏和学生们玩节拍游戏，进行班级纪律调控。起到了视觉和听觉提示的作用，提示睿睿这节是音乐课。结合音乐节奏特点，我还设定了有趣的音乐元素指令，如节奏123代表安静，节奏321代表请举手回答等。这些指令不仅能迅速让学生集中注意力，端正行为，还能强化学生对节奏的认知。固定的上课流程加上生动有趣的音乐节奏指令，睿睿很快就熟悉音乐课常规并对音乐课产生了非常浓厚的兴趣。此外结合正向行为强化的理论，我对睿睿的正向行为进行了强化，只要他能够听从指令遵守常规，就及时地给予表扬和奖励印章。经过课堂的练习，睿睿很快便完全熟悉了音乐课的指令和要求，而且在大多数时候都能遵守课堂常规，在音乐课上没有再出现咬指甲、四处走动的现象，摇晃椅子、大声说话等问题行为发生频率也大幅度减少。

（2）培养学生兴趣促进表达，奥尔夫音乐与言语有很多共同的元素，如语调的抑扬就好比旋律的高低，语言的快慢就好比音乐的节奏，声音的大小好比音乐的轻重。奥尔夫音乐的学习活动可促进学生的语言能力发展，课堂中我常常以有趣的音乐游戏活动为主，提升学生的学习兴趣和语言表达能力。如上课前，我都会和同学们一起唱"问候歌"，下课前，我都会和同学们一起唱"再见歌"，以此来强化学生们的社交礼仪。此外，在学习新歌曲的时候，我都会安排学生们轮流上台进行领唱，也会轮到睿睿做领唱，这有利于提升睿睿对集体环境的观察与表达。另外针对睿睿在需要安静的场合大声说话，在回答问题时则声音过低或过高的现象，我运用情境教学模式，模拟不同情景下的课堂环境，组织学生玩"一起听听，共同做做"的游戏，让大家来感知判断不同情境下声音的强弱，并将音乐的轻重与说话音量进行联系，让大家一起来遵守不同环境下的规则。在集体的引导下睿睿很快就学会了控制音量大小，在不同情境中使用不同的音量等级。

（3）树立学生自信促进社交，合作型目标结构学习能使团体成员之间的交往更为频繁有效，团体中每一名成员都能更大程度地感受到互动和被其他成员接纳，因此他们在完成任务的过程中会更为积极。针对学生喜欢收集印章的特点，我经常会在课堂上开展以小组为单位抢红花竞争活动。以课堂常规、参与问答、游戏竞赛、自我展示这四项的表现抢红花，获得红花最多的小组每个组员可以获得一枚印章，睿睿每次玩节奏游戏和歌曲展示时都是又快又对，为小组夺了许多的红花，学生们都非常佩服睿睿，在老师和同学们的夸奖下使得睿睿变得自信并与学生们建立了良好的伙伴关系。在日常的歌唱教学中，我还常常采用接龙唱、师生对唱、同桌或小组合唱、表演唱等形式的活动营造轻松活泼的课堂氛围，睿睿能积极参与并与他人进行配合互动。

四、个案实施效果及反思

以奥尔夫音乐为媒介，通过丰富多彩的音乐教学活动，不仅能够培养自闭症儿童丰富的情趣，还使之积极参与并融入其中集体，建立了课题常规、树立了学生信心、增强了语言表达能力和社交行为。我认为无论何种形式的融合教育都必须重视教育的环境和人文的气氛创设，要始终保持平和的心态，尊重学生差异，保持个别化教育思想，想方设法克服不同学生的不同困难，积极在学生群体中培养爱心小天使，创建爱心小团队，共同帮助自闭症儿童，使他们在轻松、愉快、团结、友爱的氛围中感受、学习进而热爱生活、享受生活。

音乐教学中渗透德育教育的路径探微

古人云："师者，传道受业解惑也。"作为人民教师，在推行素质教育的今天，我们更应该把教会学生如何做人放在首位，帮助他们树立正确的人生观、价值观、世界观。从中我们完全可以看出德育的重要性。德育教育是当今中国社会思想政治教育的基础，德育对青少年学生健康成长和学校工作起着导向、动力和保证的作用。

学校道德教育从根本上说是围着人发展的。道德教育是发展性的事业，道德教育着眼于人的发展，着眼于学生的发展，并且着眼于学生的整体发展。学校道德教育是以人为本身目的，是通过创造出一个合乎人性的、宽松、健康、向善的环境而发展的。《中国教育改革和发展纲要》指出："教师应当把德育贯穿和渗透到教育和教学全过程中，并以自己的楷模作用，促进学生的全面发展。"音乐教学含有丰富的德育内容。音乐教学中的德育是以爱国主义教育为中心展开的。此外，音乐教材中还教育学生爱家乡、爱自然、爱学习、爱劳动、爱科学，树立远大理想、继承革命传统，尊敬师长、互相友爱等，从多种角度帮助学生形成高尚的道德品质。音乐教学应通过生动的音乐形象，在进行审美教育的同时，动之以情，晓之以理，寓德育于美育之中，不断发展学生德育上的自我教育能力。

一、寓德育元素挖掘教材之中

教师应当牢固地树立德育意识，以教材为内容，以课堂为阵地，认真钻研教材，分析和挖掘教材中的德育因素，做到每堂课都能有德育的侧重点。

有些教材具有明显的思想教育目的，属显性教材，如《爱我中华》《妈妈之歌》《毕业歌》等。而还有一些教材，如《小船》《可爱的家》《茉莉花》《看龙船》等歌曲，被称为隐性教材。这些教材丰富的德育内涵和深刻的哲理需要教师在备课时去挖掘、发现和理解。如：歌曲《看龙船》表现了端午节热烈紧张的赛龙舟场面和兴奋激动的心情。在学唱时，除了让学生了解爱国诗人屈原的故事外，还应联系祖国美好的今天，引导学生分析歌词，理解"屈原爷爷看见了也会笑得胡子翘"的深刻含义。

二、寓德育于音乐艺术美之中

《九年义务教育全日制小学、初级中学音乐教学大纲》明确提出："音乐教育是实施美育的重要途径。"还特别提出："音乐教育应寓思想教育于音乐艺术之中。要注意音乐知识教学、音乐能力培养，思想品德教育的配合。"

作为美育手段之一的音乐教育，它对于陶冶情操、品行修养，树立正确的审美观起到独特的作用，教师应紧抓旋律、节奏、音色、拍子、曲式、和声等音乐要素所塑造的形象，诱导学生进入歌（乐）曲意境，抒发美好的情感。让学生在理解美、表现美、鉴赏美中培养高尚的情操和道德。

在学唱国歌时，除了让学生了解它的歌词意义、时代背景、作者生平外，更要抓住歌曲中号角式的呼喊，再三强调的"前进"，后半起的急切呐喊及三连音的运用等音乐本身的特点，既准确地表现了歌曲，又激起对祖国无比热爱之情，进而树立时代责任感。同学们在演唱时严肃、自豪、情感真挚，可谓是情不自禁，寓理于情、情理交融。

《我们爱老师》是一首把鲜花比喻成老师的歌曲，在歌唱花儿鲜，花儿美的同时，尽情抒发了学生对教师热爱之情的歌曲，在教唱时，应注意到三拍子的叙事性及抒情性，引导学生充分投入感情，动情地歌唱。学生在演唱时情真意切，充满了对教师满腔的爱。在生动的感情体验过程中，受到艺术的感染、熏陶和教育。

三、寓德育于教学的全过程

教师要认真设计教学中的各个环节，使德育渗透在教学的全过程。不追求形式生硬说教，要见缝插针联系实际。要制定切实可靠的音乐常规来训练学生讲文明、有礼貌的好习惯。从学生步入音乐教室、师生问好、坐站姿势等都要养成一定的规范动作，以培养遵守纪律、举止文明、尊敬老师的良好行为。基本训练要通过发声练习、节奏训练，听音练耳等培养学生和谐统一的良好心态，新课教学要结合教材采用多种方法，使德育内容有机地渗透在教学中，课堂小结要面向全班各类学生，鼓励他们发扬优点，克服缺点，通过这些使学生逐步养成良好的习惯和高尚的行为。

四、寓德育于各种课型之中

小学音乐教学的内容主要包括唱歌教学、读谱知识、欣赏教学和综合训练等，教师要分析这些课型的特点，寓德育于各种课型之中。课本中的唱歌教学所选用的歌曲内容题材丰富，体裁广泛，演唱风格多样，歌曲的优美旋律与生动活泼的语言学生爱听爱唱，教育内容最容易被儿童理解和接受。如《小船》《左手和右手》等歌曲，学生在学会歌曲的同时，也懂得了人与人之间要互相关心、互相帮助、团结友爱、和睦相处，整个唱歌教学的过程，就是通过歌曲、艺术形象地对学生进行思想教育，陶冶情操的过程。

在进行乐理、视唱、练耳教学时，要注意在传授知识，培养技能的同时，加强对审美能力的培养。在逐步了解音乐语言及表现情感的过程中，激发音乐的兴趣，陶冶学生的情操。

音乐欣赏教学通过对古今中外音乐作品的欣赏，培养学生健康的情趣，开阔视野，提高鉴赏能力，培养高尚的情操。特别是通过对我国民歌、民族音乐的欣赏，使学生热爱祖国民族音乐文化激励爱国热情和民族自豪感。如欣赏《歌唱二小放牛郎》一曲时，结合国庆大阅兵向学生进行爱国主义教育，激起学生的爱国之情。欣赏教学时，要使学生身临其境，去享受欢乐，感受痛苦，去愤怒地谴责，去激情地歌唱。一旦学生全身心地投入美妙的音乐世界，就能唤起他们爱国主义的情感，让他们感到劳动的自豪，学习生活的愉快，英雄行为的可敬可佩，在不知不觉中受到心灵的净化。

五、寓德育于各种教学手段之中

结合教材讲音乐故事，将古今中外音乐家传记，名人与音乐，趣闻逸事，作品珍闻等用故事形式讲给学生听或让学生讲，在学生细小的心灵中留下深刻的印象，产生不可估量的影响。

结合教材做音乐游戏。游戏是儿童最感兴趣的活动之一，它使儿童的个性得到充分表现，有助于培养儿童坚毅的性格及团结友爱，互相帮助的品质。如"捉迷藏""小青蛙找家""跟我一起去旅行"等游戏，不仅使孩子们感受到愉快的音乐气氛，而且还从游戏中受到启迪。

结合教材做律动、歌舞表演，这是儿童喜闻乐见的活动形式，特别受低年级同学的喜爱。它通过形体动作表现音乐，加深了对音乐作品理想，如把各民族音乐用这个民族典型的舞蹈动作来表现，加深对民族音乐的理解和热爱，如《金孔雀轻轻跳》《瑶山乐》等。

六、寓德育于教师的自身形象之中

假如教师不爱自己的事业，对自己的家乡，自己的民族缺乏亲情，对追求真善美没有热忱，他就不可能从教材中挖掘深刻的内涵，也不可能按《大纲》的要求把德育渗透到教学中去。一个献身于音乐教育事业的教师应当具有远大的理想、高尚的情操，丰富的知识，认真的态度，这将会对学生起着示范作用。教师整洁大方的衣着，自然端庄的教态、形象生动的语言、富有激情的歌唱，优美动听的琴声，准确娴熟的指挥、工整认真的板书都会时刻影响着学生，使学生潜移默化，耳濡目染。特别是教师的师爱品质，道德行为对学生一生都可能发生着影响，因此，教师必须从自我做起，平时严格要求自己，抓好个人师德修养，为人师表。

百年大计，教育为本。德育在教育中占有重要的地位，音乐学科渗透德育教育任重而道远。每个音乐教师都应该自身努力，结合教材特点，培养学生正确的世界观、人生观和价值观。从思想品德、文明素养、心理健康、创新意识、法治意识、行为规范等方面因势利导进行德育渗透。加强德育工作在音乐声中"润物细无声"的教育作用，只有这样才能达到音乐教育和德育教育的双赢。

把爱的种子深植于学生的心灵深处

教育家苏霍姆林斯基说过："一个真正有涵养的教师应该是对学生的内心世界十分关心，并从心灵深处去爱学生的人。"教育是一片沃土，孩子们便是一粒粒等待成长的种子，教师只有撒下爱、播种爱，孩子们才能健康茁壮地成长。种子埋下了，不要在乎种子的质量和品种，我相信每一粒种子都会发芽，最终开出耀眼的花。

作为有着深深教育情怀的我，深深地感受到"成长比成功更重要"，老师需要用爱来关注每一个孩子的成长，需要用爱来期待每一个孩子的成长。坚持"三心"教育，即对学生充满爱心，培养学生的自尊心，培养学生的责任心是我追求的教育理想目标。

一、倾注爱心，点燃心灵的火花

育人先育心，只有走进学生心灵世界的教育，才能引起孩子心灵深处的共鸣。人的交流，言语只是形式，情感却是从内心涌流出来的，尽管老师的交流对象是尚未成熟的儿童，但老师的情感是否真挚，孩子们是能真切感受到的。花了心血的老师，才可能收获"一田野饱含感激和敬仰的稻穗"。

在一次音乐课上，要求做一个配上动作并演唱歌曲的游戏。同学们都跃跃欲试，唯张同学一人面无表情地坐在那。于是，我故意说："这么多同学都想啊，要不老师闭着眼睛来点名，好吗？""请第四小组第三个同学！是谁啊？"我早就看好了他的座位，故意大声点名。我想这回该表演了吧！谁知他沉默了半天，连哭带吼："我不会！"看着他的眼泪，我呆住了……接着我几次把目光投向他，想以期待的眼神、友好的示意去挽回这种局面，唤起他的情绪。然而，他却耷拉着脑袋，垂着眼帘，再不看我一眼。

一下课，几个学生就围过来了，小声地跟我反映：张同学成绩很差，他爸妈经常批评他，他从来不和同学玩，很少跟同学说话，有时很凶！霎时，一股深深的自责涌上心头：怎么会这么粗心呢？才一年级的孩子呀，他应该是活蹦乱跳的……想到此，我牵起他的小手就往办公室走，我的心情忐忑不安，对自己不经意的忽略深感愧疚。随即我马上调整自己的情绪，微笑着对他说："刚才，我有点心急，不该当着全班同学的面非让你表演，这是我的不对，在这里向你道歉了！"

皇岗小学属于城中村的学校，非深圳户籍学生占了85%，由于父母忙于工作，无暇顾及，大部分孩子由爷爷奶奶、外公外婆看管；有的父母文化水平低，从事低收入、高强度的工作，没有能力与孩子沟通，从而导致部分孩子行为习惯、学习习惯、养成习惯等很差。一旦孩子的考试成绩很差以及在校表现差被班主任或者老师投诉，父母往往采取的就是不文明的手段解决，长期下来，孩子极易形成孤僻自卑的性格。作为音乐学科的老师来说，本身教的班级很多，教学任务繁重，各班调皮、习惯差的学生都有，会极大地影响本身的情绪，在教育的过程里，既需要调整自己的状态，更需要过多地倾注爱心、去关注这些"问题学生"。

二、细心滋养，尊重学生的自尊心

孩子的心灵既美丽可爱，又十分脆弱。教师是在学生的心尖上行走的人，稍不留神，自己的言行就会给学生幼小的心灵带来伤害。而这种心灵的伤痕将难以修复，会成为教师心中永久的遗憾。教育需要细致，教师要像对待荷叶上的露珠一样，小心翼翼地保护孩子的心灵；教师要像对待尚未完成的艺术品一样，对成长中的学生进行细致入微的"雕琢"。

新学期刚接手三年级的音乐课，上课之前就听说有个十分顽皮的学生，上课期间经常捣乱，时常被各学科老师批评，而此学生也从不在乎，也从不会改变，是每个老师眼中的"钉子"。自从我走进课堂，不管是歌唱还是律动表演，他正如老师及学生说的一样，喜欢动、喜欢叫、喜欢接话，时常课堂都不能完整进行下去。课后我在思考，他为什么会这样呢？是想引起老师的注意，还是想在同学面前证明他能行？放学后，我把李同学叫到办公室，通过交流，他的思维、心里没有什么扭曲的地方。通过了解，是因为学习不好，父母也不是很关心，年轻的班主任对孩子的心理活动关注度不够。其实，他是渴望得到同学、老师们鼓励与认可的。后来，我安排李同学负责上课前开电脑，打开课件，课后关电脑；在课中，我也不时地要他表演、回答问题，不时地表扬他，哪怕是一丁点的进步。有事情做了，老师关注他了，他也有存在感、成就感了，自尊心也得到维护，后来表现也就越来越好了。

每个孩子都是独特的，只要我们走近他们，便会读到一个耐人寻味的故事。"欲求千里马，需爱百里驹。"老师应有一种积极的心态，相信每个学生都具有成功的潜能，对待每一个学生都能做到相信和尊重。我们常说的"学习有困难、学习成绩差的学生"也并非不可救药，他们都有成长发展的潜能。只要你细心滋养，多一点尊重，多一点微笑，少一点斥责，相信他们一定能感受到老师的善意，就会重新焕发出自尊心，重新焕发出新动力。

三、以身作则，培养学生的责任心

责任是一个人成才的基础。一个人的聪明睿智，只有根植于强烈的责任感的心灵深处，才能开出多彩绚丽的花朵，结出丰硕的果实，因此培养学生具有一定的责任感、责任心是我们教育工作者的职责。

老师需要通过自己的言传身教影响学生，用自己的实际行动去教育学生、感化学生，在培养学生的责任感、责任心方面更要起到示范、引领的作用。每天上午的眼保健操，老师若下课了就想回到办公室休息，让学生自己去做眼操，这对小学生来讲，他们的自觉性、规范性是难以做到的。离开老师的视线，学生做的都是随意的，不标准的，甚至课室都是混乱的状态。每当看到此景，看到我的课后眼保健操被扣分，甚至受到学校德育处批评，我心中都有一种负疚感。之后，但凡属于我的音乐课后是眼保健操，我都是跟着学生们一起做完眼保健操，再回到办公室休息。渐渐地，调皮的班级学生每次眼保健操也自觉收敛，认真地、规范地做好眼保健操，我的陪伴，我的以身作则，不仅使学生增强了"责任"意识，更重要的是培养了学生的责任心。俗话说得好，身教重于言教。一个有责任感的老师，会给学生留下深刻的印象，学生的责任感也会在老师的潜移默化的影响下逐步增强。

（本文发表在《启迪与智慧》杂志 2016 年 6 月中旬刊）

浅议综合实践活动课与各学科的有效整合策略

综合实践活动课是当前基础教育改革的一大亮点，它既符合世界课程改革的趋势又符合我国实施素质教育的内在要求。由于综合实践课程没有课程标准（只有指导纲要）没有教材，没有教参，没有专职教师，没有评价标准。因此，综合实践活动举步维艰，难以得到全面实施，为了使综合实践活动课成为常态课，在实践中积极探索将综合实践活动课与各学科教学进行有效整合，使各学科教学成为实施综合实践活动课的主战场。

一、综合实践活动课与各学科整合的依据

《综合实践活动课指导纲要》中指出：在新的基础教育课程体系中，综合实践活动和其他各学科领域形成一个有机整体，二者既有其相对独立性，又有紧密的联系。

（一）综合实践活动课和其他学科对比，具有独立性

（1）综合实践活动课程主要让学生获得直接经验，发展实践能力和创新能力，而学科课程具有基础学科知识的逻辑体系，其任务是向学生传授学科中的间接经验。

（2）综合实践活动方式以多样化的实践性学习为主，而学科课程以传统地传授知识为主。

（3）综合实践活动课程侧重考查学生的学习过程，而学科课程侧重学生的学习结果。由此可见，综合实践活动课不能等于各学科，它具有自身突出的特点和优点。

（二）综合实践活动课与其他各学科存在密切联系

（1）学科领域的知识可以在综合实践活动课程中延伸、综合、重组与提升。

（2）综合实践活动所发现的问题，获得的知识技能可以在各学科领域的教学中拓展和加深。

（3）在某些情况下，综合实践活动课程甚至可以和某些学科教学打通进行。

由此可见，综合实践活动是在各学科领域知识综合与融合的基础上展开的，同时学科领域知识也可以在综合实践中得到延伸、综合、重组与提升。综合实践活动

课与各学科的内在联系，为综合实践活动课和其他学科有效整合提供了可能性和必要性。

二、综合实践活动课与各学科整合的策略

（一）挖掘学科教材内容，对教材重组和延伸开展综合实践活动

在实施综合实践活动过程中存在的一个主要问题，就是许多学生要么提不出问题，要么提出课题太大而无法实施。实际上学科教材本身就是一个取之不尽的"问题库"，在学科中隐藏着大量与自然、社会、生活有关，值得研究的问题。因此，教师要对学科知识进行分析、梳理，从整体上把握教材体系，然后根据学生现有知识水平，找到课程生长点，对教材进行重组，引导学生主动提出探究的问题，重新建构自己的知识的体系，为综合实践活动的开展提供研究课题和理论依据。如，在六年级"昆虫"教学中，引导学生对昆虫这些知识进行比较分析，重组和延伸，模拟制定一份昆虫成长记。这样，学生通过对几种昆虫进行比较，上网查阅了大量资料，学生综合应用所学的学科知识，围绕"昆虫"这个研究课题，深入探究，使学生将所学知识，恰如其分应用到综合实践活动中去。

（二）以学科教学为载体开展综合实践活动

在各学科课堂教学中，教师可以根据教材的需要和学生的特点，为学生创设相应的综合实践活动，让学生通过参与和体验，获得丰富的感性材料，提高分析问题和解决问题能力，这样，小小的课堂也可以成为学生掌握知识，发展能力，陶冶品德的大世界，从而达到培养学生个性发展，创新精神和能力，培养学生的社会责任感的综合实践活动的目的。比如学习"人生真正价值在于对社会贡献"这个课题内容学习时，结合班级的主题班会开展了"人生真正价值在于对社会贡献或索取"的辩论赛，让全班同学参与其中，在辩论赛准备过程中，学生搜集大量信息，拓宽了知识面；在辩论过程中，学生以积极主动姿态发现对方存在的问题并加以指出，培养学生质疑与批判精神，提高学生思维能力；在辩论评价反思中，学生以客观公正的态度对辩论内容、选手的表现作出实事求是的评价，从而培养自己的社会责任和团队精神，健全了自己的人格，促进人文素质的提高，而这正是综合实践活动所倡导的精神实质。

（三）利用综合实践活动激活学科教学，调动学生学习积极性

各学科的教学任务是向学生传授学科中的间接经验，远离学生生活和社会生活缺乏时代感，因此，长期以来，各学科教学，不同程度存在"死气沉沉，枯燥乏味"，学生学习兴趣不高的问题而综合实践活动是一种基于学生直接经验，密切联系学生生活和社会生活的开放型的教学活动，它打破知识界限，体现对知识的综合应用，有利

于汲取最新知识。因此，在学科教学中，通过综合实践活动，在理论知识与学生生活实际之间搭起桥梁，让学生应用所学学科知识，通过综合实践活动来感受所学知识的价值和魅力，促使学生以积极心态投入学习中，为各学科教学注入一般活水，带来了新的生机和活力。如在学习"价值规律内容和作用"这部分知识时，为了让学生对枯燥的理论有更深刻的理解，我设计了以"在市场经济中的价值规律"为主题的社会调查活动，要求学生根据自己的兴趣、爱好和能力，提出子课题的内容，完成一篇社会调查报告。这样，在调查过程中，学生将枯燥价值规律理论知识和活生生的市场现象有机结合起来，尝试用所学的理论去分析经济生活中的现象，这样大大调动了学生的学习积极性，让学生感受所学知识的价值和魅力。

（四）将综合实践活动课先进教学理念渗透到各学科教学中，改变传统教学模式

综合实践活动课程开设是让学生在现实情景中通过亲自体验来解决问题的自觉学习；是让学生在教师指导下，从学生生活和社会生活中确定课题的探究学习；是以小组合作方式进行的合作学习。因此，综合实践活动课的开设不仅意味着一门新的课程形式的诞生，更主要是一种体现时代精神的新的课程理念的生长，其着眼点就在于转变学生的学习方式，因此，教师要不断更新教学理论，树立综合的教学理念，将综合性理论自觉转化为教学实践，并融入各个学科的教学中，使各学科教学变为以问题为中心的研究性教学，促使学生在解决问题过程中学习，从中获取知识，培养能力，陶冶情操，从而适应未来社会的需求。

三、综合实践活动课与各学科整合的意义

正确把握综合实践活动课与各学科之间的关系，在实践中，加强综合实践活动和其他学科的整合，注重将综合实践活动先进理念渗透到各学科教学中，在可能情况下，将综合性实践活动和各学科教学打通进行，积极探索综合实践活动课和各学科课程整合的教学模式。而这种整合是"双赢"的，不仅有利于促进学科教学观念和教学方式的转变，使学生更好、更快地掌握基础知识和基本技能，提高他们分析问题、解决问题的能力，激发他们对学科知识学习的兴趣，而且有利于解决综合实践活动的教材载体问题、时空局限性问题、教师指导等问题，促进综合实践活动扎实有效开展，使综合实践活动课成为常态课。

全面发展理念下小学美育实践活动的路径探寻

在全面发展理念下，学校教育不仅仅关注了对学生进行科学文化知识的教学，更注重了学生情感态度价值观的培养，重点在于让学生发现人性中的"真、善、美"，促进学生获得美育教育。

"半亩方塘一鉴开，天光云影共徘徊。"带领学生走进美丽的大自然，识得一种花开花落的美好，寻得心如止水般的宁静，守得一分耕耘一分收获的幸福，形成一片快乐成长的天地。美在体验中获得，在恒久中光华；美育就在无声无息中浸润孩子的心灵，就此点亮了童年之光。我所在的学校就能够积极开展丰富的美育实践活动，旨在让学生能够走出城市的喧嚣，拥抱清新的自然，让美的感受在自然中生成。

一、融入自然理解美

春有绿叶夏有蝉，秋有落红冬有雪。美妙的自然，神奇的季节。师生放下了课上的严肃，卸下教学中的包袱，踏着轻快的步伐，走进自然的怀抱，感受自然的清新与美好，探寻心灵中的无限美好。

（一）走进自然感知美

学生走进了野外自然，或停留观景，或停歇低语，或高歌清唱……一张张笑脸，一句句童言，用心灵向小动物倾诉，满怀童心与大自然对话，一切景语皆情语。

在自然世界的感知中，孩子们油然而生地将课本知识与自然获得融为一体。那"春眠不觉晓，处处闻啼鸟。夜来风雨声，花落知多少"的情感就会在孩子的赏花观景中获得深刻体悟，那"两个黄鹂鸣翠柳，一行白鹭上青天"的场景就会在孩子的眼前留下，那"千山鸟飞绝，万径人踪灭"的孤寂就会在孩子的心灵生发。

孩子的思维是灵动的、感性的，教师要能够抓住孩子喜爱自然、渴望自由的天性特征，带领他们走进自由的自然世界，引领他们在享受自然的时空中获得心灵涤荡，从而获得自然美与人性美的交融情感。

（二）认识自然发现美

当现代生活的五彩缤纷迷离了孩子的眼睛，当现代生物技术下的花艺扰乱了分明的四季，与孩子们共同唱响了节气歌，在美妙的自然世界中探寻不同节气下的物候，孩子们就能够真切地感受到自然世界的无比神奇。

在认识自然的过程中，孩子们理解了"惊蛰"是人们进行春种的前奏时节，"立夏""小满"时节正是夏日耕耘的进行曲，"白露"却饱含那秋收的喜悦，"冬至"则是盛藏与享用果实的幸福。伴随着不同节气的变化，让孩子们感受到不同的物候，随之懂得了春耕、夏耘、秋收与冬藏，在细腻处感受着自然节气的神奇。孩子们经历这样的成长过程，必然让他们能够拥有更加美好的生活回忆。

二、亲历实践体验美

倘若能够让孩子亲手种下一粒种子，让他们静待种子发芽、看到花开花落与果实成熟……他们便能够感受到无比的兴奋与快乐。他们的手、眼、口、脑都能接受关于种子生长的全过程，犹如一位母亲期待孩子一样成长，期待它长大，期待它结果……给予它营养、培育、捉虫与护果，孩子们的悉心关照，对生命的成长充满了深情。

在带领孩子走进自然、感受自然生命规律的同时，教师要能够给予学生进行亲历实践种植的机会，给予他们进行观察、思考的广阔时空，这样，他们才能够形成对自然生命规律的真实体验，才能获得了解自然的直接性经验。

三、融入活动创造美

了解自然、懂得生活，经历丰富的生活体验，才能让孩子们感受大生活的甜蜜，才能促进他们对生活的再创造，才能获得创造美与欣赏美的无限快乐。

（一）种植乐园创造美

为学生开辟一片可以亲历种植的乐园，不仅可以让学生常态感受到自然时节的变更交替，感受到人们劳作的不同时节。同时，也让孩子们亲切地感受自然的美好春光、缤纷夏日、瑟瑟秋风与皑皑冬雪。我所在的学校就为学生创设了可以进行劳动体验的种植基地，为孩子们创造了可以进行种植体验的机会。

春天，孩子们走进园中进行翻土、耕种；夏天，给予作物施肥、浇水；秋天，与同伴们一同收获果实；冬天，和大家共享收获的喜悦。有一分耕耘，就有一分收获。在实践体验的过程中，孩子们可以习得插秧的方法，可以掌握果实储藏的方法……一句句言语、一次次思考，皆是孩子们的创造。在自我体验的过程中，孩子们所想到

·201·

的、所做到的，皆可以成为他们的创造。当然，只有经历了创造，才能在孩子们的心中孕育出美的情感。

（二）美食时空创造美

带领学生做一次粽子，包一次饺子，过一次生日……让孩子能够经历美食的制作与品尝，就可以让他们感受到劳动的艰辛，体验到享受成果的幸福。此举也最能让他们绽放出智慧之花，塑造出创造之果。

教师要能够带领学生积极参与学校举办的"爱心跳蚤市场""走进小小农场""美食交流会""小小美食家天地"等实践性活动平台。春种一粒粟，或出现在学生的一日三餐，或出现于"美食加工厂"，或出现于"酿酒山庄"；夏收的西瓜，时而出现于艺术果雕，时而出现于午餐饭桌，时而满足了人们的口馋；至于那秋收的一粒粒豆豆，它的用途就显得十分广泛了，豆腐、豆浆、豆干、豆皮，等等，可谓不胜枚举。常言道："民以食为天。"走进了"小小美食家天地"美育实践性活动，让学生们享用到五彩缤纷的美食，同时也在更多的动手实践中收获了更多的创造之乐，也收获了创造之美。

四、懂得感悟分享美

一次实践，一段感悟；一场活动，一种境界。融入美妙的大自然，学生便能潜入那春光四溢的景色中，便能细心观赏那夏日的小荷绽放，便能踏进谷物飘香的秋田，便能感受到迎难而上的冬日雪梅。走进农田野外，师生共话春种秋收的喜悦，长幼携手共谱成长的乐章；回到校园，走进班课，上了讲台，孩子们共享所见所闻所想；回到了家庭，也能兴致勃勃地向家人诉说那美妙自然的神奇。

经历了"爱心赠书""亲子阅读"，孩子们享受到书海的色彩斑斓；参与了"美食分享"，孩子们能够把自己所喜爱的食物拿出来与大家分享，感受到了同伴间的友谊；走进了社区，经历了关爱老人的行动，孩子们懂得了尊老爱幼；走进了困难家庭，孩子们提升了自身的品格，发现了人性之美；等等。在更多的分享活动中，孩子们真切地感受到了"真善美"，学会了在分享中达人达己。

成长乐园中，教育基地里，一朵朵花儿在绽放，一个个孩童在成长；教师带领着孩子走进了田间野外，拥抱着美丽的自然山水，感受着不同的生命延续，享受着民族文化之美，触摸着自然规律之美；踏步留痕，抬手挥汗，默默研学，体验了辛劳之美，见证了生命绽放之美；收获果实，参与制作，体验着创造之美；腹有诗书，乐于分享，彰显气质之美。美，在观赏中，在感受中；美，在辛劳中，在坚持中，更在创造中；美，在分享中，在集体的智慧中。

总而言之，在新时代教育下，教师要能够创新美育教育实践活动，从内容与形式上进行创新，带领学生走出课堂，融入自然与社会，让学生经历观察、动手、思考、发现与分享的过程，让学生能够在美的世界中享受美的乐趣，从而能够形成美的情感与思想，更能具有诗书美的气息。

参考文献

[1] 宿强，罗锦霞，张怡. 从美术教学走向以美育人——成华小学美术学科育人的实践探索与思考 [J]. 教育科学论坛，2021（16）.

[2] 陈婧婧. 新时代小学美育工作的评价问题 [J]. 安徽教育科研，2021（5）.

[3] 仇玉玲，毛文婧. "以玩育美"：探索更贴近儿童天性的小学美育 [J]. 中小学管理，2021（3）.

教育"不忘初心"，学生才能真正成长！

小学音乐教学要关注学生学习结果，更要关注他们的学习过程；要关注学生音乐的水平，更要关注他们在音乐活动中所表现出来的情感与态度，帮助学生认识自我，建立信心。赞科夫说："我们的时代不仅要求一个人具备广泛而深刻的认识，而且要求发展他的智慧、意志、情感，发展他的才能和禀赋。"显然，关注学生的终身发展，关爱学生的生命，培养学生独立的个性和健全的人格，成为新课标中的首要目标。

一、关注学生的生活实际

实际上，生活中蕴藏着巨大的甚至可以说是无穷无尽的教育资源，一旦教师将生活中的教育资源与书本知识融通起来，学生就有可能会感受到知识学习的意义与作用，就有可能会常常意识到自己学习的责任与价值，就有可能会增强自己学习的兴趣和动机，学习就有可能不再是一项枯燥无味必须要完成的义务，而是一种乐在其中的有趣的工作了。正是从这个意义上，我在备课过程中，仔细思考学生在有关本节课的知识点方面已经积累了哪些生活经验，现实生活中哪些经验可以作为本次教学的铺垫，让学生从事哪些实践活动来强化对的掌握等等，就显得十分重要了。在教学中应做到：

（一）进行思想的熏陶，道德情操的培养

小学新教材中有大量具有道德感染力的歌曲、乐曲。如《小小竹排》《红星闪闪去战斗》能激发学生热爱祖国的情感；《我爱我的家乡》《让我们荡起双桨》表现了少年儿童的民族自豪感；《彝家娃娃真幸福》《小竹桥》表达了与少数民族的团结、友爱之情；《红领巾之歌》教育学生该怎样做人……教师充分利用教材内容，"动之以情""晓之以理"，对学生进行高尚的思想道德教育，才能达到教育的目的。

（二）培养学生健康的审美观

小学音乐教材里的每首歌、乐曲、活动设计都经过了编者精心的挑选和设计，充

溢着丰富多彩、各具特色的美：有的刻画了美的形象，如《大白象》《大鹿》；有的描绘了美的自然景色，如《银色的桦树林》《绿色的祖国》；有的表达了美的心愿，如二年级教材中的"露一手"：为过生日的小朋友表演一个节目……在学唱歌曲，音乐活动的同时，引导学生体验美与丑，分辨善与恶，是与非，形成正确的健康的审美观。

二、关注学生的需要

人在特定的场合都会有各种各样的需要，学生在课堂上会有一些什么需要？这个问题在传统课堂教学中的我们很少会考虑，教师在教学中急于求成，希望学生个个会识谱，会唱曲，会演奏乐器，教学中全然不顾学生的个体差异，盲目按大纲、教材规定的、统一的教学目标来教给学生知识，而未根据各学生的实际发展情况去制定一个梯度目标。为了达到这个统一的目标，简单、生硬地进行教授，于是学生仅仅作为容器，不声也不响地装下老师"倒"下来的一切。但是，学生毕竟不同于容器，学生作为一个有尊严的个体存在于课堂之上。我们的教师也需要扪心自问，在我们自己的课堂上，满足了学生什么？给了学生以活力施展的空间吗？给了学生张扬个性的机会了吗？

我们可以看到，传统教学模式的课堂上，学生很少有自己活动的余地，很少有自己的一片天地。没有了自主，缺少了选择，学习久而久之也就成了一件疲于应付的苦差事。而在课堂上，要做到关注学生的需要，就需要充分考虑到学生发展的各种需求，精心地设计各种活动，给学生以自主支配的时间和空间，使学生最大限度地处于主动求知的状态，主动积极地动手、动脑、动口，从而使学生真正成为学习的主人。

三、关注学生获取知识的过程

用平等、民主来取代专断与师道尊严，可能是当今课堂教学改革的必由之路。因为只有宽松的氛围和没有等级之分的空间，学生才能畅所欲言，个性才能得到张扬，创新也才能应运而生。教学过程本身是个互动的过程，既然是引导学生发展的过程，教师就不应一味地将学生置于被支配的地位，而应充分认识到他们已有的知识经验，注意挖掘他们的潜能，通过学生主动参与的活动，最终获取知识，成为知识的拥有者。因此，我们将教学过程创设成关注学生获取知识的过程，将教学过程视作一个"引渫"的过程。

（1）预习是一个重要的自主学习环节，是课堂学习的前奏，许多的教学内容学生通过预习就能独立解决。

（2）课堂学习是师生共同活动的过程。学生课前的认真预习参与了多种思维活动，它为课堂中师生的共同学习奠定了基础。教师有的放矢地引导，学生主动、兴致勃勃地学习，让学生尽量自学自悟，掌握学习方法。

（3）巩固练习能启迪学生思维，启发学生创新，发展学生个性。让学生多听，多唱，多表演，利用第二课堂，课外活动等，让学生积极参与各类音乐实践活动。

课堂教学过程之所以是一个复杂的动态过程，是因为学生的思维差异引起的，更因为学生在课堂上的表现不可能如教师所愿，沿着老师预设的轨道进行。所以，如果我们把学生的思维看作滔滔不绝的江水的话，那么教师则要做"大禹"，要善于疏、导，而不能去堵。教师要善于让学生尽现各自的观点，并使他们不同的观点发生碰撞，展开讨论。一个真实的教育过程是一个在师生、生生积极有效互动的基础上实现动态生成的过程。教师必须改变课堂教学只关注教案得以机械实施的片面观念，树立课堂教学应成为师生共同参与，创造性地完成教学目标的新理念，让学生敏捷的思路、独特的创见来激活全班同学和教师的创新思维，使大家的思维亮点聚集在一起发挥，智慧汇拢到一处碰撞，从而推动教学课堂走向丰富、鲜活、深刻。

四、关注学生的个性发展

学生在课堂中的个性的确应该引起我们的关注，他们终日生活在几何图形排列的课桌椅中，活动的空间仅一尺见方，终日规规矩矩地坐着，既不能信口开河，也不能随意乱动。在课堂上，集体教学、小组学习、个别指导都可以共存。集体教学虽可以在较短的时间内实现完成知识传输的目的，但是却不可避免地忽视学生之间的个性差异，由于学生一直处于静听的位置，所以其主动性和积极性也大受影响。

（一）放手独立完成

教师应当充分相信学生的能力，教材中的一些知识可以提前让学生独立去完成。如通过查阅资料了解音乐作品的背景，理解歌词内涵等。

（二）让学生合作学习

因各种原因，学生在音乐中各方面能力发展有所不同，有的学生吹奏能力较强，有的歌唱能力不错。将学生按各种特长分成若干小组，共同思考和学习新知，合作中既促进了学生情感交流，又培养了学生的音乐协调性，团结友爱精神。

（三）活动学习

在学习中通过一个个的活动推进学习的进度。如：小歌星赛、绘画比赛、小小演奏家等。通过形式多样的活动使学生具有竞争意识，培养表演欲望，激发参与积极性，从而达到学生愿学、乐学的目的。

五、多一分人性的关注

就一节课而言，所学的知识对学生的人生历程究竟有多大的作用，我们不得而知了。那么，四十分钟内我们除了关注学生所学的知识、技能以外，似乎更应该关注些其他因素。我们认为首先应该关注"人性"。学生是人，是有思想的个体，是有精神支撑的，对其成长有决定作用的是一种习惯或是精神。

三尺讲台前，教师确有那么一分威严，但这三尺讲台也就成了教师与学生的隔阂。此时，教师的一声训斥，或许就会丧失一个"冼星海"，你的一个白眼或许就会使"聂耳"回了家，更为重要的是长期如此，共性便成为今天教育的最大特色。相反，你信赖、尊重每一位学生，走进学生的情感世界中，对课堂中学生出现的错误多一分理解和宽容，那么学生就会把思维暴露给你，教育才会取得事半功倍的效果。一首优美动听的乐曲可以启迪智慧、陶冶情操，提高审美情趣，使学生的身心得到健康的发展，从而让学生更加珍爱生命，对生活充满希望和追求。只有胸襟广博、关注社会、心中有爱的师者，才能打开学生精神领域的大门，教会学生自尊、自爱、自强不息，为学生展现一个多姿多彩的精神世界。

追逐心中的彩虹

——班主任班级管理工作感悟

　　班主任是班集体的教育者、引导者和组织者，是学校教育工作的基础，是沟通学校、家庭和社会的桥梁，是学生健康成长的引路人；更是一个班级所有学生亲情的寄托、感情的依靠，他肩负着爱的传递，同时也肩负着梦的启迪。

　　作为学校一名行政管理人员，观察到有些班主任班级管理很到位、很规范，有些班主任班级管理有待商榷，还有很大的提升空间。班级管理既是一门科学，更是一门艺术，如何提高班级管理效益，使班级管理的科学性和艺术性有机地统一起来，是我们每位班主任老师值得深思的一个课题，也是我们新时期班级管理工作应追求的理想目标。

　　以下是我所观所想，与大家一起探讨：

一、需做好班级情况分析

　　教育家苏霍姆林斯基说过："一个真正有涵养的教师应该是对学生的内心世界十分关心，并从心灵深处去爱学生的人。"只有对班级情况、学生个体现状特别了解，才能继续保持好的做法，完善待提升的地方，并关注后进生的成长等等，来加强班级的集体荣誉感。

　　想管理好班级，首先需了解各学年段学生的身心特点：小学一、二、三年级属于儿童小学学习和生活的适应期，思维正处于以形象思维为主，并逐步向抽象思维过渡的时期，模仿性强，是非观念淡薄。小学四年级正处在由儿童期向少年期转变的过程中，他们看问题仍然比较幼稚，对复杂的是非问题常常是分辨不清。小学五年级学生开始进入少年期，身心的发展正处在由幼稚趋向自觉，由依赖趋向独立的半幼稚半成熟交错的矛盾时期。小学六年级学生接触社会的面比以前广，吸取的信息也更多，对社会现象和国内外新闻比较关心，但选择和处理信息的能力还不强，还不善于对事物进行是非判断与辨析。只有充分了解学生的年龄身心特点、班级实情等等，那么，我们的工作才会井然有序，我们才能从日常琐事中抽身，盘点一天的工作，从而避免焦虑。比如，可以准备一本台历，每天提前十五分钟到校，写下任务清单，把当天要做的事，按时间及重要程度顺序排列，下班前进行小结，检查完成情况。这样，班级工作就会有条不紊地进行，班主任的情绪也会比较稳定。

二、需重视开展班级活动

班、队会是班主任通过各种主题活动对学生进行思想道德教育的重要阵地，是展现学生才华、锻炼学生能力的重要舞台，也是班主任进行班集体建设及自身专业化成长的有效载体。认真组织班或队的主题活动，班集体凝聚力的形成，良好师生关系的形成，以活动为载体，以活动为契机，因为这样才会有思想和情感的碰撞，这便是此时无声胜有声。

让孩子们做主角、当主唱。如让学生通过"大声说出爱"的活动学会情感表达、通过参与学校艺术节，让学生学会勇敢和团结、通过教师节送贺卡，促进师生关系的和谐、通过六一儿童节献爱心捐助的活动，增强学生的爱心、通过感恩教育活动，让学生学会反思、通过畅想童年的活动，促进家长和孩子的相互理解……甚至把学生带出教室，去春游、欣赏高雅音乐、观美术作品，等等。学生真正地感受社会、体验生活、回归自然，我的教育达到了，班级的凝聚力也就增强了。

三、需做好家校联系工作

做好家访工作十分重要而且必要。它是学校与社会和家庭联系的重要途径，是联络师生感情，教育好学生的重要手段，是教育工作的重要环节。只有通过家访，教师才能更好地把学校教育和家庭教育紧密结合起来，收到更为良好的教育效果，更能把自己在教学中的一些措施和做法跟家长交换意见，争取家长的支持和配合，在家长的配合教育下，后进生学习积极性的提高，辅导的效果，自然就事半功倍了。

四、需重视培养优秀班干部

一个好的班主任要重视班干部的培养，还要善于培养班干部，让学生来管理学生，把我们班主任从烦琐的工作中解放出来，不必事事躬亲，这样我们班级管理才不会太吃力，就可以把更多的时间和精力放在教学的钻研上。比如，班主任可以采用大家民主投票的方式选出班里班长、学习委员、劳动委员、文艺委员等，班级的管理工作在班主任的指导下分配给班干部去做。做到1周或者2周开一次班干部会议，对于做得好的要表扬，有待提升的及时进行总结。为了提高每个学生的积极性和主动性，还可以采用班干部轮流制度，鼓励工作中出色的学生，同时及时纠正某些学生在管理中出现的一些错误，这样，班主任的管理得到解放，学生的组织能力、管理能力得到提高，同时学生的自信心和成就感也得到满足。

五、需重视每次家长会的召开

家长会作为家长和老师沟通的重要方式，是学习工作的一个重要部分。成功的家长会有助于家庭和学校之间建立一种"理解，信任，目标一致"的合作关系。

（一）会前准备需充分

有明确的主题，不要大事小事不分层次。设计好开会的程序，安排好科任老师演讲顺序。在开家长会之前，要做到心中有数，想清楚家长最想听什么，最想了解什么，最想知道什么。布置好教室，营造一个宽松友好的环境，前黑板：欢迎标语（PPT展示）；后黑板或者墙壁两侧：学校班队会主题教育、班级文化展板、班级活动风采、班级学习目标、量化考核统计、学生作品展、科任教师和班干部介绍等。

（二）准备好讲话稿

就班级管理目标、班级管理措施、学科教学、家长需要配合的工作等向家长作一个全面的工作报告，让家长对学校、班主任、科任老师的工作放心。做到演讲具有科学性、针对性、教育性。自己做过的工作一定要讲，让家长了解自己，佩服自己，支持自己，千万不要过分谦虚，让家长误会你、看不起你。对各学科教学、考试分数情况分析，分析班级发展状况及班级在年级所处的位置，科学介绍班级在今后的工作打算等。

（三）做好班级学情分析

要讲每一个到会家长的孩子的表现，包括思想、学习、工作和纪律等方面的表现，尤其突出学习和纪律方面。班主任在家长会上要让每一个家长都能高兴地看到自己的孩子优点和冷静地看到存在的不足且还很有信心。当然，学生普遍存在的问题要反映，家长有疑问的情况一定要解释，也不能避实就虚，忽悠家长。

（四）对家长提出希望和建议

指出哪些方面是要家长配合的，哪些是要家长管理的，如何管等等。望家长以后多联系，对自己没有能及时和家长沟通要解释并致歉意，表明以后一定把工作做得更好。不要对家长发牢骚，要诚恳。注重谈话技巧，切忌开成发牢骚、家长听批评的"批斗会""告状会"，还要考虑到学生的感受，不要让学生和家长认为你是个没本事就会告状的人。

教育是一门艺术，需要用心去做每一件事情！教育不是灌输，也不是强迫，更不是生产……教育是艺术的过程，班级管理更需智慧管理。总之，班级管理是一项烦琐的工作，班主任需要掌握管理的艺术，为学生创设宽松愉悦的课堂氛围，拉近与学生的距离，成为学生的良师益友。追逐心中的彩虹，向着优秀班主任班级管理幸福出发。

（本文发表在《教育》杂志 2016 年第 17 期）

让学习成为一种习惯

　　你是否工作遇到了"高原期"却不知道如何度过？你是否因为工作太忙而觉得没有时间读书？如果一个教师不读书，他就不能在教育教学这条路上走得很远。换句话说，一个不读书的教师，不可能成为一个真正的优秀教师，优秀教师首先应该是个读书人。工作室布置的寒假作业——读几本书《给教师的建议》《影响教师一生的100个好习惯》《改善学生课堂表现的50个方法》，写心得体会，我想这个作业特别好，在忙碌的工作中，静下心来，好好阅读，反思自己，提升素养，厚植底蕴，通过通读三本书，有以下几方面跟大家分享：

一、越忙越要读书

　　教师是一个特别忙的群体。除了众所周知的工作压力大，社会各界对教师的要求越来越高，还有没有其他因素呢？我认为是有的。比如，缺乏足够的教育教学智慧，以至于工作效率低，教育教学工作成为日复一日、年复一年的没有多大改进的重复。

　　那么，教师的教育教学智慧从哪里来？从实践中来，从思考中来，从学习中来。这里的"学习"，除了指向优秀教师学习，很重要的一点是指不间断的阅读，因为不间断的阅读可以培养自己敏锐的眼光和拨云见雾、直抵问题核心的实践智慧。一句话，越忙才越要读书。

　　在我看来，读书不需要一张桌子，也不需要有大把的完整的时间，处处都是读书的地点，时时都是读书的时间。当你把翻开一本书读一页看成是与打开手机刷微信一样的自然，你就有了读书的精力和时间。而一旦这种状态持续下去，当然不只是持续一两个月，而是持续几年的时间，也许你慢慢就会发现，在工作中你不再捉襟见肘，自然也就不再那么忙了。

　　《影响教师一生的100个好习惯》书中的教育思想和智慧，对教育观、学生观、班级管理、学生思想工作、教学的理念和实践、教师心理健康、教师自身的生活态度都有其独到的见解，使我这个颇有一定教龄的教师，从中吸收到教育的最新理念，学到宝贵的经验，找到前进的方向，更看到了未来和希望。更可喜的是从一些成功教育案例中，我找到了一些适合我的教学方法。其中"简约课堂"，让我茅塞顿开。反思自己的课堂教学，感到羞愧难当：课堂效率低下，不受学生欢迎，学生的积极性调动不起来。学以致用，我开始尝试走简约课堂的教学之路，对每一堂课用简约课堂的教学思路进行大手术。实践出真知，通过一个多月的实践，我的课堂教学面貌出现了新气象，收到了意想不到的效果，学生的听课效率大大提高，学习积极性也提高了许多，学生普遍反映喜欢上我的课了，而我自身也更喜欢和学生在一起的课堂了。

二、让课堂充满智慧和灵性

什么样的课堂是最好的？不同的人可能有不同的答案，但无论哪一种答案，都应该以学生的成长为核心。只有真正帮助学生获得实实在在的能力生长的课堂，才是高效的，值得肯定的。但是，我们也要注意，一些课堂看起来非常"美"，似乎也在促进学生的成长，但却并非我们期待的课堂。

通过阅读《改善学生课堂表现的50个方法》这本书，我不仅了解到学生的课堂表现是影响学生成绩的关键因素，而且也更懂得了优秀的教师他们是如何通过关心、认可、鼓励学生，所以有了这些切实可行的经验之谈，再加上与实践的结合，用心去体会，用心去适应，用心去改变，任何一位老师对孩子的管理和教育都会是更加成功的。要以微笑面对和肯定，让学生感到自己被需要；以位置靠近和心理靠近拉近彼此距离；用热情感染学生，吸引学生参与课堂活动，改善学生课堂表现，进而提高教学效率。同时，学生也会不断进步，每天都有更好的表现。在以后的教学路上，我会争取多点智慧、多点爱心、多点耐心从而能够和学生和谐相处，争取共同进步，让音乐课堂充满智慧和灵性。

三、把爱的种子深植于学生的心灵深处

读《给教师的建议》领悟到，天下没有笨的学生，学生的心灵都是美好的、善良的。一名优秀的教师应该是走进孩子的心灵世界，并从心灵深处去爱护学生的人。我要发自内心地热爱我的学生，不管这个学生是谁，不管这个学生成绩如何，不管这个学生长相如何、性格如何，我都要公平地、全心全意地爱他们。我深知这种爱的力量对一个学生来说是多么的重要。每一个学生都不愿意自己被老师忽视、遗忘，希望自己在班上、在老师面前表现一下自己，证明给大家看，自己是多么的优秀。其实这种需要是每个学生的正常的心理需要，作为老师，是不能忽视这一点的。

作为有着30年教龄的我，深深地感受到"成长比成功更重要"，老师需要用爱倾

心浇灌每一个孩子的成长，需要用爱来等待每一个孩子的成长。"教育应是一扇门，推开它，满是阳光和鲜花，它能给小孩子带来自信、快乐。"而教师最需要坚持不懈的就是爱，要推开学生那扇尘封已久的心门，打开学生关闭已久的那扇心窗，呵护学生心叶上那颗晶莹的露珠，就需要我们把爱的种子深植于学生的心灵深处。只有把你的爱真切地传递给学生，那么，展现在你面前的将是一片湛蓝的晴空，一幅生动的画卷。

课后延时服务，让教育更有温度

为全面贯彻落实《教育部办公厅关于做好中小学生课后服务工作的指导意见》教育部等九部门印发《中小学生减负措施的通知》《广东省教育厅关于做好中小学生校内课后服务工作的指导意见》《深圳市义务教育阶段学校课后服务实施意见》等文件精神。皇岗小学本着提升服务质量，努力做到让学生满意、家长放心、社会认可的原则，通过实践育人，活动育人，课程育人，浸润美德，储备知识，提升技能，着眼学生素养，开展了多角度、全方位的学生课后服务工作。为学生提供安全有序、健康向上、公益普惠、丰富多彩的课后服务，建立健全保障体系和管理机制，为促进学生健康成长、提升学生综合素质提供平台，让广大家长有更多的幸福感和切实的获得感。

一、服务开展，理念先行

学校第一时间成立课后服务领导小组，在杨土胡校长的领导下，由教务处统一组织，从政策宣传、师资安排、课程筛选、安全保卫等方面对学校课后延时服务进行了周密的安排部署。

（一）实施原则

1. 坚持政府主导、学校主责原则

由政府主导并提供项目经费，区教育主管部门负责项目规划、组织指导、效益评价，学校负责方案研制、组织实施、安全保障等工作。确保课后服务工作科学、规范、安全、高效、有序。

2. 坚持五育并举、因材施教原则

坚持党的教育方针，培养学生德智体美劳全面发展，充分整合利用优质教育资源，开展有利于提升学生思想品德、学业水平、身心健康、艺术素养和实践创新的教育服务项目，满足学生自由全面发展需求。不将国家课程列入课后服务项目内容。

3. 坚持教育公平、质量第一原则

在确保校园和师生安全的前提下，对有需求的学生，学校尽力满足其课后服务课

程学习的需要。学校树立教育质量第一原则，严把课后服务项目审核关，加强项目实施的过程性管理，实施多方参与的满意度评价、基于数据的教学绩效评价。

4. 坚持自愿参加、公益普惠原则

学生是否参加课后服务，完全由学生及家长自愿选择。课后服务经费由政府财政保障并按规定下拨学校专款专用，学校不向家长收取或变相收取任何费用。

（二）目标任务

1. 总体目标

以习近平新时代中国特色社会主义思想和党的十九大精神为指导，坚持"五育并举"教育原则，全面落实立德树人根本任务，把课后服务办成学校、家庭、社会"三满意"重要民生实事项目；学校对有需求的学生开设课后服务；课后服务工作以正确价值观教育、文化课辅导、体艺素养发展、实践创新能力提升等为主要内容，通过整合校内外优质教育资源，形成课程化、体系化、制度化课后服务工作方案，以达到优化学生健康成长环境，减轻学生、家长和社会过重家庭教育负担，提高学生发展核心素养的主动性、针对性、实效性，让教师有更多的价值感和意义感，让家长和学生有更多的幸福感和获得感。

2. 具体目标

（1）建立健全课后服务保障体系和管理机制。

确保项目规划科学、资金使用规范、课程优质高效、教学安全有效。

（2）建立健全学校课后服务课程体系。

确保90%以上学校教师参与、90%以上本校学生参加、师生满意度不低于95%。建立学校课后服务评价制度，确保资金按规定用于专项活动，落实事务全面公开接受监督，参加活动的学生在学业负担、体艺素养发展和家长家庭教育负担等方面得到明显改善。

（3）提升学生创新精神和实践能力。

项目实施之后，参加活动的学生体艺能力合格率和优秀率得到大幅度提高；大力推行学生开展较高水平的发明创造、科技制作、课题研究、劳动技能、团体演出、社会服务、游学实践等课程研修活动，参加活动学生的社会责任感、历史使命感、创新精神和实践能力得到明显改善。

二、立足调研、积极发动

遵循"学生自愿、家长申请、班级审核、签订委托协议、学校统一实施"的原则，学校下发《皇岗小学"课后延时服务"相关事宜告家长书》向家长宣传通知精神，由家长填写《"课后延时服务"申请书》，并与学校签订好《皇岗小学"课后延时服务"协议书》。学校统一审核后确定各班参与延时服务的学生人数。

（一）统一认识，动员宣传

为切实做好课后服务工作，营造良好的舆论环境，进一步引导社会、家长、教职工配合与支持课后服务工作，确保教育惠民政策家喻户晓、深得民心，本着线上宣传与线下宣传相结合的原则，从以下几个方面做好宣传动员工作。

1. 做好教职工的宣传工作

组织教职工通过网络、现场会议等方式认真学习《教育部办公厅关于做好中小学生课后服务工作的指导意见》（教基一厅〔2017〕2号）和《广东省教育厅关于做好中小学生校内课后服务工作的指导意见》（粤教基〔2018〕9号）、《深圳市义务教育阶段学校课后服务实施意见》、《福田区义务教育阶段学校课后服务工作方案》等上级领导部门的相关文件精神，从思想上加强教职工对课后服务工作的认识，以统一思想，为后期的工作具体实施提供有力保障。

2. 做好学生、家长的宣传工作

通过班会课、印发纸质文件、召开家委会议、网络宣传等方式，加深学生对学校课程的喜爱与课后服务的期待，以及让家长认识到"课后服务"工作是政府的一项公益普惠、利民利生的工程，以取得家长的大力支持与紧密配合。

3. 做好对社会的宣传工作

为确保课后服务工作的延展性，利用电视、网络、报纸、微博、微信等多种媒体，定期对学校服务开展情况进行宣传报道，发挥积极正面导向作用，引导全社会积极支持、参与、监督，以进一步完善与落实好课后服务工作。

（二）制定课程服务菜单

1. 对学生进行问卷调查

课后服务的主要对象是学生群体，学校坚持公益普惠原则，面向全体在籍学生，根据学生的兴趣爱好和家长的需求，提供课后服务项目，规范报名程序，由学生和家长自愿报名、自主选择参加项目，并让每一个有需求的学生都有机会参加。

2. 对各科组教师进行交流访谈

各科组教师分科组进行交流探讨，分析学科的需求及学生自身情况，开展针对性学科素养培养的课程，挖掘学生的潜能，促进学生全面发展。

3. 对家长问卷调查

在家长中进行问卷调查，了解目前家长的意见或看法。

4. 民主测评

皇岗小学根据信息平台，由学校指导学生和家长借助平台定期进行课后服务项目民意调查、学生选项、分类统计、活动考勤、满意度评价等，评选出校级"优秀项目""优秀教师""优秀机构"等，并实行淘汰机制，优化服务项目。落实项目考勤、监管、交接制度，随时掌握教师到岗教学情况、学生参与状况和效果，适时给予公示、评价、鼓励。

（三）制定选课行动方案

（1）学校建立网上学生课程选课模块，学生在充分准备，认真考虑的基础上实行网上选课。

（2）学生在家与家长一起在每学年开学第一周进行本学年的选课，家长帮助学生根据个人特点选出适合自己发展的课程。

（3）学校依据双向选择、统筹管理的原则，对学生选课情况进行审核，根据学生特点对已选学生名册进行适当调整，调整完毕后在线发布选课结果。

（4）由在线课程选课模块生成个人服务课程表，学生在线查看个人课程表，实现一人一表。

三、丰富形式、全员参与

学校严格按照国家有关教育政策、课程标准的要求，结合学校办学理念、办学特色和师生实际，有效整合校内外优质教育资源，研制并组织实施高水平、选择性、一体化的《皇岗小学课后服务课程方案》和具体项目的《皇岗小学课后服务各类项目实施方案》。充分发挥教师专业优势，打破年级和班级界限，开设了舞蹈、课本剧、合唱、绘画、手工、书法、篮球、足球、游泳等多项活动。学生自由徜徉在各个活动中，以充分挖掘自身的能量，激发自己的潜能，寻找属于自己的角色，促进全面发展。

（一）课后服务校本课程类

鼓励在某些领域能力突出的本校教师自发组建特色校本课程，鼓励学生积极参与，例如软陶社、足球队、田径队等，学校则对课程的开发进行指导、监督和审核。

（二）课后服务学生社团类

针对社团主题，在充分利用本校师资力量的基础上，借助有一定技能的校外专职人员的力量，购买社会服务，按规定引入第三方优质社会教育机构为学生提供学业、科技、科创、思维、体育、艺术、劳动技能等教育服务，开设40+活动课程。同时确保部分社团配备一名能承担指导职责的教师，使社团活动顺利开展。

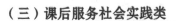

（三）课后服务社会实践类

作为学校组织常规校外社会实践活动的补充，组织学生就近到社区活动中心、少年宫、科技馆、博物馆、美术馆、音乐厅、文化馆等机构，开展馆校课程和系列课程实践活动；参与政府部门组织的公益性讲座、交流、观展、演出等活动。

（四）课后服务社会服务类

有组织地开展义工活动、社会实践、劳动教育等活动。

（五）课后服务校内辅导类

学校根据学生需求，组织开展课后作业辅导、经典名著导读、体艺特长辅导、自主学习指导等活动，实现"学生自主探索—教师具体答疑"这个自主教育共同体。

四、科学管理、督导评价

为提升课后服务质量，学校规范管理，加强监督，完善考评机制，强化激励措施，以确保学生在校期间能安全、健康、快乐。

（一）督导方式

1. 设立热线电话及邮箱

设立校长热线和投诉信箱，并在显眼处张贴，随时欢迎学生及家长对课后服务质量进行监督和评价。

2. 开展问卷调查

定期在家长群投放电子问卷或者邀请参与课后服务的学生家长来校进行纸质问卷，对学校的课后服务质量进行评价，并提出意见和建议。

3. 四级督导机制

学校成立课后服务办公室，第一级由校长担任办公室主任，负责统筹协调全校的课后服务工作。第二级由各处室负责人分年级、社团、楼层进行巡查，发现问题及时处理。第三级由具体进行课后服务工作的人员，各司其职，保证课后服务工作安全、高效、有序完成。第四层级由学校物业人员，负责在学校指定的各个地点进行巡查，对周围环境中的不安全、不稳定情况及突发事件进行常规和应急处置。

（二）评价方式

（1）满意度评价。通过向学生、家长定期发放满意度问卷，对所在课后服务社团进行满意度评价与打分。

（2）专场演出评价。通过戏剧、书画、课本剧、科技小制作、编织等专场展演，进行量化评价。

（3）竞赛获奖评价。通过参加课后服务的学生在各级、各类比赛中的获奖情况，对课后服务质量进行等级评价。

（4）绩效考核评价。学校对教师参加课后服务进行考核评价，大力表彰先进教师，推广先进经验，将评价结果作为参与教师的年度履职考核重要内容。学校对于违规使用课后服务专项经费、乱收费以及玩忽职守导致严重事故的违规行为，将严肃查处并追究相关责任。

五、和谐家校、共促成长

全校学生总人数：1430人，参与延时服务学生总人数：1335人，学生参加率93%。全校在岗教师83人，参与课后服务总人数83人，教师的参加率100%。

自开展延时看管服务活动以来，这项惠民政策得到了家长的支持和认可。通过开展丰富多彩的"课后延时服务"活动，将有需求的孩子全部纳入课后延时服务范围，家长普遍反映接送孩子时间与下班时间不再冲突，可以不再焦虑孩子放学后的安全。今后，皇岗小学将继续以学生发展和家长需求为宗旨，全面提升学生的综合素质，保证所有有需求的孩子都能在学校享受到高水准的延时服务，用心做事，用爱育人，让教育更加温暖！

（本文发表在《教育科学与研究》杂志2022年10月）

音乐教学实施"课程育人"的路径思考

中共中央办公厅印发的《关于培育和践行社会主义核心价值观的意见》指出："培育和践行社会主义核心价值观要从小抓起、从学校抓起。坚持育人为本、德育为先，围绕立德树人的根本任务……落实到教育教学和管理服务各环节，覆盖到所有学校和受教育者，形成课堂教学、社会实践、校园文化多位一体的育人平台，努力培养德智体美全面发展的社会主义建设者和接班人。"这对于学校全面育人、全程育人、全方位育人工作有着重大的战略性指导意义。

音乐教学含有丰富的德育内容，音乐教学在"立德树人"中更是占据着重要的地位，发挥着重要的作用。在教学中通过适性的音乐表现，在进行审美教育的同时，对学生潜移默化地渗透德育教育，促进学生的全面发展和健康成长。从"学科教学"实施"课程育人"，发挥课程的德育功能，这就要求课堂教学转型升级，根据不同课程和不同年级的特点，充分挖掘各学科课程蕴含的育人资源，将育人有机融入学科教学中。本文立足音乐学科教学，就如何在"课程育人"中渗透德育教育进行教学路径探究，以此来实现教书与育人的统一。

一、在音乐故事中培养爱国情感

教师应时刻保有德育意识，以课堂为河道，以教材为水流，认真钻研教材，深度分析和挖掘教材中的德育元素，做到每堂课都能有育人的色彩出现。

目前在中小学音乐教学的第一课堂中，歌唱教学所选用的歌曲内容体裁广泛、演唱风格多样。有些歌曲不仅仅旋律优美、语言生动活泼，深受学生喜爱、朗朗上口，还具有明显的思想教育目的，属显性教材，如《没有祖国哪里会有我》《英雄赞歌》《我和我的祖国》等。但还有一些教材，如《可爱的家》《茉莉花》《凤阳花鼓》等，被称为隐性教材。这些歌曲可以说，内涵的德育教育需要教师用慧眼去挖掘和探究，在音乐教学的同时，将这些德育理念传递给我们可爱的学生。如：歌曲《凤阳花鼓》，熟悉了安徽地域的民间小调但同时也要知道曾经生活的不易、人民的艰难，要学会珍惜来之不易的新中国幸福生活。音乐教学中不仅仅要抓住音乐知识和技能的本质，创设合适的教学情境，启发学生思考，积累思维和实践的经验，提高审美情趣，初步了解祖国的壮丽山河、悠久历史、灿烂文化，让他们认识到祖国的美好，从而培养学生对家乡和社会主义强烈的民族自尊心和自豪感。

如民歌《如今家乡山连山》，一首农村题材的歌曲，歌颂了党的英明领导，反映了如今农村的大好形势。按传统的说教，对城市的孩子来说，无法进行想象、理解和感受。在新课导入中，就可以利用直观的手法运用多媒体教学，制作农村改革开放后欣欣向荣、五谷丰登的画面：田野里稻浪滚滚，农民在金色田野里开镰收割，稻谷场上堆满了谷垛，远远望去就像一座座金色的小山……学生被这形象生动的画面所感染，犹如置身于硕果累累的丰收意境中，在美的意境中开始学习这首歌曲，学生进而在生动的感情体验过程中，受到艺术的感染、熏陶和教育。

二、在音乐游戏中体验合作共赢

游戏是人类最放松的形式之一，也是儿童最感兴趣的活动之一。小学生，特别是低年级的学生，他们天性活泼、好玩好动、好奇心强、想象力丰富。游戏的趣味性、合作性、竞技性，会使学生的个性得到充分表现，有助于培养学生坚韧的个性及互相帮助、团结友爱的品质。教师只有根据小学生好动、好游戏的心理特点，把学生的音乐学习与游戏有机地结合起来，把抽象的音乐概念、复杂的音乐原理以及枯燥的技能训练，转化成生动有趣的游戏，使音乐教学转化为教育的同时，更加形象化、具体化，让学生通过游戏活动，在轻松愉快的气氛中获得音乐知识、技能，培养思维能力，同时互相合作的精神得到最大化体现。

如《卡农》一课，简单的旋律学生们在十分钟之内就掌握了。怎样落实本节课教学目标、解决学生悟透《卡农》的技法和体验《卡农》的团队合作的力量，首先，可以根据学生的年龄特点，分类出几个声部团队。其次，在团队内训练本声部节奏的整齐和声音的统一。最后，在每个声部团队都熟知自己声部旋律的同时，用心、用耳去聆听别的声部团队的旋律，找准节奏的节点，准确地进入整首《卡农》的合唱当中。这种游戏过程，一定要注重每个声部团队的相互关注相互关照，而不能只是一方面去突出自己声部团队的音量，这样一来，合作《卡农》就会达不到效果、完成不了任务。这时，就可以及时有针对性地对学生进行生活常识教育，在生活中也要注意关注关心他人，让他们知道团队合作就是相互成就，在这种开放愉悦的游戏氛围中，学生们通过自身的体验、师生之间平等互动，增进了彼此之间的交流合作。他们完全沐浴在优美的情境中，充分感受音乐中的趣、合作中的美。学生能在音乐教育的功能教化下，提升大局意识、提高合作能力，也是音乐教育的价值最大化。

三、在音乐创作中提升核心素养

创新是培养人的技术上的终极目标。同样音乐教学中，培养学生创造意识也是必不可少的。在音乐的土壤中，盛润在音乐的滋养下，提升学生核心素养的同时，用灵感和音乐素养碰撞出新的思维和创造的举动，音乐教育的功能就得到淋漓尽致的表现。在日常的音乐训练中这些屡见不鲜，如：合唱曲目怎样轮唱或加声部的演绎？舞蹈创作中怎样用对比或映衬的手法更深入地表达出爱国主义情怀？音乐课堂拓展中，怎样加入简单的打击乐器使得音乐表达层次更加丰富更加饱满，日积月累下来培养学生的核心素养？

实施"课程育人"，依托多样教学形式，让学生运用不同的方法来体验、感悟音乐中传递出来的德育内容，并积极表达、创造性地表现自己的想法、理解，提升学生道德修养。如"小巫师的把戏"一课，老师只是设计引导创作。要求学员们唱会结合旋律与肢体律动的创作→加入再由学生自由创作呈现→运用说白方式重新填词创作→依其说白的音韵谱上适合的旋律创作→主题内容的联想与音效游戏的创作→分组讨论创作→个别创作的呈现→加入木琴、康加鼓等乐器的声效合成……整个教学活动只是给你简单的提示，都是学员们自己完成，让你有无限的创作想象空间。

又如：在歌曲《十只小猪过小河》一课，可进行以下创作设计：学生唱会歌曲后进行唱游表演，把学生分成几个小组，设定场景——小猪用不同的方式过小河：有"走独木桥过河""游泳过河""踩石头过河"；设定角色：数数的大哥、顽皮的小猪等；然后再小组合作分角色、选场景、分任务，学生根据自己的特长选择表现形式，有的表演情景、有的演唱、有的演奏乐器，小组合作进行排练，然后分组上台进行唱游表演。表演过后由教师和同学分别进行评价，评出表演最优秀或者最具创意的小组。这种合作的表演方式，不仅可以让学生在进行合作编排时增进沟通交流，消除胆怯心理、提高自己的能力，还可以营造出轻松活泼的氛围，激发学生表演的兴趣以及积极性，主动地参与到课堂教学组织的活动中来。让每个学生都能够登上舞台，展现自己的才艺，得到锻炼以及展示的机会，增强自信，使得学生真正地成为课堂的主人。在师生多维度的合作与分享的活动中科学地激发了师生的教学热情，扎扎实实提高了课堂效益，促进了学生核心素养的提升。

教育的根本任务在于立德树人，落实立德树人的根本任务，需要深化课程改革，要以社会主义核心价值观为引领，深入进行"学科德育"的研究与实践，把育德体现在每节课教学结构的各个方面，贯穿于教学的全过程。教学线索是外显的，德育目标是内隐的，学生看不到说教，却被真切地影响，心灵受到触动，实现精神成长。从"学科教学"到"课程育人"，发挥课程的德育功能，根据不同课程和不同年级的特点，充分挖掘各学科课程蕴含的德育资源，将德育有机融入学科教学中，达到教书与育人的统一，从而促进学生终身可持续发展，最终实现"立德树人"的培养目标。

参考文献

［1］阮沁汐，李臣之.教学的德育性何以彰显？——学科教学的育德路径探讨［J］.中小学德育，2019（10）.

［2］王雨.论学科渗透在现代学校德育实施中的有效途径［J］.学理论，2014（36）.

［3］胡乔木，周瑞云.试论立德树人视野下高校校园文化建设［J］.当代继续教育，2015（1）.

［4］许淑君，王莹.小学音乐教学如何渗透德育［J］.学周刊，2017（24）.

［5］邓建珍.浅谈在小学音乐教学中如何渗透德育［J］.北方音乐，2017（10）.

中小学学校管理中激励机制的运用及价值探究

伴随着教育改革的逐渐深入，中小学学校管理重要性已经随之凸显。而学校管理的过程中，激励机制作为鼓励教师参与学校管理的一大机制，主要的作用在于能够帮助学校提升管理效果。而在长久的发展中，这一机制对于学校管理的作用已经得到了验证，本文首先分析了激励机制在中小学管理中的重点地位，其次对激励机制的种类与方向进行分析，最后则是对中小学学校管理过程中的激励开展方式进行了论述。

一、激励机制在中小学管理中的重要地位

（一）调动教师积极性

通过激励机制能够让教师在教学的过程中拥有更好的教学积极性。在分析的过程中发现，中小学学校管理的过程中，由于学生的思维还没有得到全面化的发展，而学生思维直接影响了教师的教学效果。学生的思维不全面，再加上教师需要对中小学生生活等多方面进行管理，往往工作繁重，导致教师的教学积极性下降。

（二）提高教师教学能力

根据研究显示，教师在教学的过程中如果没有受到激励，那么在岗位中往往只能发挥出20%的工作效率，而受到了激励后，教师能够发挥出80%的工作效率。由此可见，教师的工作效率取决于能否受到正确的激励与重视，教师充分的工作动力能够更好地提升教学效果。

（三）加强校园凝聚力

在中小学校园管理的过程中，教师作为学校管理的一部分，同时也是执行学校管理的一大主观因素，因此教师在校园管理实施过程中非常重要。教师能否发挥出实际能力，这直接影响了校园管理效果。与此同时，在进行校园管理的过程中还需要明确教师与学校之间并不属于雇佣关系，因此对教师的管理需要控制力度与方法。一旦过于严厉地进行管理，将会导致教师教学积极性下降，进而影响校园管理效果。

二、中小学校园管理过程中激励机制的种类与方向

校园管理过程中，对于激励的种类与方向一直没有标准的定义，无论是物质激励还是精神激励，都有着优点与缺点。首先，有些中小学管理人员认为，由于物质奖励更加贴合实际，能够让教师对其产生更大的欲望，因此物质奖励更能激发教师的教学积极性。至于精神奖励则过于虚无缥缈，很多时候难以让教师产生切实的认同感。其次，有些中小学管理人员认为，在对教师进行激励的过程中，使用精神激励能够更好地获取教师的情感效应，从而促进教师努力工作。至于物质奖励则过于实际化，同时物质奖励的价值大小也会发生争议。

根据实际工作情况进行分析后可以发现，想要更好地吸引教师提升工作兴趣，物质激励与精神激励都必不可少，需要两者进行结合来对教师进行激励。例如，在将教师的职称评定条件中加入工作积极性等方面的考量。而职称的提升又将带给教师物质奖励，这种物质与精神结合的激励方式能够更好地吸引教师提高工作积极性。

三、中小学学校管理中激励机制的开展方式

在当下的教学过程中，中小学校园管理工作往往存在着一定的难点与问题，这导致学生在学习的过程中效率降低，影响了升学率与整体成绩。因此在执行激励机制的过程中，中小学学校还需要注意重视激励机制的开展方式，正确地运用激励机制才能够帮助学生与教师提升教学过程中的成绩。

（一）把握激励时机

中小学校园管理的过程中，需要涉及非常多的方面与内容，管理人员需要控制教师的教学积极性、学生的整体管理、琐碎事务、教学质量的提升等方面。在以上几大方面中，教师方面的管理最为困难，同时也是校园管理的主要工作方向。对于教师的管理不同于对学生的全面管理，主要的管理方向集中在了对教师工作积极性的调动。激励机制的主要实施方式是教师在完成了任务或者指标时，学校能够给予教师适当的奖励，这能够更好地让教师在工作中提升积极性，为下一次的建立而奋斗。一般来说，在激励的过程中分为三大阶段：前期、中期、后期，而在校园管理中，对教师的激励往往是在前期进行，这能够更好地帮助教师确立教学目标。同时在奖励的引导下，教师也能够将教学质量进一步提升。

（二）按照教师制定激励机制

伴随着我国社会的发展与进步，教育工作的重要性已经被广泛承认，尤其是中小学教学工作，被认为人才教育环节中最为重要的基础环节。因此在中小学校园管

理过程中，教师的教学积极性直接影响了未来的教学水平，拥有深刻的现实意义。而在实际激励机制落实的过程中可以发现，不同的教师拥有不同的激励需求，因此想取得更好的激励效果，需要学校根据教师的不同需求来设计激励机制。因人而异的激励机制能够更好地挖掘教师教学积极性，从而帮助不同的中小学校园管理水平提升。

（三）保证公平的激励机制

激励机制在实行的过程中，往往不可避免教师与教师之间的比较，这是一种正常的心理。如果教师在教学过程中付出了更多的努力但没有收获更多的激励与鼓励，那么激励机制将会打击教师的教学积极性。因此在激励机制实行过程中，需要根据实际工作方向与工作水平进行详细化的分析，从而实现更好地激励与引导。同时，对于工作积极性相近的教师，管理者在进行激励的过程中还需要注意公平、公正、公开地对教师进行鼓励与嘉奖，否则很容易导致激励无法取得效果。中小学校在进行教师激励时，主要的工作方向并不是杜绝教师之间互相比较，而是要让教师在与他人进行比较后依旧能够保持满意的心理状态，从而投入更多的教学积极性。

（四）统一个体激励与团队激励

在实施激励的过程中，需要明确个体与团队之间的关系。团队是个体的组合，但不仅仅是组合，更是相互配合的关系。对个体的激励需要重视对个人能力的嘉奖与鼓励，而对团队的激励则是需要对团队中所有成员在工作过程中发挥出的作用进行嘉奖。首先，在进行激励的过程中，需要合理处理个体贡献与团队贡献，实现将贡献进行明确划分。其次，在进行激励的过程中，需要明确个体奖励与团队奖励之间的主次位置，激励过程中始终坚持分开对待、同等奖励才是长远发展的主要方法。最后，在进行激励的过程中，还需要注意对激励比例的分配，在内容上正确分配个体激励与团队激励的比例。主要的分配方法是二者兼顾，不要顾此失彼，从而展现出不同的激励效果与激励方向。

四、结束语

根据分析与讨论可以得知，在中小学发展过程中，校园管理涉及的方面较多，其中教师方面的管理较为重要与复杂，需要校园管理者进行及时的重视。本文提出的激励机制能够提升教师在实际工作过程中的积极性，从而帮助教师提高在课堂教学中的教学水平，这是学生在接受教育过程中教学质量的主要保证。而在开展激励机制的过程中，还需要注意激励机制的开展方法与开展时间，从而做到更好地全面化提升。

参考文献

[1] 扎西. 激励机制在中小学学校管理中的实践策略 [J]. 华夏教师, 2019 (29).

[2] 詹巧珍. 以教师为主体入手谈中小学的建设 [J]. 课程教育研究, 2015 (12).

[3] 阎丽蓓. 黔北地区中小学教师激励机制研究的对策建议 [J]. 遵义师范学院学报, 2014, 16 (2).

[4] 邓志祥. 推进新课程的学校管理探索 [J]. 新课程研究 (基础教育), 2009 (6).

[5] 孙丽霞. 中小学教师信息化管理的问题及对策 [J]. 当代教育论坛 (学科教育研究), 2007 (11).

（本文发表在《基础教育参考》杂志 2020 年第 8 期）

文化育人视野下小学德育的困境与策略分析

现阶段，在小学德育教学中存在诸多问题，教师选择的课堂教学方式，无法满足小学生的身心发展规律和知识学习需求，并且德育教师的专业素质和专业能力较差，导致小学德育教育教学工作无法顺利开展。因此，为了提高小学德育教学的质量和效率，德育教师要积极提高自身的专业素养，树立正确的教育理念，并且能够结合学生的个体差异和认知水平，选择合适的教学方式，提高学生自身的品质素养。

一、文化育人视野下小学德育的困境

（一）教学方式单一

在小学德育教学过程中，教师多采用单一化的教学方式，如示范教学方式、疏导教学方式，而实践教学方式的应用较少，无法提高德育课堂教学的效率和质量。因此，在德育教学过程中，德育教师要积极创新课堂教学方式，选择适合小学生身心发展规律的课堂教学方式，充分调动学生学习德育知识的积极性，从而取得良好的课堂教学效果。但是，在实际的小学德育教学过程中，德育教师无法意识到多样化课堂教学方式的重要性，从而导致学生的日常表现和课堂学习存在严重的脱节，无法实现学生自身的稳定发展。

（二）忽视教学环境

人依靠环境生活，当环境发生变化时，人的行为方式和生活方式也发生了改变。而在小学德育教学过程中，当学生的学习环境发生变化，学生的行为方式和学习方式也发生了改变，而这也导致德育教师不能更好地利用学习环境进行德育教学。在小学教育教学阶段，由于小学生正处于道德意识形成的关键阶段，很容易受到外界环境的影响，现在小学生多为独生子女，家长过于溺爱孩子，导致小孩子在成长过程中会出现性格缺陷的问题，因此，为了培养学生的品质素养，教师可以利用教学环境开展德育教学。

二、文化育人视角下的小学德育教育策略

（一）尊重小学生个性发展

小学德育教育是教育界的永恒话题，自古以来，我国就特别看重对小学生进行德育教育，并且将德育教育放在了首要位置。新时期下，小学德育教师在对学生开展德育教育活动时，必须树立正确的教育思想，要对小学生的性格特点进行全面分析，尊重学生的个性发展，让德育教育活动促进小学生的道德发展。对小学生来说，他们的思维比较简单，认知事物的能力不强，且学习主动性不强，有的小学生还缺乏好的道德意识，而家长也过于看重孩子的成绩，不注重德育教育，鉴于此，小学德育教师必须坚定自身的立场，要坚持以学生全面发展为导向，注重因材施教，鼓励小学生可以从生活中的小事做起，每天做一点好事、善事，逐步提升学生的思想道德意识。

（二）拓展学科教育活动

新时期下，伴随着教学改革的深入，小学德育教育活动也变得更加丰富、多彩，在德育课堂上，教师不仅要注重对小学生进行理论教育，同时也需要加强实践引导，从而更好地促进小学生的发展。在实际教学活动中，小学德育教师要明确教育目标，将各种丰富的教育资源引入课堂，并借助校园文化开展德育教育活动，使得小学生可以在良好的文化氛围中健康发展。同时教师还可以组织学生开展各种各样的实践活动，让学生在实践中养成良好的行为习惯，促进学生的综合发展。例如教师引导学生学习"孝道"的内容时，教师可以将古代关于"孝道"的经典故事展现出来，如"卧冰求鲤"，让学生在观看故事的过程中，理解"百善孝为先"的含义，同时教师可以鼓励学生从生活出发，为自己的父母、爷爷奶奶做点事情，促进学生的良好发展。

（三）开展行为感化教育

爱是教育的重要源泉，一个合格的德育教师在开展教学活动时，必须做好亲身示范，要用自身的行动来感化学生，带给学生幸福、爱，引导学生乐于将自己的幸福、爱传递给他人。在日常教学活动中，小学德育教师要充分关注学生的心理变化，根据学生的心理需求，给予其相应的帮助、关爱。对于班级中学习成绩比较差的学生，教师更要加大对其关注力度，要鼓励其保持良好心理，树立坚强的品质，敢于面对挫折，并勇于克服学习、生活中的困难，不断提高自身的学习效果。

（四）提升教师文化修养

文化教育属于一种无形的教育，其无处不在，会时时刻刻给学生带来影响，在实际中为了更好地发挥出文化育人的作用，小学德育教师需要不断提高自身的文化修养，积极地学习先进教育方法，加强对各种文化现象、文化内涵、文化形式的研究，

从中寻找出契合小学德育教育的资源，对德育课堂进行充实，使得小学生可以树立良好的文化观念。

（五）注重现实生活细节

在小学德育教育教学过程中，德育教师要认识到教学示范的重要性，通过教师的示范性教学，能够潜移默化地影响学生的品质素养和道德修养。因此，在德育教学过程中，不仅要进行课堂知识讲解，还要关注学生的心理问题，当学生在学习和生活中遇到难题时，教师可以给予学生帮助，让学生感受到教师的关爱，教会学生互帮互助和团结友爱，促使学生在学习中逐步提高自身的品质修养。

综上所述，在小学德育教育中，必须立足于文化育人的视角，深入剖析当前小学德育中的困境，并结合学生的现实需求，调整小学德育教育策略，从而更加高效率地开展德育活动，保证学生可以树立良好的思想道德观念，并指引学生形成正确的人生价值观，促进学生的综合发展需求。

参考文献

［1］蒏学鸿.浅谈德育教育在小学语文教学中的渗透［J］.课程教育研究，2019（51）.

［2］党万堂.如何在小学语文教育教学中渗透德育教育［J］.学周刊，2020（3）.

［3］魏文祥，魏玖梅，魏萍.文化育人视野下小学德育的困境与对策［J］.华夏教师，2018（17）.

（本文发表在《中小学教育》杂志2019年12月）